本书是英国政府双边赠款"西部地区基础教育研究"项目、国家级研究课题"中国中西部地区农村中小学合理布局结构研究"的最终研究成果

中国中西部地区农村中小学合理布局结构研究

——基于对中西部地区6省区38个县市177个乡镇的调查与分析

范先佐等 著

中国社会科学出版社

图书在版编目（CIP）数据

中国中西部地区农村中小学合理布局结构研究：基于对中西部地区 6 省区 38 个县市 177 个乡镇的调查与分析/范先佐等著.—北京：中国社会科学出版社，2009.6
　　ISBN 978-7-5004-7840-9

　　Ⅰ.中…　Ⅱ.范…　Ⅲ.农村学校：中小学—布局—研究—中国　Ⅳ.G639.21

中国版本图书馆 CIP 数据核字（2009）第 088625 号

责任编辑	田　文
责任校对	刘　俊
封面设计	久品轩
技术编辑	李　建

出版发行	中国社会科学出版社		
社　　址	北京鼓楼西大街甲 158 号	邮　编	100720
电　　话	010—84029450（邮购）		
网　　址	http://www.csspw.cn		
经　　销	新华书店		
印　　刷	北京君升印刷有限公司	装　订	广增装订厂
版　　次	2009 年 6 月第 1 版	印　次	2009 年 6 月第 1 次印刷
开　　本	650×960		
印　　张	20	插　页	2
字　　数	250 千字		
定　　价	34.00 元		

凡购买中国社会科学出版社图书，如有质量问题请与本社发行部联系调换
版权所有　侵权必究

目　录

前言 …………………………………………………………（1）

第一章　农村中小学布局调整研究的缘起及其设计 ………（1）
　一　文献综述 ……………………………………………（2）
　　1. 国外相关研究综述 …………………………………（2）
　　2. 国内相关研究综述 …………………………………（5）
　　3. 对国内现有文献的评论 ……………………………（18）
　二　研究设计 ……………………………………………（20）
　　1. 研究课题的性质及其组织实施 ……………………（21）
　　2. 研究的主要内容 ……………………………………（21）
　　3. 相关概念的界定 ……………………………………（22）
　　4. 调查地点的选取 ……………………………………（23）
　　5. 研究样本与调查对象的选取 ………………………（25）
　　6. 分析单位及抽样方案 ………………………………（25）
　　7. 问卷的发放及回收 …………………………………（26）
　　8. 资料的收集及分析 …………………………………（27）
　　9. 调研计划及成果提交 ………………………………（30）
　三　研究过程 ……………………………………………（30）
　　1. 文献检索与收集阶段 ………………………………（30）
　　2. 实地考察和访谈阶段 ………………………………（30）
　　3. 问卷设计阶段 ………………………………………（31）

4. 试调查阶段……………………………………………（31）
　　5. 正式调查阶段…………………………………………（32）
　　6. 资料的整理与分析及报告初稿撰写阶段……………（33）
　　7. 总报告修改完善阶段…………………………………（33）

第二章　农村中小学布局调整的背景……………………（34）
　一　学龄人口减少的客观要求………………………………（34）
　二　农村税费改革的自然选择………………………………（44）
　三　城镇化的必然结果………………………………………（50）
　四　行政区划改变的直接影响………………………………（55）

第三章　农村中小学布局调整的预期和动力……………（61）
　一　追求效益是各级政府进行农村中小学布局调整
　　　的初始动力………………………………………………（61）
　二　实现教育均衡发展是各级政府进行布局调整
　　　的直接目的………………………………………………（66）
　三　方便教育管理是地方政府进行农村中小学布局
　　　调整的迫切要求…………………………………………（72）
　四　追求教育质量的提高是各级政府进行农村中小学
　　　布局调整的最终动力……………………………………（75）

第四章　农村中小学布局调整的障碍及方式选择………（79）
　一　农村中小学布局调整的障碍……………………………（79）
　　1. 建校又撤校，干部群众不理解…………………………（81）
　　2. 上学路程太远，家长担心孩子上学不安全……………（83）
　　3. 家庭经济困难，部分困难群众担心增加
　　　　额外负担………………………………………………（85）
　　4. 部分孩子不适应新环境，父母担心子女学习
　　　　成绩下降………………………………………………（86）

二　农村中小学布局调整的方式选择 …………………（87）
　　1. 示范的方式 ………………………………………（88）
　　2. 强制的方式 ………………………………………（90）
　　3. 示范与强制相结合的方式 ………………………（93）
三　农村中小学布局调整的具体模式 …………………（98）
　　1. 完全合并式 ………………………………………（98）
　　2. 集中分散式 ………………………………………（101）
　　3. 兼并式 ……………………………………………（106）
　　4. 交叉式 ……………………………………………（108）

第五章　农村中小学布局调整的总体评价 …………（112）
一　判断和评价农村中小学布局调整是否合理的
　　主要标准 ……………………………………………（112）
　　1. 学校规模 …………………………………………（113）
　　2. 服务人口 …………………………………………（115）
　　3. 服务范围 …………………………………………（117）
二　布局调整前农村中小学的基本情况 ………………（118）
　　1. 布局调整前农村中小学学校规模 ………………（118）
　　2. 布局调整前农村中小学的服务人口 ……………（120）
　　3. 布局调整前农村中小学的服务半径 ……………（122）
三　布局调整后农村中小学的基本状况 ………………（122）
　　1. 布局调整后农村中小学学校规模 ………………（124）
　　2. 布局调整后农村中小学的服务人口 ……………（128）
　　3. 布局调整后农村中小学的服务半径 ……………（131）

第六章　农村中小学布局调整的具体评价 …………（134）
一　农村中小学布局调整的具体成效 …………………（134）
　　1. 促进了教育资源的合理配置 ……………………（134）
　　2. 提高了农村学校的规模效益 ……………………（139）

  3. 促进了区域内教育的均衡发展……………………（141）
  4. 促进了农村中小学教育质量的提高………………（143）
  5. 一定程度上减轻了教师的教学工作负担…………（147）
 二　农村中小学布局调整中存在的问题………………（149）
  1. 学生上学路程太远…………………………………（149）
  2. 学校缺乏后续配套资金……………………………（157）
  3. 增加了教师的额外负担……………………………（164）
  4. 家长的经济负担和学生的生活压力加重…………（169）

第七章　农村中小学布局调整存在问题的原因及对策建议………………………………………………（174）
 一　农村中小学布局调整存在问题的原因………………（174）
  1. 缺乏科学合理的规划………………………………（174）
  2. 缺乏相应的政策保障机制…………………………（177）
  3. 布局调整遭遇教师危机……………………………（181）
 二　合理实施农村中小学布局调整的对策思路…………（184）
  1. 科学制定农村中小学布局调整规划………………（184）
  2. 切实保证边远贫困地区的孩子能够公平地享受优质教育…………………………………………（189）
  3. 大力加强农村中小学师资队伍建设………………（195）
  4. 千方百计加大对农村贫困地区学生资助的力度…（198）
  5. 切实加强农村寄宿制学校建设……………………（204）

第八章　农村中小学合理布局的设计……………………（208）
 一　农村中小学合理布局的基本原则……………………（208）
  1. 坚持"集中办学与分散办学"并举的原则…………（209）
  2. 坚持"公平优先兼顾效率"的原则…………………（211）
  3. 坚持"重点支持集中办学又适当照顾分散校点"的原则……………………………………………（214）

4. 坚持"区域内经济发达地区与边远贫困地区
　　　 教育均衡发展"的原则 ……………………………（217）
二　农村中小学合理布局指标体系的构建 ……………（220）
　　1. 农村中小学规模决定因素的回归分析 ………（220）
　　2. 农村中小学布局指标的二阶聚类分析 ………（223）
　　3. 农村中小学布局的理想数值与实际数据的
　　　 比较分析 ……………………………………（228）
三　农村中小学合理布局的具体设计 …………………（230）
　　1. 关于农村小学合理布局的设计 ………………（230）
　　2. 关于农村初中合理布局的设计 ………………（237）
　　3. 关于农村普通高中的合理布局设计 …………（241）

第九章　农村中小学合理布局设计的 GIS 检验 …………（244）
　一　武川县农村中小学布局的 GIS 检验 ……………（245）
　二　钟祥市农村中小学布局的 GIS 检验 ……………（257）

参考文献 ………………………………………………………（273）
附录一 …………………………………………………………（291）
附录二 …………………………………………………………（296）
附录三 …………………………………………………………（302）
附录四 …………………………………………………………（305）

前　言

20世纪90年代中后期开始，随着计划生育政策的落实，农村学龄人口不断减少和城镇化水平不断提高，我国农村地区特别是中西部农村地区不少中小学生源不足、学校布局分散、规模小、质量低的矛盾日益突出。一些农村地区开始陆续对规模过小的中小学和教学点进行撤并。进入21世纪，针对农村税费改革后的实际情况，国务院颁布了《关于基础教育改革与发展的决定》，要求"因地制宜调整农村义务教育布局，按照小学就近入学、初中相对集中、优化教育资源配置的原则，合理规划和调整学校布局。农村小学和教学点要在方便学生就近入学的前提下适当合并，在交通不便的地区仍需保留必要的教学点，防止因布局调整造成学生辍学。学校布局调整要与危房改造、规范学制、城镇化发展、移民搬迁等统筹规划。调整后的校舍等资产要保证用于发展教育事业。在有需要又有条件的地方，可举办寄宿制学校"。同年7月，教育部公布了《全国教育事业第十个五年计划》，提出"适应城镇化进程和学龄人口波动的需要，合理规划和调整中、初等学校布局"。自此以后，我国农村地区，特别是中西部农村地区开始了新一轮中小学布局的大调整。

那么，这一次农村中小学布局调整的原因是什么？调整的动力何在？取得了哪些成效？存在什么问题？怎样判断布局调整的合理性？为了客观把握我国农村中小学布局调整的真实情况，全面了解当前我国农村地区中小学布局调整的经验及其存在的主要问题，探讨科学、合理的农村地区中小学布局的途径和方法，并结合我国农村地区的实际情况，提出一套科学、合理的农村地区中小学布局方案，我们华中师范大学"中国中西部地区农村中小学合理布局结构研究"课题组，受教育部财务司的委托，在英国政府双边赠款"西部地区基础教育研究"项目的资助下，从 2005 年 7 月至 2008 年 10 月，历经 3 年多时间，对中西部地区的湖北、河南、广西、云南、陕西、内蒙古等 6 个省（自治区）38 个县（市）177 个乡镇的中小学布局调整情况进行了深入、细致的调查研究。调查采用问卷、访谈、查阅文献、观察等方式进行。课题组在调查中深入了解了我国农村中小学布局调整的背景、目的、方式、成效与问题，分析了存在问题的原因。我们希望通过这一研究，能够对我国农村中小学布局调整的基本情况及其存在的问题有一个较为全面的认识，以期引起更多的政府部门、非政府组织、研究机构和社会其他相关部门对该问题的重视，并最终采取相应有效的措施加以解决，从而使我国农村中小学布局调整能够顺利推进。

现在展示在读者面前的就是该研究的成果。该成果由九部分组成，第一章主要展示农村中小学布局调整的研究背景、研究设计及研究过程；第二章详细介绍了我国农村中小学布局调整的背景；第三章揭示了农村中小学布局调整所要达到的预期目标；第四章分析了农村中小学布局调整的障碍及其政府方式的选择；第五章和第六章对农村中小学布局调整分别进行了总体评价和具体评价；第七章分析了农村中小学布局调整存在问题的原因并提出了相应的对策；第八章明确了农村中小学合理布局必须遵循的基本原则，并根据我国不同地区的实际情况对农村中小学的合理布局进行了设计；第九章利用 GIS 对农村中小学布局设计进行了检验；以此判断农村中小学布局设计是否合理。

我们希望本研究成果可以更为全面地展示与分析我国农村中小学布局调整的全貌，并有助于形成完善的有关农村中小学合理布局的政策与措施。本研究成果可以为从事农村教育工作的管理、研究和实践机构与个人提供学术及实践参考。当然，本研究肯定还有许多不足之处，我们将继续开展更为深入的研究。本报告是研究课题组的集体成果。"中国中西部地区农村中小学合理布局结构研究"课题组成员包括：

  组　　长：范先佐，华中师范大学教育学院教授、博士
  副组长：黄永林，华中师范大学副校长、教授、博士
      雷万鹏，华中师范大学教育学院教授、博士
      邓　猛，华中师范大学教育学院教授、博士
  成　员：刘　欣，华中师范大学教育学院副教授、博士
      唐　斌，华中师范大学教育学院副教授、博士
      肖利宏，华中师范大学教育学院副编审
      曾　新，华中师范大学学报副教授、博士
      周芬芬，山西师范大学教育学院副教授、博士
      郭清扬，华中师范大学教育学院讲师，博士
      吴洪超，华南师范大学教育学院讲师，博士
      王一涛，浙江树人大学讲师，博士
      钱林晓，湛江师范大学教育学院讲师，博士
      贾勇宏，华中师范大学教育学院博士研究生
      王远伟，华中师范大学教育学院博士研究生
      冯　帮，华中师范大学教育学院博士研究生
      赵　丹，华中师范大学教育学院博士研究生
      彭　湃，华中师范大学教育学院研究生
      潘红波，华中师范大学政治研究院博士研究生
      张晓舒，华中师范大学网络学院讲师、博士
      桑　俊，华中师范大学文学院博士研究生

刘旭平，华中师范大学文学院博士研究生

参与调研访谈的华中师范大学教育学院、管理学院和文学院的博士、硕士研究生还有：熊亚、华灵燕、王莹、罗银利、管飞、叶庆娜、陈新阳、霍晶晶、李丽丹、肖俊如、李红波、李明、成轶、姚琳、郭静等。

华中师范大学教育学院的郭清扬和研究生彭湃为本报告的翻译，外语学院和心理学院的郭静等众多研究生为调研资料的录入和处理做了大量的工作。

参与调研访谈的还有：河南省许昌地区教育局基础教育科崔民初科长，湖北省钟祥市教育局蒋局长、郭科长，湖北省沙洋县教育局唐西胜局长，广西壮族自治区桂林市教育局邓局长，广西百色学院黄金来副教授，河南许昌职业技术学院熊向明副教授，广西师范大学硕士研究生罗东日、黄永金，云南大学硕士研究生郑安民。

本报告各章执笔人如下：范先佐、郭清扬（第一章），周芬芬（第二章），贾勇宏、范先佐（第三章），贾勇宏（第四章），郭清扬、王远伟（第五章），郭清扬（第六章），范先佐（第七章），王远伟、范先佐（第八章），郭清扬（第九章），最后由范先佐修改定稿。

本研究得到了英国政府海外发展部、世界银行和中华人民共和国教育部财务司、贷款办的资助，我们对英国政府海外发展部、世界银行长期支持中国农村教育，特别是中西部农村地区基础教育的发展表示衷心感谢！

英国政府海外发展部、世界银行聘请的海外专家、澳大利亚新南威尔士大学的布鲁诺·帕罗林（Bruno Parolin）教授三次来华指导课题组的工作，并与课题组一道赴湖北、内蒙古等地进行实地调研，历时50余天，布鲁诺·帕罗林教授的敬业精神非常值得我们学习。

在这里我们衷心感谢大力支持和帮助本研究开展的教育部财务司、贷款办，所调研省（区）县（市）、乡镇教育行政部门的负责同志，所调研地区的校长、老师、同学及其家长、监护人和乡村干部。没有他们的大力支持和帮助，本研究的开展是不可想象的。此外，本研究还得到了华中师范大学社科处的指导和帮助，对此我们表示深深的谢意！

第一章

农村中小学布局调整研究的缘起及其设计

20世纪90年代中后期开始，随着计划生育政策的落实，农村学龄人口不断减少和城镇化水平不断提高，我国农村地区特别是中西部农村地区不少中小学生源不足、学校布局分散、规模小、质量低的矛盾日益突出。一些农村地区开始陆续对规模过小的中小学和教学点进行撤并。进入21世纪，针对农村税费改革后的实际情况，国务院颁布了《关于基础教育改革与发展的决定》，要求"因地制宜调整农村义务教育布局，按照小学就近入学、初中相对集中、优化教育资源配置的原则，合理规划和调整学校布局。农村小学和教学点要在方便学生就近入学的前提下适当合并，在交通不便的地区仍需保留必要的教学点，防止因布局调整造成学生辍学。学校布局调整要与危房改造、规范学制、城镇化发展、移民搬迁等统筹规划。调整后的校舍等资产要保证用于发展教育事业。在有需要又有条件的地方，可举办寄宿制学校"。同年7月，教育部公布了《全国教育事业第十个五年计划》，提出"适应城镇化进程和学龄人口波动的需要，合理规划和调整中、初等学校布局"。自此以后，我国农村地区，特别是中西部农村地区开始了新一轮中小学布局的大调整。

那么，这一次农村中小学布局调整的原因是什么？调整的动力何在？取得了哪些成效？存在什么问题？怎样判断布局调整的合理性？为了客观把握我国农村中小学布局调整的真实情况，全面了解当前我国农村地区中小学布局调整的经验及其存在的主要问题，探讨科学、合理的农村地区中小学布局的途径和方法，并结合我国农村地区的实际情况，提出一套科学、合理的农村地区中小学布局方案，我们华中师范大学"中国中西部地区农村中小学合理布局结构研究"课题组，受教育部财务司的委托，在英国政府双边赠款"西部地区基础教育研究"项目的资助下，从2005年7月至2008年10月，历经3年多时间，对中西部地区的湖北、河南、广西、云南、陕西、内蒙古等6个省（自治区）38个县（市）177个乡镇的中小学布局调整情况进行了深入、细致的调查研究。调查采用问卷、访谈、查阅文献、观察等方式进行。课题组在调查中深入了解了我国农村中小学布局调整的背景、目的、方式、成效与问题，分析了存在问题的原因。我们希望通过这一研究，能够对我国农村中小学布局调整的基本情况及其存在的问题有一个较为全面的认识，以期引起更多的政府部门、非政府组织、研究机构和社会其它相关部门对该问题的重视，并最终采取相应有效的措施加以解决，从而使我国农村中小学布局调整能够顺利推进。

一 文献综述

农村中小学布局调整不是一个突变过程，而是一个渐进的长期的过程。因此，国内外关于农村中小学布局调整的研究和文献是比较多的。这些研究和文献为我们深入进行中西部地区农村中小学合理布局结构研究提供了很好的经验借鉴和理论支持。

1. 国外相关研究综述

在普及义务教育的过程中，农村教育发展在各个国家都面临着较大的困难，这是由农村的特点决定的，所以在农村教育发展方面，世界各国都有着许多共同点。从中我们也发现，在一定时期，各国农村中小学教育都有着从分散布点，到合并重组，扩大规模这样的共同经历。围绕着农村中小学合理布局的问题，教育学、社会学、经济学等不同学科都从各自学科的视角进行了探讨。

拉维（Lavy）引用逻辑回归方程对加纳农村地区基础教育需求进行过实证研究。当社区环境和学校特征等因素引入回归模型后，研究结果表明，区域内学校教育质量、学校收费水平、儿童离学校的距离等因素对儿童是否接受小学教育都有重要影响。比如，学校离家越远，小孩上学的可能性越低；同时，拉维还分析了社区内道路、交通等因素对家庭教育决策的影响，他发现社区的交通与道路条件越好，儿童受教育的可能性越大（Lavy，1996）。该研究说明，由于学生入学与交通、学校距离远近、社区环境等因素相关，所以，学校布局应考虑上述因素的影响。

萨瓦德（Sawada）和洛克辛（Lokshin）运用连续逻辑回归方法对巴基斯坦农村地区的家庭教育投资问题进行了分析。其引入的解释变量有：儿童性别、家庭人力资本与物资资产、儿童排行、年龄、学校布局等。研究发现，学生家庭所处社区有女校对女童上学有显著的积极影响，而男校对男童入学影响不显著（Sawada & Lokshin，2001）。这表明，社区内特定的学校布局（比如设立女校）对女童教育投资具有更重要的影响。

凯利（Kelly）对学生辍学的比较研究表明，农村学生辍学的原因主要包括：没有学校可上、没有合适的年级、家校距离过远、缺乏与农村人口特点相适应的学习时间和学年安排等。对于加拿大和澳大利亚等工业化国家而言，家庭困难和学校缺乏足够的选择等因素也是儿童离开学校的重要原因（Kelly，1995）。此外，许多研究指出学校布局如果结合某种学生资助政策（比如免费午餐、建寄宿学校等),将对农村学生入学率、巩固率以及学业成绩有重要影响(Ravallion & Wodon, 1999)。

约翰·里依(John RevMw)对美国威斯康星州108所高级中学的研究发现:学校规模在143—200个学生的高中,仅能提供34.7个学分,而规模在1061—2400个学生的高中,则可提供80.3个学分。学校规模愈大,教师愈能依其专长任教。学校规模愈小,教师平均任教科目愈多。也就是说,规模扩大以后,学校足以表现出课程及教育功能的多样性。韦尔奇(Welch)的研究也指出,较大规模学校之所以有利于教学质量的提高,即在于教师不必担任非其所长的课程所致。同时规模扩大还有利于开设成本较高的课程,提供更多类型的课程等。但规模过大也会带来诸多问题,最显著的就是校园内人际关系的疏离和行政僵化两大方面。此外,教育规模过大还与辍学率升高、学生学业成绩下降、师生关系、学生间人际关系水平下降、学生社会行为恶化等方面都有一定的关系。[①]

耶格尔(Yeager)对因学校布局调整而应该关闭的学校在什么时候关闭比较合适进行了研究,并提出了三条标准:(1)结合考虑各因素(上学距离,对交通工具的需求等),将学生转到新学校的不适最小化;(2)将关闭学校对社会的影响降到最小;(3)原学校建筑可作其它用途。他将这三个标准用计算机模拟,为那些要关闭学校的"问题地区"(problematic area)提供决策参考。

关于对关闭学校的后果,世界银行曾在非洲乍得运用地理信息系统对179个村庄的研究表明,儿童入学率与上学距离关系十分密切:尽管在各个上学距离上,男孩入学率都高于女孩,但总

---

① 马晓强:《关于我国普通高中教育办学规模的几个问题》,《教育与经济》2003年第3期。

体而言，学校在1公里以外的距离已经不具有实质的覆盖意义。但也有学者的研究得出了与上述观点不同的结论。库班（Cuban）对弗吉尼亚州的阿林顿地区1975—1978年关闭4所小学的研究发现，没有出现不利的影响，犯罪率没有增加，财产价值仍维持高水平。他对芝加哥的研究也得出同样的结论。梅茨（Mets）甚至认为，学校关闭，校舍的功能转化，也可能给社区带来新的发展。

借鉴国外相关研究成果是必要的，但中国中西部农村地区具有独特的历史文化脉络、地域环境和人口特征，对国外研究成果只能是批判性借鉴。

2. 国内相关研究综述

国内关于农村中小学布局调整的文献较多，这些文献根据内容大致涉及以下一些问题。

（1）农村中小学布局调整的背景

税费改革前，农村中小学布局调整主要是针对农村教育经费投入不足、人口出生率下降导致中小学生源不足进行的。

较早研究农村中小学布局调整的韩清林（1989）认为，要达到在适宜速度的基础上用尽可能少的教育投入取得较高的教育产出的目的，必须正确认识和处理学校布局问题。刘桂心（1990）指出，学校布局，属于学校的设点分布问题。它是办好教育事业的一项基础性工作，关系到教育投资的效益，关系到教育质量的提高，关系到普及九年制义务教育的实施。因此，它是一项关系教育全局的大事。屈海波（1991）在调查中发现，有不少中小学布局不合理，几百口人的小村子办1所小学，只有几千口人的乡办了几所初中。结果学额不足，有的小学5个年级5个班，不足100名学生，学校与学校相隔不到2里地，因此，调整中小学布局势在必行。傅涛（1991）通过对农村学校布局的调查研究发现，农村中小学校的合理布局，是教育改革中的一个重要问题，它关系到农村教育质量的全面提高。时家骏（1991）指出，我国教育事业的发展与教育经费的不足，是个突出矛盾。这种需要与可能之间的矛盾将会长期存在，因此，必须合理调整农村中小学布局，努力提高教育投资的整体效益。

昌则斌（1995）将农村中小学布局调整应遵循的原则归纳为：超前性（即根据本地人口规模和国家法律法规的要求，事先做好学校布局和建设的详细规划）、合理性（即根据人口密度、学生上学的距离、学校规模的需要和按照优胜劣汰的原则布校）、效益性（即把那些规模小、学生少、质量低、效益低的学校逐步予以撤并，使教育的投入相对集中，使教育资源配置逐步优化）、有序性（学校布局调整是一项十分复杂的工作，涉及面广，工作量大，需要地方政府和教育部门讲求工作程序，才能保证调整工作健康有序地进行）。

孙家振（1997）认为，调整农村义务教育学校布局，是与党和国家实现经济体制和经济增长方式转变的重大战略决策相适应的，也是提高教育资源利用率、提高办学效益、走内涵发展为主道路的重要步骤。并且提出了农村义务教育学校布局调整的三种基本模式：适度集中、初中从完中脱出和办九年一贯制学校。

姜言青（1997）提出了区域性（区、县）中小学校的合理布局和教育结构优化的看法，认为这是提高办学效益和教育质量的重要措施，其实质在于优化配置教育资源，改变薄弱学校的面貌，办好每一所学校，从而提高基础教育的整体水平。

黑龙江省中小学校优化教育资源配置课题调查组（1999）在对牡丹江、宁安、富锦等地的农村学校网点布局情况进行调查后指出，学校网点布局调整的原因是：资源闲置浪费；布点多、规模小、办学效益低；办学条件差，办学水平不高；生源减少。中小学校网点调整的基本做法包括：进行调查研究，提出调整方案——从实际出发,积极稳妥地进行调整工作——加强政府领导,认真做好组织和宣传教育工作——因地制宜,采取多种形式进行网点布局的调整工作。

季旭东(2000)则指出,实施布局调整是加快教育现代化进程的迫切要求,是满足人民群众教育需求的客观要求,是适应城乡一体化、农村城镇化的必然趋势,我们必须高度重视学校布局调整工作。

张令宜(2001)指出,进行农村中小学布局调整应因地制宜,并提出"两宜两不宜"的标准:撤并后可以减少教学班级数,且学生就读没有严重困难者宜于撤并,否则不宜;撤并后虽不能减少教学班级数,但并入学校不必因此扩建,或虽需扩建,但数年后仍不会出现校舍过剩,且农民有缴纳扩建费的能力者宜于撤并,否则不宜。

综上所述,这一时期对农村中小学布局调整的研究主要集中在江西、安徽、黑龙江、江苏、湖北等省的教育行政部门,他们在推进农村中小学布局调整的过程中,对学校布局调整的必要性、具体做法和效果进行了大量的调查研究,总结了许多工作经验,为此后全国大规模的农村中小学布局调整工作奠定了基础。

(2)税费改革与农村中小学布局调整

21世纪初,农村税费改革在我国由试点到全面铺开,这是一次伟大的农村改革。这次改革对于减轻农民负担,加快"三农"问题的解决,缩小城乡差别,促进社会公平,构建和谐社会,具有十分重要的意义。但是,由于税费改革取消了教育集资,改革之初又没有规定相应的资金来源,导致农村义务教育投入普遍减少,基本办学条件得不到保障。因此,税费改革不可避免地使农村义务教育受到了较大影响。

周大平(2002)认为,"费改税"对农村义务教育的影响主要表现在两个方面:首先是农民负担减少了约30%,农业税总量也随之大幅度减少。由于农村教育经费一般占县、乡税收的70%左右，县、乡税收的减少必然导致对农村教育投入的减少。其次是农村教育费附加和教育集资，在以往的农村教育投入中占有很大比例（如1999年为25.8%），其中教育费附加一直是农村教育投入的第二大稳定来源。取消了这两项收费，也必然导致农村教育投入的减少。此外，政府教育投资结构过多偏向高等教育，导致农村教育经费缺口更大。教育经费不足造成的直接后果是，学校危房得不到改造，由于教师工资被长期拖欠，很多农村教师不得已只能另谋出路，而代之以廉价的"代课教师"，致使农村教师队伍整体素质出现前所未有的大滑坡。

沈百福、王红（2003）在对2000—2002年我国义务教育完成率和义务教育经费进行分析后认为，尽管税费改革后中央采取了有力措施，加大对农村义务教育的投入，但从总体上看，农村义务教育依然面临着投入保障不力的困难。农村中小学生均公用经费明显低于城市，造成学校日常运转困难。我国不仅在省际之间教育投入差异较大，东部与中西部地区差异十分明显，而且中西部省份的省内各县之间生均财政教育投入差异更大。分析表明，中西部省份的初中生均预算内教育经费省内（省会城市下属区县与边远县）差异远大于省际差异。

魏向赤等（2004）在全国范围内选取了5省（直辖市、自治区）16个县（市）1000多个农村家庭、乡级财政人员、县级财政人员、学校教师及管理人员进行问卷调查，结果显示：税费改革后农业税中划拨的教育经费不足以弥补税费改革前教育费附加和教育集资收入，有些县在税费改革后教育经费主要是依靠上级转移支付来维持和支撑，此外，未见税费改革对教师工资、学校危房改造、预算内生均公用经费等有明显的影响，这可能与这些经费的变化需经历一个较长时间过程有关。

为了解决税费改革过程中农村义务教育投入不足的问题，各级政府和不少学者都把进一步调整优化中小学布局结构作为主要措施之一。如潘光一（2003）认为，解决义务教育经费的错位问题关键在于完善公共财政体制，具体建议包括：树立公共财政观念，加大政府对义务教育的投入；建立规范的义务教育财政转移支付制度；加强经费监管，建立农村中小学杂费和教育费附加归位到位使用机制；调整优化教育内部结构，提高经费的使用效益。其中，优化教育内部结构主要就是指进一步调整优化中小学布局结构，提高办学规模和效益。

由于税费改革的影响，我国正式开始了较大规模的，有目标、有规划、有步骤的农村中小学布局调整，学术界围绕着农村税费改革与农村中小学布局调整进行了深入研究，为农村中小学布局调整提供了许多合理化建议。

(3) 农村中小学布局调整的基本理论问题

学校布局是一个国家或地区学校在地理空间上的分布结构，它与社会经济发展水平和人口分布状况密切相关。学校布局是否科学，直接关系到教育资源的利用效率和教育的发展。由于影响学校布局的社会经济发展水平和人口分布是变化发展的，因而学校布局的调整是不可避免的。

甘元亮（2002）提出，学校布局调整"三原则"是：①合理性原则，应按有关政策法规，遵循教育规律，充分考虑地理位置、交通状况、人口分布、办学效益等诸多因素，按规划有序撤并；②超前性原则，要从教育实际和发展需要出发，围绕全面实施教育现代化的目标，一次性规划，分步实施；③效益性原则，既讲规模效益，又讲办学效益，进一步优化教育资源配置，确保撤并学校国有资产不流失，使有限的教育资源发挥最佳效益。"三结合"是：①与改造薄弱校相结合；②与规模办学相结合，将一批职能相类似的学校进行合并重组，提高师资质量，提升学校档次，提高办学效益；③与推进教育现代化相结合，要进一步优化教育资源，完善设备设施，提升教育质量，促进教育现代化的推进。

查啸虎（2004）认为我国农村地区出现了"农村基础教育城镇化"的发展模式。"农村基础教育城镇化"是指通过调整农村学校布局，减少村办中小学校，扩大农村建制镇或传统集镇所在地中小学校的规模，提高教育教学质量，最大限度地发挥学校规模效益。"农村基础教育城镇化"是在城镇化的影响之下形成的一套关于"选择什么样的发展途径与怎样发展"的观点和行动，它适应了农村城镇化建设的迫切需要，同时也是农村基础教育走出窘境、实现跨越式发展的关键所在。

杜育红（2005）认为学校布局结构调整的战略意义在于：第一，学校布局结构调整是我国城镇化发展过程中的现实要求，学校布局要考虑到经济发展和城镇化对人口流动的影响，适应人口流动的趋势，逐步实施，适当超前；第二，学校布局结构调整是实现教育均衡发展的契机，通过学校布局结构调整，通过寄宿制等方式，适当集中办学，这对于提高农村学校的办学水平至关重要；第三，学校布局结构调整是提高教育资源利用效率的重要手段，从规模经济的角度看，学校规模的扩大会降低生均成本，提高学校的运行效率。

孙金鑫（2005）指出，要搞好农村撤点并校，应注意这样几个问题：第一，合理选择"合并校"校址，重点考虑乡镇中心校和那些交通便利、位于人口稠密地区的村校；第二，应该从农村实际出发，尽量利用现有合格校舍和其它教育资源进行并校，不搞大规模建设；第三，对于撤点并校所需的合理开支，政府、教育行政部门要给予政策支持，以提高学校在合并过程中的积极性。

郭建如（2005）运用教育政治学的理论，从国家—社会的视角剖析了农村中小学布局调整中利益格局的变化。他认为，中小学的空间布局是社会力量所塑造的,也是一种社会结构的反映。中小学空间布局的调整在一定意义上是利益格局的调整,在调整过程中贯穿着相关方的利益分配及权力运作,这使得布局调整过程呈现出教育政治的特点。布局调整主要是地方政府的行为,因此不一定会自动获得当地社区的认同。乡村社会的人们除了考虑布局调整可能会给子女上学带来诸多不便、进而引起家庭开支上升以及其它利益损失外,还因为在乡村社会中,学校往往属于地方文化体系的重要组成部分,他们将有关家族、村庄的各种象征意义赋予学校,因此会考虑学校撤并对当地文化的消极意义。因此在这个过程中,乡镇基层政权、社区以及村庄势力和学校系统之间会围绕着中小学教育布局产生各种复杂的关系,使得中小学的布局调整并不仅仅是对效率的追求,也不仅仅是地图上的规划,而是渗透着权力争斗的教育政治过程。

华芳英(2005)运用组织气候的基本理论对学校组织气候进行考察,指出学校组织气候是一所学校区别于其它学校的一系列组织心理特征,为教师提供良好的组织气候是使学校效能充分发挥的重要条件。组织气候建设对学校布局调整的意义在于,加强学校组织气候建设,有助于培养教职工的归属感和满意度,有助于增强教职工的凝聚力和团队精神,以进一步促进素质教育的深入实施,全面提高教育质量。

随着布局调整的不断推进,关注这一问题的学者也越来越多,他们从不同学科和不同视角对中小学布局调整进行审视和探讨,为布局调整工作更深入进行提供了理论依据。

(4)农村中小学布局调整的具体问题

农村中小学布局调整是一项系统工程,涉及许多具体问题。这些问题如果处理不好,会影响到布局调整的实施。为此,一些教育行政部门和学术界对此进行了深入探讨。

1)农村中小学布局调整的方式

农村中小学布局调整的方式，主要是指在布局调整过程中政府的权力运作和方式选择，不同的权力运作和方式选择会导致不同的结果。

郭建如（2005）认为，依据撤并过程中政府与乡村社会之间的关系，可将学校布局调整中政府的行政方式划分为三种。第一种是完全采取强制性的行政方式，在这种方式中，政府处于主导地位，群众没有参与到决策过程中；第二种是采取诱导方式，具体的做法是政府制定较长时期的学校布局规划，有意识地加强规划内定点学校的建设，使这些学校具有吸引力，逐渐吸引周边学生过渡到这些定点学校，这种方式给予群众接受布局调整的时间和适应新办学方式的过程，减少了当地群众与政府在学校布局调整方面的冲突；第三种是采取行政推动与诱导相结合的方式，给予布局调整的学校相应好处，出现了"挪椅子"现象。采取哪种方式是同地方政府面临的行政环境（如上级政府的压力大小、地方群众的认同程度）、习惯使用的行政方式和可用的资源以及一些偶然的机会有关，行政方式的类型反映了国家与社会在当地发生互动的基本特征。政府在撤并学校时采用市场机制加以引导的同时，也会同民间一些较强的抵制力量相妥协。

2）关于农村寄宿制学校的研究

2001年《国务院关于基础教育改革与发展的决定》中规定，要因地制宜调整农村义务教育学校布局……在有需要又有条件的地方，可举办寄宿制学校。2003年《国务院关于进一步加强农村教育工作的决定》也指出，要继续推进中小学布局结构调整，努力改善办学条件，重点加强农村初中和边远山区、少数民族地区寄宿制学校建设，改善学校卫生设施和学生食宿条件。2004年《国家西部地区"两基"攻坚计划（2004—2007年）》把加快农村寄宿制学校建设作为西部地区"两基"攻坚的主要措施之一，提出要重点实施"农村寄宿制学校建设工程"，并把这项工程同农村中小学布局结构调整和城镇化建设结合起来。为此，教育部、国家发展和改革委员会、财政部还专门制定了《西部地区农村寄宿制学校建设工程实施方案》（2004），对工程的任务、覆盖范围、规划、资金安排与保障、工程质量监督等各方面作出了具体的要求。

关于寄宿制学校建设问题的研究成果很多，大致可分为两类：一类是教育行政部门的经验总结，如《左权县创办县城寄宿制小学》（2002）、《成效突出的寄宿管理——记龙胜各族自治县小学低龄寄宿管理》（2005）等；另一类是学者对寄宿制有关理论问题的研究，如《关注农村小学"寄宿制"现象》（2002）、《农村学校低年级住校生管理浅谈》（2005）等。

许多学者对在我国农村地区和西部地区建设寄宿制学校的必要性和重要性进行了研究，指出举办寄宿制小学符合人民群众追求教育平等和优质教育的愿望，能有效提高农村教育资源的利用效率，对全面建设"高水平、高质量"的义务教育有着重要的作用（蒙山野，2002；马斌，2003；向卫国，2005）。

还有学者对农村小学寄宿制对学生综合素质发展的影响进行了调查与研究，认为农村小学实行寄宿制办学可以锻炼学生的生活自理能力，培养良好的生活习惯，增强学生的纪律意识和团队精神，并且在一定程度上有利于提高学校教学质量，因此是推进农村小学素质教育的有效之举（陈建平，2004）。

有许多学者对寄宿制学校的建设和管理工作提出了很多很好的建议，主要包括：①国家、地方、学校必须各尽其责，为寄宿制学校发展创造良好条件；②结合地区实际，对寄宿制学校进行科学合理布局；③结合地区特点，制定寄宿制学校办学标准；④加强管理，形成科学规范的学校管理体系，是寄宿制学校健康发展的重要保障，具体措施包括教育教学管理、学生良好生活习惯的养成教育、招生工作管理、学生生活补助标准和经费发放的管理以及完善学校的各种管理制度等；⑤提高寄宿制学校管理者的水平，对校长进行相关培训；⑥结合教育人事制度改革，加强寄宿制学校教师资源的整合；⑦高度重视校园安全问题；⑧建立寄宿制学校的评估制度，促进基础教育均衡发展（董树梅，2004；杨子晚等，2005；马文华，2005；苏勇，2005）

3）农村中小学布局调整后的闲置校产问题

2002 年《国务院关于完善农村义务教育管理体制的通知》中规定，中小学布局调整后的公办学校闲置校产，由教育行政部门进行统筹，继续用于举办基础教育或社区教育机构；确需进行置换的，必须在保证公有教育资源不流失的前提下，经县级以上人民政府批准，并报上一级教育行政部门备案后方可实施。校产置换所得资金必须全部用于基础教育。

柏燕生等（2002）认为，本着《通知》的精神，处理闲置校产可以采取的方式有：①内部划拨，用于继续发展教育事业；②置换土地，做大做强定点规模学校；③开发基地，发展校园经济；④对外租赁，引进承包，支持农村产业结构调整，引导农民致富；⑤有偿转让，发展地方经济；⑥无偿转让，兴办社会福利事业；⑦将一部分闲置校舍适当修缮，改作教师宿舍。

但是，许多研究显示，有些地区在处理闲置校产的过程中也出现了一些问题：

首先，农村很多学校产权状况不明晰，导致了在处理过程中的困难。郭建如（2005）认为，学校布局调整涉及利益的重新安排，对原有校舍的处理常会出现官方认定与民间认知不一致的情况。国家的相关法律和政策认定校舍属教育资产，学校撤并后归主管部门所有。现实中村小学多是当地村集体集资修建的，村民倾向于认为校舍的资产属于村集体所有。如何解决这两者的冲突，在现实中既取决于双方的认知，也取决于双方的谈判力量。对此，龚正坤等（2001）提出，学校的财产应分为房地产和教产两大块，按不同情况，区别对待。教产应坚决收回，房地产则应按照改造、转让、租赁、拍卖、开发的十字方针灵活处置。

其次，由于一些人为因素，造成了国有和集体资产的流失。这主要表现在：①闲置资产普遍未经正规的评估机构评估，使得评估值缺乏真实性、合理性和科学性，没有从闲置资产所处的区位优势、可能产生的最大效益等方面来综合考虑闲置资产的价值；②闲置资产出租价格弹性过大，有的甚至连协议、合同都不签订，导致租金收取难的问题时有发生；③闲置资产出售价远低于评估价，导致国有和集体资产白白流失；④资产闲置或无偿占用现象比较严重。为此，有关部门要制定一整套相应的规章制度，规范政府的资产处置行为（周维宽，2005）。

4）关于复式教学点的问题

复式教学曾经大面积存在于农村小学教育阶段。后来经过布局调整，复式班成功地得到削减，复式教学也逐渐成为被搁置的话题。但是现在，随着计划生育政策的落实，生源急剧下降，教师编制精简，复式教学点的规模在一定时期内又有回升趋势。

张素蓉（2005）认为，复式教学本身隐含了教育规模布局调整之意，对教育资源利用效率的提高及因基础教育规模、布局调整而给学生带来的负的外部效应——缺乏人文关怀问题的解决有着积极的、不可忽视的作用。复式教学点保证了儿童就近入学，使每个儿童都能接受教育，即使是低质量的教育，也比他们不受教育好，何况组织得好的复式教学，其教学效果不会比单式教学效果差。

周亦龙（2005）指出，教学点往往地处交通不便、经济文化相对滞后的偏远地区。它是小学入学儿童逐渐减少，学校布局调整优化后的产物。教学点的落后主要表现在经济文化氛围落后，办学条件落后，教师素质落后，教学方法、教学手段及教研活动落后。教学点关系到农民的切身利益，必须采取特殊措施加强教学点的建设：一是尽力改善办学条件，加强校园文化建设；二是努力转变教师观念，提高教师素质；三是从实际出发，完善教研方法，促进教学点上的教师更新教育观念，改进教学方法，提高课堂教学质量；四是要加大监管力度。

黄忠富（2005）经过调查发现，在学校布局全面调整后，复式教学已越来越成为山区村级小学课堂教学的主要形式。但是各级教育行政部门对复式教学的管理和要求还是个空白，各级教研部门对复式教学的研究和指导也严重滞后。教师们无据可依，只能凭着自己的经验摸索着进行，这无疑不利于复式教学点教育质量的提高。

5）农村中小学布局调整中存在的问题

农村中小学布局调整对于减轻部分地区农民负担、节约教育经费、优化教育资源配置等，确实起到了积极的作用。但与之相随也出现了一系列问题，尤其是在经济落后的农村地区问题更为突出。这些问题主要包括：

——部分地区布局调整缺乏科学规划。有些地方把撤并学校当作财政甩包袱的手段，将布局调整单纯地等同于砍学校、减教师、减投入，甚至硬性地提出什么"三年任务，一年完成"的工作目标。盲目撤并后，由于缺乏配套设施建设，一些被撤并的教学点不得不重新恢复。事实上，各地区人口密度不同，东部地区人多地少，西部山区地广人稀，统一用2.5公里的服务半径作硬性指标来撤并学校并不适宜。

——农村布局调整资金短缺。有的农村学校缺少资金，无力进行布局调整，他们或者等待没有生源时自然消亡，或者再次背负巨额债务扩建学校。农村学校的撤并涉及许多事情，如接收学校要容纳更多的学生、配备更多的教室、教师等问题,上级政府下拨的布局调整专项资金的使用缺乏透明度,很多都被挪用发放教师工资或另作他用,往往落不到农村学校手里,使得农村学校布局调整举步维艰。

——由于某些人为因素,农村中小学撤并过程中,造成国家、集体财产的巨大浪费和损失。例如,校园或闲置、或被拍卖、或被移作他用;造成原有教学仪器、设备及图书资料等的流失、损失和浪费;个别部门和学校钻国家政策的空子,假借布局调整之名,骗取国家配套的布局调整资金挪作他用等。

——近几年,各地为完成"普九"达标,纷纷新建、扩建、改建和返修校舍,不少学校为此背上了沉重的债务,至今仍无法还清,撤并到新校后,新校又承担了其债务,无疑又给接收学校增加了新的经济负担。

——农村中小学撤并后,造成部分地区农民负担加重。从目前的情况来看,布局调整以后,农民负担不仅没有减轻,反而加重了。因为他们要为上学的子女解决交通和食宿问题。尽管国家在贫困地区实行"两免一补"政策,为他们提供一定的补贴和帮助,但是总起来计算,这些补贴不足以抵消农民付出成本的五分之一。布局调整以后,国家和政府付出的教育成本减少了,农民子女的教育成本却增加了。

——农村中小学布局调整,也是造成农村辍学率上升的一个重要原因。有些贫困家庭无力负担子女食宿费用,学生辍学了;再有的是由于迁入地的学生与接收地的学生难以融合,出现矛盾,导致打架斗殴而辍学了;有的因为上学要爬山过岭、路途较远,觉得每日奔波太辛苦而辍学了;还有的是由于学校管理不到位、食宿条件较差而中途退学了。特别值得指出的是,在寄宿制学校尤其是小学阶段,有一些七八岁的孩子因住校觉得缺少家庭的温暖而最终辍学了。

——调整后农村学校出现班额过大的情况。布局调整后，大多数农村学校都没有新增教室，只能在各班再安插更多的学生，导致班额过大，教师教学非常吃力，因材施教根本无从谈起，严重影响了正常的教育教学。

——农村寄宿制办学不够完善。目前，农村学校的寄宿制与标准化、规范化建设有很大的差距，亟待完善。首先是食宿条件差。农村学生住的是十几人甚至几十人的大通铺，吃的是从家里背来的干粮和咸菜。其次，没有专门的生活教师。结果在农村也衍生了家长"陪读"现象，加重了农民的负担。

——农村中小学布局调整造成部分地区学前3年教育无法落实。2003年《国务院关于进一步加强农村教育工作的决定》中指出，地方各级政府要重视并扶持农村幼儿教育的发展，充分利用农村中小学布局调整后的富余教育资源发展幼儿教育。但目前在部分农村地区，原有的校园由于这样或那样的原因已不复存在，即使有也已经破败不堪、无法使用了，校舍又成了大问题。

——农村中小学布局调整，造成乡村文化阵地的缺失。对乡村社会来讲，农村学校代表着现代社会的文明，它将科学知识、实用技术、致富信息和国家的方针、政策传播到广大农民中间。随着学校在村屯的消失，村屯社区文化将失去载体，留给农民的将是更多的文化空白和文明缺失。

3. 对国内现有文献的评论

综合上述国内的研究成果不难看出，不少研究者、研究机构及相关部门已经对农村中小学布局调整做了大量的考察和研究工作，并对布局调整的原因、方式、存在的问题进行了较深入的分析和讨论，得出了不少相关的研究结论，也提出了很多很好的研究建议。这些结论和建议，不仅有助于社会对农村中小学布局调整有一个更清醒的认识,从而采取有效的措施予以解决,也为我们的研究提供了理论参考和实践指导。

然而,国内目前的这些研究在取得很大进展和成果的同时,也存在着诸多的不足和缺憾,主要表现在以下几个方面:

(1) 研究假设的片面性

农村中小学布局调整,是多种因素共同作用的结果。但以往的研究往往仅仅是以某一方面的影响因素作假设,而以这种片面的假设为指导,忽略了其它因素对农村中小学布局的影响,设计出的往往只是以解决某个问题为目的的方案。如以往的研究不少都是以教育投入不足为前提,试图通过布局调整去解决这一问题,而忽略了布局调整本身也是需要经费来支撑的,因此,在此基础上作出的研究分析和研究结论,其信度是很难得到保证的。

(2) 研究设计的不合理

以往的研究就事论事居多,并且往往是局限于一个具体地区具体问题的解决,较少根据研究的实际需要,认真做好包括研究假设、研究内容、抽样、研究过程等在内的研究方案设计,也很少查阅大量已有的有关农村中小学布局调整的媒体报道和研究著述,分析和总结前人研究的优缺点,避免以往研究所出现的一些问题。因此,其设计很难说是合理的。

(3) 研究地域的覆盖不全面

以往的研究大多都是个案研究,局限一个县、一个市或最多在一个省的范围内的学校布局调整,样本都比较小,对其它一些省份和地区所进行的农村中小学布局调整的研究并不多见。而事实上,每个省份和地区既有其独特的社会背景和社会文化,也有其相同的影响因素,其农村中小学布局调整既有其独特的表现和成因,也有其共同之处。因此,以往研究者所得出的一些研究结论,其普适性有待探讨。

（4）实地调查的不深入

以往的研究大多只是采用问卷调查来收集资料，而很少采用一些定性的资料收集方法，比如访谈法、观察法、案例分析，等等。由于问卷调查自身特点的限制，一般仅有助于得到一些反映普遍状况的、表象的信息和数据，对那些潜藏在问题背后的深层次原因却不太容易触及和涵盖到。况且，通过问卷形式所获得的调查资料，大多也只方便做定量的数据分析。因此，以这样的数据支持得出的研究结论，其信度和效度很难得到保证。

总的来说，国内尽管有相当研究机构和学者就农村中小学布局调整进行了大量的研究，但往往研究的深度不够，范围也不广，实地调查也不深入，其研究结论的信度很难得到保证。对农村中小学合理布局的深入研究和探讨，还需要更多有识之士来共同参与。

二 研究设计

本研究是从教育经济学、社会学和人类学的视角出发，以实证主义和人文主义相结合的方法论为指导，以调查研究和实地观察的有机结合为研究方式，以大量的问卷调查、结构性访谈、案例分析、实地观察等经典的社会学调研方法以及参与式学校评估等发展研究方法为资料收集手段，通过定性和定量的资料分析方法，来对我国农村中小学布局调整的背景、现状及问题进行诊断，对未来中小学教育需求和供给进行预测，进而建立起农村中小学合理布局的评价体系。

经过上述对国内外研究进展的分析不难看出，对农村（也包括中西部地区农村）中小学合理布局结构研究虽然不少，但却大多存在着这样或那样的缺憾。因此，在进行研究方案的设计时，为了尽量避免以往研究中所出现的一些问题，课题组事先查阅了大量已有的有关农村中小学合理布局的媒体报道和研究著述。在深入分析和认真总结前人研究的基础上，课题组根据研究的实际需要，认真做了包括研究假设、研究内容、抽样、研究过程等在内的研究方案设计。

1. 研究课题的性质及其组织实施

该课题是经国内竞争性招标，英国政府双边赠款"西部地区基础教育研究"项目国家级研究课题。

该课题由华中师范大学"中国中西部地区农村中小学合理布局结构研究"课题组组织实施。课题组由该校教育学院、管理学院和文学院50余位教师和博士、硕士研究生组成，研究得到了教育部财务司、英国政府国际发展部和世界银行、6省（自治区）教育厅、38个县（市、旗）教育局、177个乡（镇）教育组、986所中小学（教学点）以及调查地广大校长、教师、乡村干部、家长和学生的大力支持。

2. 研究的主要内容

本课题以我国中西部地区农村中小学为研究出发点，探讨农村地区中小学的合理布局问题。所以，研究内容主要涉及与布局调整密切相关的诸多因素。然而，如前所述，农村中小学布局调整有可能是多种因素共同作用的结果。究竟农村地区中小学布局调整是在什么背景下进行的？其预期和动力是什么？取得了哪些成效和存在什么问题？为什么会存在这些问题？怎样使农村地区中小学布局更加合理？对这些问题的解答，需要综合考察该地区教育内部和外部环境，包括教育的基本情况、人口变化、区域地理环境、社会经济发展情况以及转型期中国农村地区制度因素的变化，所以，研究又穿插了很多教育行政部门、学校、社区等各方面对农村中小学布局调整的态度、行动及措施等方面的内容。

总的来说,此次研究主要包括以下一些内容:

(1)农村中小学布局调整的背景,主要探讨中西部农村地区中小学布局调整是在什么样的特定历史背景下进行的。

(2)农村中小学布局调整的预期和动力,主要探讨中西部农村地区中小学布局调整所要达到的目的。

(3)农村中小学布局调整的方式选择,主要探讨政府特别是中西部地区县乡政府是采取什么方式来推进农村中小学布局调整的。

(4)农村中小学布局调整的绩效评估,主要是通过对中西部地区农村中小学布局调整现状的分析,全面了解该地区农村中小学布局调整的经验及存在的主要问题。

(5)农村中小学布局调整存在问题的原因分析,主要是对中西部地区农村中小学存在的问题进行诊断分析。

(6)农村中小学合理布局方案的设计,主要是结合我国农村义务教育政策的调整和各地实际情况,提出一套科学、合理的农村地区中小学布局方案。

3. 相关概念的界定

(1)教育布局

本研究中是指农村地区中小学在哪里办学、怎样办学的问题,合理的中小学教育布局不仅能使人力、物力、财力得到充分、合理的使用,而且有利于基础教育的均衡发展。

(2)布局调整

本研究中是指中西部地区根据当地经济社会的发展情况、学龄人口变化等对农村中小学布局进行重新规划,包括撤销、合并、扩建、新建中小学等。

(3)农村中小学

本研究中的农村中小学包括两方面的含义:①主要是指

义务教育阶段农村中小学，包括教学点、初小、完小、初中、九年一贯制学校、特殊学校，有些地方也涉及高中阶段的普高和职高；②主要指设在县城以下的中小学，包括村小（教学点）、乡镇中心小学、初中等，在一些地方也涉及县城中小学。

（4）中西部地区

按新近的区划标准，中国中部地区主要包括山西、安徽、江西、河南、湖北、湖南6省；西部地区包括重庆、四川、贵州、云南、西藏、陕西、甘肃、青海、宁夏、新疆、内蒙古、广西等12个省、自治区、直辖市。本研究选择了其中具有代表性的湖北、河南、广西、云南、陕西、内蒙古6个省、自治区。

4. 调查地点的选取

调查地点的选取主要包括调查省（自治区）、县（市）、乡（镇）和学校的选取。在进行省一级调查地点的选取时，由于研究区域集中在中西部地区，课题组根据教育部财务司、世界银行和英国国际发展部专家的意见，并考虑到中西部地区经济、社会、地理环境及教育方面的差异，选择了中部地区的湖北、河南，西南地区的广西、云南，西北地区的陕西、内蒙古等6个省（自治区）。而县一级调查地点的选取主要是征得各省（自治区）教育厅的同意，每个省（自治区）选取3—10个县（市），并充分考虑到经济发达、中等发达、欠发达①以及山区、丘陵、平原等因素。每个县（市）选取5个乡镇（1个经济发达，2个中等发达，2个欠发达）（见表1.1）。采用分层抽样和随机抽样相结合的方法，每个乡镇调查4—6所中小学（含教学点）。

---

① 这里所谓的经济发达、中等发达和欠发达是相对所在省区，而不是相对全国而言的。

表 1.1　　　　　　　样本县市的分布及经济状况

序号	省（自治区）	县/市	经济状况	调研乡镇数
1	湖北	钟祥市	发达	5
		沙洋县	中等发达	5
		长阳县	欠发达	5
		英山县	欠发达	5
		监利县	中等发达	5
		石首市	发达	5
2	河南	长葛	发达	3
		鄢陵	中等发达	5
		禹州	发达	6
		襄城	中等发达	4
		罗山	欠发达	5
		许昌	中等发达	11
		息县	欠发达	5
3	广西	荔浦	发达	5
		兴安	发达	4
		龙胜	欠发达	9
		德保	欠发达	1
		隆林	欠发达	1
		那坡	欠发达	2
		田阳	中等发达	2
		平果	发达	1
		靖西	欠发达	1
		南丹	欠发达	5
4	云南	沧源	欠发达	6
		凤庆	欠发达	6
		元江	发达	6
		石林	发达	6
		禄丰	中等发达	6
		双柏	中等发达	6
5	陕西	乾县	发达	5
		彬县	中等发达	5
		石泉	欠发达	5
		汉阴	欠发达	5
		勉县	中等发达	5
		南郑	发达	5
6	内蒙古	武川县	发达	4
		林西县	中等发达	3
		四子王旗	欠发达	4
合计		38		177

5. 研究样本与调查对象的选取

本研究是要从整体上了解中国中西部地区农村中小学布局的现状，需要抽取相关省份进行大规模问卷调查。课题组根据中西部地区经济、文化、人口、地理环境等因素差异，样本分布区域从大到小，依照省（自治区），县（市、旗），乡（镇）的顺序选择。具体方法如下：先确定省（自治区），再根据省（自治区）的情况选择县（市、旗），最后根据县（市、旗）的实际情况确定乡（镇）。

对于教育行政部门负责人、学校校长、教师、学生等调查对象的选取来说，由于这些角色在社区中大多有固定的人选，选择起来非常容易。而学生家长的选择则不然。因为伴随着中国城市化进程的加快，越来越多的农村剩余劳动力流入城市，相当一部分学生家长进城或到经济发达地区务工经商，对学生家长的选择要困难得多。基于这一原因，本研究对学生家长的选择不仅包括学生父母，而且还包括监护人和村干部。

6. 分析单位及抽样方案

由于本研究的主要目的是为了探寻中国中西部地区农村中小学的合理布局问题，所以，研究是以调研地区教育行政部门负责人、学校校长和教师、家长及监护人、学生为分析单位。

本研究在调查地点、教育行政部门负责人、学校校长，规模小的学校及教学点的教师、家长及监护人主要采取非随机的抽样方式，而在中心小学及初中教师样本、学生样本的选取上，基本依照了随机的抽样方式。

抽样方案：针对调研省区农村中小学布局调整后规模较大学校的教师和学生样本，以调研学校所有教师和学生名单为抽样框，采用随机抽样的方式进行样本的选取。对教师要考虑不同年龄层次，当遇到多名教师同属一年龄层次时，原则上只选取其中一名教师进行调查；对学生则以高年级为主。

7. 问卷的发放及回收

在对中西部地区6个省（自治区）、38个县（市）、177个乡（镇）、986所农村中小学的实地调查中，我们总共发放问卷39210份（其中县（市）、乡（镇）教育行政负责人卷210份，校长、教师卷15000份，家长卷12000份，学生卷12000份）；收回问卷32476份（其中县（市）、乡（镇）教育行政负责人卷194份，校长、教师卷12490份，家长卷7995份，学生卷11997份），回收率83%；有效问卷31055份（其中县（市）、乡（镇）教育行政负责人卷181份，校长、教师卷11463份，家长卷7421份，学生卷11990份），有效率79.2%。这些问卷经分析后得到的数据，在研究分析部分得到大量的采用，为研究提供了有力的数据支撑（见表1.2）。

表1.2　6省（区）农村中小学合理布局结构问卷统计表　（单位：份）

问卷类别	发放问卷	回收问卷	回收率(%)	有效问卷	有效率(%)
行政卷	210	194	92.3	181	86.2
校长、教师卷	15000	12490	83.3	11463	76.4
家长卷	12000	7995	66.6	7421	62.0
学生卷	12000	11997	99.9	11990	99.9
总　计	39210	32476	83.0	31055	79.2

除了问卷调查外，我们还深入到农户、学校和社区中，对80名教育行政部门负责人，237名校长，249名教师，72名家长或监护人，210名学生进行了结构性访谈，获得了大量的定性资料。这些资料为我们全面了解所调查地区的整体状况（如地理环境、经济、文化、教育、人口、中小学布局调整等）奠定了

良好的基础，并为案例的分析和总结埋下了基石。

此外，在整个调查过程中，我们不仅收获了大量问卷，进行了广泛的结构性访谈，还获得了大量的文献资料和珍贵照片等第一手资料。这些文献资料会更加增强研究的说服力。

8. 资料的收集及分析

本研究主要采用了文献查阅、问卷调查、结构性访谈、案例调查等经典的社会学调查工具，以及小组访谈、主要知情人访谈（Key informant interview）、研讨会（Workshop）等发展领域的研究工具来收集资料。

（1）文献查阅

大多是在课题研究开始之前进行，主要用于研究课题选择时的文献参考阶段，研究过程中也有部分这样的工作进行。

（2）问卷调查

在实地调查过程中进行，主要用于收集和了解6省区农村中小学布局调整的真实情况，特别是各地农村中小学布局调整的具体做法、经验及其存在的问题。问卷设计之前对2省5县市进行过实地考察和访谈，整个设计在正式调查开始之前完成，正式调查之前有一次试调查和修改完善设计的过程。

（3）结构性访谈

在实地调查过程中进行，主要用于收集所调研县乡教育行政部门负责人、学校校长和教师、家长及监护人、学生等对农村中小学布局调整的真实看法。

（4）案例调查

在实地调查过程中进行，主要用于对所调查地区具有代表性的个案进行深入了解。

（5）小组访谈

在调查过程中进行，主要用于组织校长、教师、家长及监护人、学生对农村中小学布局调整所带来的一系列问题进行讨论。

（6）主要知情人访谈

在调查过程中进行，主要用于收集县市概况、乡镇概况和学校基本情况等资料。

表1.3　每个县市需要完成的调研活动及提交的研究成果

编号	提交成果	调查对象	抽样方法	调查方法	样本数量
1	县市概况材料	县级单位如教育局等	与省教育厅协商确定	结构性访谈或提供表格，最后取回	1—2个
2	乡镇概况材料	乡镇主管教育的副书记、副乡（镇）长或教育组负责人	指定	同上	1—2人
3	学校概况材料	校长或副校长	指定	结构性访谈	1—2人
4	问卷	县乡教育行政部门负责人	指定	问卷	5—6份
5	问卷	校长、教师	随机与非随机相结合	问卷	500—600份
6	问卷	家长或监护人	同上	问卷	400份
7	问卷	学生	同上	问卷	400份
8	教育行政负责人访谈记录	县乡教育行政部门负责人	视情况自己挑选	结构性访谈	1—2人
9	校长访谈记录	校长	每校一位校长	同上	1人
10	教师访谈记录	教师	所调查学校教师	同上	3—4人

续表

编号	提交成果	调查对象	抽样方法	调查方法	样本数量
11	家长村干部访谈记录	家长、监护人、村干部	视情况自己挑选	半结构性访谈	5—10人
12	学生访谈记录	以小学高年级和初中生为主	随机与非随机相结合	半结构性访谈	5—10人
13	典型案例调查记录	案例调查	了解情况后能判断出来	非结构性访谈	根据情况确定
14	现有文献资料	县乡学校负责人	直接索取	同上	同上
15	小组讨论记录	课题组成员讨论记录	每完成一个乡镇调研后进行：包括想法、感受、分析、体会、结论和建议等		
16	拍照	照片	调研时拍摄的各种照片		

（7）研讨会

调研小组在调查的整个过程中经常组织研讨，主要用于发现调查过程中存在的问题，经过讨论之后，能够及时对这些问题进行修改或补充。

在实地调研结束之后，课题组运用 SPSS 等数据统计和分析软件及常规的定性资料分析方法，对现有的所有文献资料、实地调查资料和观察记录等进行系统的整理和分析，最终得出关于中国中西部地区农村中小学合理布局的一系列具有现实意义和实践指导意义的研究结论。

9. 调研计划及成果提交

表1.3为课题组成员在充分交流和讨论的基础上，设计出的每个县市需要完成的研究活动及提交的研究成果清单。该清单对调研起到了非常重要的作用，它是每一步调查行动的指南。

三　研究过程

整个研究过程共分为以下7个阶段：

1. 文献检索与收集阶段

时间：2005年8—10月

课题组相关成员全面检索了国家有关农村地区中小学布局调整的教育法规、政策文本等，收集了国内外有关学校布局的大量资料和信息。这些资料和信息不仅包括以往研究者所著的相关书籍与发表的文章，还包括了报纸、电视、网络等各种媒体曾做过的报道（大约2000万字），了解并熟悉了中西部地区农村经济、社会及其教育发展的特点，分析了农村中小学布局调整的背景，农村中小学布局调整的方式、经验及其存在的问题，并初步拟定了实地考察和访谈提纲。

2. 实地考察和访谈阶段

时间：2005年11—12月

课题组成员分5个小组分别对湖北省钟祥市、沙洋县、英山县，河南省息县和许昌市等2个省5个县市进行实地考察和访谈，考察不同类型学校54所，对200余人进行了访谈，其中包括5个县市的教育局负责人、基础教育科和财务科科长、乡镇教育组负责人、中小学校长和教师、寄宿学校保育人员、学生和家长，获得了较为珍贵的第一手资料，了解了上述各类人员对农村中小学布局调整的真实想法，以及各地农村中小学布局调整的做法、好的经验及存在的问题，并对访谈资料进行了整理。

3. **问卷设计阶段**

时间：2006年1—2月

针对课题研究目标和要求，在实地考察和访谈的基础上，课题组成员召开了多次研讨会，就中西部农村地区中小学合理布局结构的调查内容进行了讨论和设计，设计出4套"中西部地区农村中小学合理布局结构调查"问卷，其中包括"县（市）教育行政部门负责人卷"（以下简称"行政卷"）、"学校卷"、"家长卷"、"学生卷"。同时，也制定出了专门针对县（市）、乡（镇）教育行政部门负责人、学校校长和教师、乡村干部、家长（包括监护人）和学生的访谈提纲。

为了能够保质保量地完成研究任务，在此期间，课题组还对所有参与调查和研究的人员进行了严格、统一的培训。由于此次调研量大、面广，各地经济社会发展不平衡，农村中小学布局调整时间不一，重视程度差别较大，调查对象层次不一，因此，培训的重点放在如何成功地进行调查访谈方面。

4. **试调查阶段**

时间：2006年3月

课题组成员分3个小组对湖北省英山县、监利县和河南省息县等进行试调查。白天进行调查和各种访谈，晚上各小组成员集聚在一起，集思广益，共同讨论白天调查过程中所遇到的或新发现的问题，并对问卷和访谈提纲进行不断的修改和补充。最后，在各组成员充分探讨、交流和讨论的基础上，最终确定了将在接下来的正式调查过程中使用的调查问卷及访谈提纲。

5. 正式调查阶段

时间：2006年4—11月

课题组成员分6个小组，每组9人左右，分别前往河南、湖北、广西、云南、陕西、内蒙古6省（区）的38个县（市）进行调查研究。每一个省（自治区）的调查过程主要包括以下几个步骤：

（1）选择县市

在选定的6个省（自治区），我们首先分别与各省（自治区）教育厅有关处室的负责人一起商讨选择县（市、旗）事宜，来到所确定的县（市、旗）后，再与县（市、旗）教育局的负责人一起确定调查的乡镇，并进行县（市、旗）概况的资料收集。在他们的帮助下，最终选定那些具有一定代表性的乡镇作为中小学布局调整的调查地点。

（2）进入乡镇

在选定好调查地点之后，我们来到选定的乡镇，首先找到乡镇教育组负责人或中心学校校长，介绍研究意图和调查计划，接着在他们的帮助下，组织学校师生及相关人员一起座谈，并完成乡镇概况和学校基本情况的调查。经过上述摸底之后，我们对乡镇的背景以及各个学校的基本情况有了一个比较全面的掌握和了解，为下一步的抽样调查做好了准备。

（3）学校的访谈和问卷调查

按照预定的计划，每所学校我们都要对校长、教师和学生进行访谈，并进行问卷调查。

（4）家长访谈与问卷调查

家长（包括监护人）访谈和问卷调查采取入户的方式或利用周末接送孩子的时间进行。其间，还走访部分村干部，并组织学生的小组访谈。

在整个实地调查过程中，我们把主要的活动场面、典型场景拍摄下来，所获得的图片及相关资料也是主要的研究成果。

6. 资料的整理与分析及报告初稿撰写阶段

时间：2006年11月至2007年10月

课题组成员对问卷进行统一的编码和录入，并借助一系列电脑分析软件和工具，对所有获得的数据、文字材料进行归类、分析和总结。最后，进行总报告初稿撰写阶段。

7. 总报告修改完善阶段

时间：2007年11月至2008年6月

总报告初稿完成后，送调研地相关单位，听取他们的意见，并根据他们的意见对总报告进行进一步的修改和完善。

第 二 章

农村中小学布局调整的背景

所谓农村中小学教育的布局,就是指农村中小学在哪里办学的问题。合理的教育布局能够使教育资源得到充分有效的利用,但在哪里办学不是静止不变的,而是要随着经济社会的发展,特别是人口的年龄结构和空间布局结构的变化而不断调整,并且这种调整不是一个突变的过程,而是一个渐进的、长期的过程,每一次大规模的农村中小学布局结构的调整都是在特定的历史背景下进行的。我国20世纪90年代后期开始的新一轮学校布局结构大调整也不例外。

一 学龄人口减少的客观要求

20世纪70年代以来,我国开始强有力地推行计划生育政策,到90年代中后期,由于计划生育政策的落实,农村人口出生率下降,加之城镇化的发展,农村中小学生源减少成为一种普遍现象。

根据2005年全国1%人口抽样调查数据,我国0—14岁人口数量为26478万人,占总人口的20.27%,与2000年第五次全国人口普查相比,下降了2.62%。另据教育部公布的《2005年全国教育事业发展统计公报》提供的数据,由于小学学龄人口的逐年减少,3年间全国小学生入学人数共减少1300万人,

2005年全国小学在校生人数10864.07万人，比上年减少381.04万人。小学的数量也较3年前减少了9万多所。随着"普九"目标的实现和学龄人口的减少，初中学校数量和学生人数也在发生变化。2005年全国初中学校比上年减少1271所，在校学生也比上年减少312万人。

我们对中西部6省区的调查显示，同全国一样，6省区0—14岁年龄段的儿童数量也在普遍减少，在总人口中所占的比例也在持续降低。其中，中部地区人口降低的幅度较大，西部省份由于少数民族准生二胎，人口下降的幅度要小一些，但也呈下降趋势（见表2.1）。

表2.1　　　　6省区0—14岁人口变化情况

省区	年份	0—14岁人口数量（万人）	占总人口（%）	比上次调查下降（%）
湖北	2001	1360.74	22.87	5.64
	2005	—	—	—
河南	2001	2401	25.94	7.14
	2005	1981	21.14	4.75
陕西	2001	902	25.0	3.9
	2005	735	19.76	5.25
内蒙古	2001	505.56	21.28	7.17
	2005	408	17.1	4.18
广西	2001	1177.88	26.24	7.14
	2005	1106	23.76	2.44
云南	2001	1102.1	26.02	5.64
	2005	1069.30	24.07	1.89

资料来源：根据2001年各省人口普查公报和2005年各省1%人口抽样调查公报整理。

*2001年下降的百分比是与第四次人口普查数据比较得来，2005年是与2001年比较得来。

对6省区的个案调查同样印证了农村中小学学龄人口减少是一个普遍现象。如广西壮族自治区桂林市兴安县位于湘江和漓江交汇处，是个典型的农业县，经济水平在广西壮族自治区处于上游。2005年该县总人口37.2万，其中农村人口31.1万，占全县人口的83.6%。1996年全县共有小学生52485人，到1999年在校小学生数减少到38677人，2004年在校学生总数为17560人，而到2006年全县只有小学生16496人，仅为10年前的31%。与小学相比，初中学生数量急剧下降的时间虽然晚一些，但是在2002年以后也出现了下降的趋势。

陕西省小学在校学生人数1998年时为496.58万人，达到最高峰，至2002年下降到433.20万人，到2005年下降到340多万人。例如我们所调查的石泉县迎丰镇，1996年的学龄人口为1200人，到2006年已经减少到600多人，而且学龄人口仍继续呈现下滑的趋势。

从河南省许昌市0—11岁人口的变化趋势来看，近10年来该市出生人口一直呈下降态势。2005年0岁人口不到10岁人口的36%。同年小学一年级学生（6岁）仅相当于2000年小学一年级（11岁）学生的51.6%（见图2.1）。

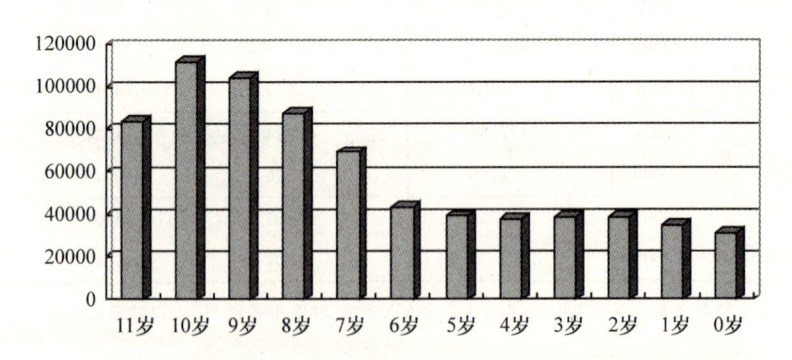

图2.1 2005年河南省许昌市0—11周岁人口变动情况

资料来源：2000年河南省许昌市人民政府文件。

湖北省钟祥市是一个人口超过百万的县级市，到 2010 年全市农村 6—14 岁学龄人口将从 2005 年的 117708 人逐年减少到 74142 人，6 年累计减少人数将达到 43566 人。该省沙洋县是一个农业县，人口 60.5 万，全县 1 周岁儿童数量最高的年份曾达到 1.6 万—1.7 万人，2004 年为 1.2 万人，2005 年仅为 6000 多人。

内蒙古自治区四子王旗地处祖国边陲，北与蒙古国接壤。全旗总面积 25513 平方公里，人口 20.7 万。2006 年该旗有小学生和初中生分别为 11162 人、9168 人，预计 5 年后小学生和初中生分别降为 8672 人和 7292 人，降幅分别达 22% 和 20%，在过去的几年中，学龄人口下降的幅度更大。人口的下降导致学校规模越来越小，一个或几个村子一所小学，一个乡镇一所初中的布局模式迫切需要改变。

不仅所调查的省份情况如此，其它省份的情况也一样，学龄人口均呈下降趋势。如湖南省平江县板江乡共有 17 个村，人口不足 1.4 万，分布在 73 平方公里的山林里，几年来没有一个村子的年出生人口在 20 人以上。2001 年全乡出生人口 89 人，比 2000 年减少 35 人，比 1999 年减少 51 人。① 表 2.2 是该乡计划生育办提供的 1999—2001 年部分村子的出生人口数，从中可以看出 3 年间各村的年出生人口都在不断下降。

由于农村学龄人口大幅度下降，许多学校和教学点的学生减少，有的学校甚至无学生可教，一度出现空校现象。绝大多数学校的平均规模比 20 世纪 80 年代缩小三分之一以上，原来学校规模大多在 300—500 人之间的村小现已大多降至百人以内，有些保留下来的小学教学点，总计不过 10—20 个学生，通常 1 个教师。

---

① 李向东：《农村幼教现状堪忧》，《湖南教育》2004 年第 2 期。

表 2.2　　湖南省平江县板江乡部分村 1999—2001 年出生人口统计表　　（单位：人）

村名＼年份	1999	2000	2001
过塅	12	9	2
南源	16	12	6
板江	7	5	4
大丰	9	7	5
星月	7	8	3
黄苏	6	3	1

如湖北省英山县陈家岩小学，总共只有 20 个学生，并且分为两个年级，一年级和三年级，采用复式教学法，上课时，一年级朝前坐，三年级朝后坐，教室前后都有黑板。为了增加学生人数，学校不得不隔年招生，学校只有 1 个代课教师。

该省钟祥市尽管人口较密集，但有些小学学生数也较少，如邵台小学是一所完全小学，服务范围为 4 个行政村，学校从学前班到六年级共 7 个年级，在校生总数仅为 170 人，每个年级的学生数分别为 17 人、25 人、31 人、10 人、21 人、28 人和 38 人。富裕小学的服务范围也是 4 个行政村，最远的学生距离学校 10 公里。学校从幼儿园到六年级总共有 270 个学生，分别为 16 人、10 人、15 人、50 人、55 人、48 人和 76 人。三年级以上的学生之所以较多，是因为富裕小学有两个教学点，点上的学生到三年级就会升到富裕小学来，这两个教学点都只有 20 多个学生。

在广西、云南，类似这样的教学点更多，人数更少，还有少数教学点只有一个学生，有些教学点今年没有学生就停办，明年有了学生就又恢复。一些过去的完全小学现在也因学生数量减少而变成新的教学点。

如广西壮族自治区桂林市荔浦县杜莫镇六部小学,在20世纪六七十年代作为农村扫盲学校,曾容纳800多名学生,80年代扫盲教育停办后,单是小学学龄儿童也有300多人,但2006年调查时,学校只开设一至四年级,总共有50多名学生。据该校提供的数据,该校服务范围内的几个行政村,少的时候每年出生约10个孩子,最近几年多一些,但每年也只有14—16个孩子。

云南省玉溪市元江县,在学校布局调整以前,全县共有完全小学80所,教学点222个。小学教学班共计951个,在校学生23862人。学校规模小,班级学生少,学校教师少。在222个教学点中,"一师一校"的教学点多达126个。全县小学校均规模仅为79人。

内蒙古自治区武川县有15所农村初级中学和2所县直初中,其中15所农村初级中学总共仅有1837名学生,每所学校平均仅为122.5人,而2所县直初中则有在校生共4823名,占全县初中学生总数的72.41%。农村乡镇所在地有17所小学,共有学生2473名,最多的282名,最少的65名,87个教学点共有学生829名,平均每个教学点不到10个学生。城乡学校分布不合理,城区4所公办小学在校生5004名,占全县小学生总数的54.63%,乡村两级小学31所,在校学生2905名,占全县小学生总数的31.72%,校均94人。与城区比较,农村包括乡镇学校规模都较小。

在农村中小学规模不断减小的同时,班级规模也在持续萎缩。国家规定的标准班额为45人,但自20世纪90年代中后期开始农村地区大多数小学的班额都难以达标,中西部地区的农村小学尤其如此。

表2.3所反映的是广西部分调研县布局调整后小学规模及班额情况,表中列举了28所小学,只有4所小学人数超过了200人,11所完小和教学点人数在100人以下,而这些学校都是经

过几次布局调整之后才形成现有规模的。

表 2.3 中所列大多数小学的班级人数在 20 人上下，20 人（不包括 20 人的班级在内）以下的班有 86 个，占列表中被统计班级总数的 61%；20—30 人（不包括 30 人的班级在内）的班共有 33 个，占 23.40%；30 人以上的班级仅有 22 个，占 15.60%。

针对上述情况，各地开始进行学校布局调整。如根据生源状况，湖北省钟祥市计划到 2010 年 9 月将全市农村初中、小学学校数量从 2005 年的 283 所调减到 164 所（含教学点），逐年累计减少 119 所；计划设九年一贯制学校 8 所、初中共 25 所、完小 99 所、初小 23 所、教学点 8 个、特殊教育学校 1 所。沙洋县则按照"1 万人一所小学，3 万人一所初中，20 万人一所高中"的原则来规划布局中小学。

表 2.3　　2006 年广西部分调研县布局调整后小学班额及学校规模状况　　（单位：人）

县	镇	学校	一	二	三	四	五	六	学前	校规模
南丹县	车河镇	八步小学	19	18	21	25	18	17	31	149
		骆马小学	6	8	—	9	—	—	10	33
	巴圩瑶乡	甲坪小学	20	19	20	14	9	11	21	114
		利乐小学	42	21	23	12	9	10	0	117
	月里镇	纳弄小学	39	19	39	41	41	19	38	236
	吾隘镇	那地小学	17	18	20	14	17	22	44	152
		丹炉小学	6	4	—	—	—	—	0	10
		昌里小学	26	17	20	13	17	13	0	106
		德竹小学	9	20	18	24	13	10	28	117
		古兰小学	6	17	9	11	9	9	15	76
	里湖瑶乡	八雅小学	10	12	7	16	—	9	0	54
		仁广小学	25	31	27	28	26	37	48	222

续表

县	镇	学校	一	二	三	四	五	六	学前	校规模
龙胜县	瓢里乡	大云小学	9	8	13	—	—	—	16	46
		上塘小学	4	11	9	—	—	—	12	36
	三门镇	双朗小学	15	17	19	16	24	27	18	136
	乐江乡	江口小学	12	6	12	11	8	12	21	82
荔浦县	青山镇	荔江小学	44	35	34	39	43	54	92	341
		永华小学	38	55	51	42	40	54	63	309
		拱秀小学	25	19	22	14	15	13	25	133
		满洞小学	27	23	26	34	23	26	9	168
	杜莫镇	榕洞小学	13	16	10	8	—	—	27	74
		屯顿小学	21	23	18	16	—	—	38	116
	东昌镇	沙河小学	15	15	23	22	16	10	33	134
		滩头小学	17	17	15	17	18	16	42	142
		东阳小学	22	22	16	17	26	27	28	158
兴安县	华江乡	升平小学	13	14	10	—	—	—	16	53
		同仁小学	4	4	8	—	—	—	9	25
	莫川乡	庄子小学				21	37	35		93

资料来源：由访谈资料整理得出。"—"表示没有学生。

河南省许昌市 2001 年完成第一次布局调整之后学校总数为 263 所，为了促进城乡教育的均衡发展，2005 年开始第二次布局调整，当地布局调整的目标是：82 万人口应保留小学 100 所、初中 20 所，其中留给社会力量办学 20% 的发展空间，市政府支持兴建 3 所民办初中。布局调整后小学服务范围为 2.5 公里，服务人口 8000 人，每所学校 500 人左右，每校 20 多名教师。

伴随着学生数量的下降，广西壮族自治区兴安县的教学点，由 2000 年的 136 个降为 2005 年的 80 个，完小由 2000 年的 126 所缩减为 2005 年的 100 所。龙胜县泅水乡在 90 年代中期基本上每村都有 1 所完小，当时全乡共有 23 所完小，目前只剩下 6 所完小和 5 个教学点，学校撤并力度之大可见一斑。

云南省玉溪地区为了在学生数量持续减少的现实背景下形成教育投入的聚集效应，提出"减校增效"、"撤小强大"的布局调整思路，撤并生源少、效益低、质量差的校点。根据人口增长态势，乡镇先着力建设好中心小学和规模较大的村完全小学，提高教育发展的集中度，提高教育规模效益。①

陕西省农村中小学的布局调整从 2002 年大规模开始，按照"适当撤并，扩大规模；合理布局，优化配置；改善条件，确保入学；提高质量，群众满意"的原则，计划从 2002 年至 2006 年，用 5 年时间基本完成全省农村中小学布局调整工作。5 年内全省农村小学由 2000 年的 33336 所调整到 26336 所，减少 7000 所，校均规模由 144 人增加到 180 人；初中由 2000 年的 2020 所调整到 1844 所，减少 176 所，校均规模由 930 人增加到 1000 人以上。

在调查中，我们设计了这样几个问题，如"学龄人口减少"、"税费改革导致的经费不足"、"城镇化的要求"、"行政区划的变化"以及"上级政府的要求"和"其它"，作为反映农村中小学布局调整背景的有关因素。其中，选择"学龄人口减少"一项的人数占 45.6%（见表 2.4）。从对地方教育行政人员和学校校长与教师问卷作单独分析的结果来看，地方教育行政人员选择这一项的比例达 53.5%（见表 2.5），学校校长和教师选择的比例占到 46.1%（见表 2.5），均占绝对多数。

---

① 玉溪市教育局党委书记、局长李世华《在 2005 年全市寄宿制小学管理工作现场会上的讲话》。

表2.4　　6省区学校及教育行政人员问卷统计分析结果①

选项	频数（人）	人次百分比（%）	样本百分比（%）
学龄人口减少	7586	45.6	77.9
税费改革导致的经费不足	2573	15.5	26.4
城镇化的要求	2048	12.3	21.0
行政区划的变化	1337	8.0	13.7
上级政府的要求	2837	17.1	29.1
其它	245	1.5	2.5
总计	16626	100.0	170.8

注：n=9735。②

表2.5　　6省区行政卷和学校卷单独统计分析结果　　（单位:%）

选项	行政卷	学校卷
学龄人口减少	53.5	46.1
税费改革导致的经费不足	13.7	15.3
城镇化的要求	10.9	12.4
行政区划的变化	6.7	8.3
上级政府的要求	14.1	17.0
其它	1.1	0.9
总计	100.0	100.0

注：行政卷n=168；学校卷n=9562。

在进行问卷调查的同时，我们对部分县乡行政部门负责人、

---

① 本题为多项选择题，人次百分比是指应答频数占全部人次的百分比；样本百分比是指应答人次占全部有效样本数的百分比，因此百分比合计超过100%，下文若不加说明，均同此处。

② 在回收的有效问卷中由于存在部分题项没有做答或不符合要求而被剔除的数据，因此具体到某一题项其实际有效问卷数有时会小于有效问卷数，在表中用"n="表示某一题项的实际有效问卷数。在下文中若不加说明，其有效问卷数均指针对具体题项实际做答的有效数据份数，用备注"n="加以说明。

学校校长和教师、家长和学生进行了随机访谈。从访谈结果来看，在此次布局调整前，各地也一直在进行着学校的撤点与合并，这其中因为学龄人口减少导致学校在校生过少而进行的学校撤并占绝对多数，有少数是因为校舍成为危房而将学校撤并，但撤掉的大多数都是教学点。学校校长和教师们普遍认为学校"生源下降，班额不足，每村一校，经费会严重不足。再加上教师编制有限，从确定合理的师生比的角度来看，应该进行布局调整"。家长和学生也都意识到学龄人口减少必然会进行布局调整。由此可见，农村中小学布局调整是农村学龄人口减少的客观要求。

二 农村税费改革的自然选择

进入20世纪90年代以后，"三农"问题引起党和政府的高度关注，因为向农民多摊滥派造成农民负担沉重的问题已经引起社会的广泛共识，农村税费改革提上议事日程。2000年中共中央在《关于进行农村税费改革试点工作的通知》中指出，要通过税费改革，从根本上解决农村的问题。实践证明，中央关于农村税费改革的决策是完全正确的，得到了亿万人民的衷心拥护。但税费改革也引发了一些新的问题，就农村教育而言，税费改革之前，农村中小学教育投入主要来源于乡镇，即教育费附加、教育集资和财政拨款（县乡财政）。由于国家投入甚少，县乡财力薄弱，农村教育费附加和教育集资实际上是农村义务教育的主要经费来源。税费改革后，随着农业附加税及农村集资等的废除，县乡财政收入减少。尽管国家对农村义务教育管理体制进行了重大调整，实行"在国务院领导下，由地方政府负责，分级管理，以县为主"的基础教育管理体制，由过去的乡镇政府和当地农民集资办学，改为由县级政府举办和管理，教育经费纳入县级财政，并建立和完善农村义务教育经费保障机制，县级财政主要保证教师工资按国家规定标准及时足额发放和学校公用经费的不足；中央和省级政府加大对农村义务教育的转移支付力度。但由于投入机制没有建立起来，资金投入出现"断档"，导致农村义务教育投入普遍减少，基本办学条件得不到保证，特别是农村中小学的危房改造面临困境。过去，农村学校危房改造资金主要靠农民集资解决，税费改革取消了教育集资，又没有规定相应的资金来源，这样一来，县级财政在客观上不得不对教育投入更多的资金。一个简单的逻辑推理是：如果改革前县级财政没有富余的财力，乡、村两级普遍存在义务教育的资金缺口，则该县义务教育经费肯定总量不足；税费改革后将义务教育的统筹层次提高到县一级，只是将乡、村的资金缺口集中到了县级财政，总量不足问题并没有真正解决，而与此同时又切断了向农民不定时收取教育经费的可能性，农村教育经费紧张的问题必然会凸显出来。特别是中西部地区贫困县基本属于吃饭财政和教育财政，教育经费在财政投入中占有重要分量，因而影响也就更大。

  从全国的情况来看，项继权、袁方成的研究结论是，税费改革导致教育每年减少收入 200 亿—300 亿元。以 1998 年为例，当年我国农村教育费附加总额已经达到 165 亿元。这表明，仅农村税费改革后取消农村教育费附加一项来看，农村义务教育减收量就达 165 亿元。实际上，除此之外，税费改革还采取了取消教育集资、禁止摊派及减少学杂费和实行"一费制"等措施，由此导致农村中小学教育经费也大幅度减少。从 1995 年到 1999 年的 5 年间，全国义务教育总投入 6944 亿元，其中各级政府投入 3713 亿元（不含财政一般性转移支付数额），教育费附加 965 亿元，农村捐集资经费达到 596 亿元，杂费 631 亿元，其它 1039 亿元。据此，除各级政府财政投入之外，5 年共有 3231 亿元其它收入，平均每年其它收入 646.2 亿元，即使其中一半来自农村，也有300多亿。这表明，税费改革后，每年至少减收300多亿元。①

从6省区调查了解的情况也验证了以上观点，被调查的6省区中，陕西、河南、湖北和内蒙古4省区均在2002年开始进行税费改革试点，云南和广西则在2003年与全国一道进行税费改革。

以陕西省为例，该省在税费改革后农村基础教育财政性投入获得增长，但与此同时，农村学校办学经费却依然紧张，2004年教育经费投入总量为40.7亿元，比税费改革前的2001年增长64.68%，同年用于农村基础教育的税费改革转移支付资金为7.2亿元，占到全省财政转移支付资金的56.3%，然而在实际运行中农村中小学的办学经费紧张状况却更为严重、危房改造举步维艰、学校负债不断增加。部分县、区负担义务教育的经费支出更加困难。比如陕北的洛川、宜川、富县、黄龙4县，2004年县财政收入分别为5715万元、1320万元、2813万元、681万元，但该年仅教师工资一项，4县就分别支出4649万元、2606万元、3243万元、1772万元。除洛川县外，其余3县的地方财政收入全部用于发放教师工资尚有成倍的缺口。②再如永寿县2004年全县财政收入1919万元，但财政支出却达到9375.8万元，其中教育支出达3768万元。③咸阳市在取消农村教育费附加和依法用于农村中小学危房改造的群众性教育集资后，全市义务教育阶段的教育投入直接减少了近1.3亿元，占全市义务教育总投入的21.76%，再加上历年累计拖欠的中小学教师工资和普九欠账等，农村义务教育经费十分紧张。分析教育经费紧张的原因

---

① 项继权、袁方成：《税费改革背景下的农村义务教育》，www.snzg.cn。
② 张克俭、冯家臻：《农村基础教育投入保障机制问题——基于陕西省相关调研的思考》，《教育发展研究》2005年第8期。
③ 海宏：《税费改革后陕西农村办学经费之痛》，《校长阅刊》2005年第11期。

有三：其一，财政预算内教育经费包括转移支付，绝大部分被用于教师工资发放。2004年陕西省财政预算内农村义务教育阶段学校教职工工资共支出30.6亿元，占农村义务教育财政投入总量的91.89%，比2001年净增加4.73亿元。其二，用于普九、危房改造、教师工资发放等各类教育负债需要逐年偿还。截至2004年底，全省各类教育欠债高达41.86亿元。其三，现代化教育教学设施的启用及物价上涨等因素，使得学校运行成本明显加大。

表2.6 2004年河南省许昌市农村中小学生均公用经费和预算内生均公用经费拨款情况表

县（市、区）	生均公用经费（元）	预算内生均公用经费（元）
魏都区	小学110 初中160	小学10 初中20
许昌县	小学100 初中130	小学10 初中10
鄢陵县	小学105 初中135	小学15 初中15
襄城县	小学90 初中120	小学0 初中0
禹州市	小学90 初中120	小学0 初中0
长葛市	小学90 初中120	小学0 初中0

资料来源：《河南省许昌市教育局关于落实农村教育工作会议精神的情况汇报》，2004年4月1日。

河南省许昌市6县（市、区）2004年农村中小学生均公用经费发放中，6个县（市、区）中只有3个县保证了预算内教育经费，另外3个县、市预算内公用经费没有投入一分钱（见表

2.6）。中西部地区农村学校公用经费到位情况可见一斑。

云南省税费改革后尽管对教育的财政投入逐年增加，但相对于学校的需求来讲，财政投入分到学校的只是杯水车薪，学校教师们把学校现状概括为"年年建新房，年年有危房"，从一个侧面反映了农村基础教育办学经费紧张的严峻现实。云南省教育厅副厅长和福生坦言，云南省的基础教育依然十分薄弱，至2006年，还有17个县需要实现"普九"，"两基"教育欠债高达39亿元人民币。云南省保山市农村教育硬件设施历史欠账较多，全市农村中小学校舍中危房达67万平方米，占农村中小学校舍总面积的25%，而"十一五"时期还将新增10万平方米，同时，农村中小学校舍建设至今还有1.5亿元历史欠债。

从内蒙古自治区四子王旗教育局了解到，全旗的"两免一补"保障资金有567万元，加上上级政府用于教育的转移支付资金317万元，共有884万元，但是全旗学校的经费一共需要998万元，还缺100多万元。保障资金按学校学生数下拨，因此对于规模较小的学校影响较大，因为小学校的开支其实与大学校差不多。寄宿制学校建设主要由国家下拨的寄宿制学校建设资金和旗政府的配套资金解决，此外施工队还要垫付一部分钱，现在教育局欠了90多万元的外债，以后只能依靠旗政府和上级资金帮助解决。下面列举的是该自治区四子王旗太平庄寄宿小学一年的开支概况：

学校每年的支出主要包括：

烤火费40000元

水电费5000元

办公经费10000元

差旅费6000元

修缮费5000元

招待费3000元

杂费 10000 元（会议费、材料费、交通费等）

湖北省钟祥市 2002 年参加农村税费改革试点，2001 年税费改革前各乡镇存在着严重的拖欠教师工资问题。据统计，2001 年 1 月至 3 月份按基本工资"五块"计算，各乡镇公办教师工资应兑现 1472.91 万元，但到 2001 年 4 月只有胡集镇兑现 75.62 万元；文集镇兑现 25.19 万元；长滩镇兑现 10.4 万元。其它 14 个乡镇的教师工资分文未发。加上上年拖欠部分，乡镇公办教师工资累计拖欠已达 1773.67 万元。教师工资拖欠的原因，从客观上来讲，一是财政困难，无力拨付。2000 年底，为解决教师工资问题，市乡两级财政透支都已很严重。2001 年头 3 个月，财政收入形势依然很紧张，财政拨款受到很大限制。二是乡镇统筹经费到位差。1 月至 3 月，如果按照预算，即使财政拨款到位，乡镇政府也要解决 672 万元的预算缺口。三是经济环境趋紧，学校自筹能力弱化。随着减负政策的落实，各种集资项目已经完全停止。校办产业、勤工俭学收入较大幅度减少，开拓创收渠道更难。为了减少学生流失，学生拖欠学杂费的现象也比较严重。税费改革后教师工资基本得到保障，都能按时足额发放。但与此同时，各学校频繁地上报学校日常开支经费短缺情况，比如学校教学、办公用品、教师补助等等，农村教育管理体制改革对农村教育经费问题的解决方式不过是拆东墙补西墙，预算经费首先用来保证教师工资按时足额发放后，县财政用于公用经费投入就所剩无几了。

再以率先进行税费改革试点的安徽省为例，在 1994—1998 年间，安徽省农村教育费附加和农村教育集资两项资金每年均有 11 亿元左右，约占同期农村义务教育投入总量的 30%。税费改革后的 2000 年，按可比口径算，农村义务教育财政预算内投入增加了 2.65 亿元，加上社会捐资、专项资金以及上年拖欠的教育费附加收入约 2.53 亿元，总计 5.18 亿元，和税改前平均 11

亿元相比,每年相差 5.82 亿元。另外,由于税费改革后一系列政策的变化,危房改造资金不足问题日益突出,已经多年不见的"露天学堂"、"庵棚学堂"和"民宅学堂"在安徽省农村再次大量出现。

综上所述,不难发现,尽管对农村基础教育管理体制进行了重大调整,将义务教育责任上收至县,但是在各级政府间关于农村义务教育的责任没有划分清楚的情况下,只是简单地将义务教育的统筹层次提高到县一级,将乡、村的资金缺口集中到了县级财政,总量不足的问题很难得到真正解决。因此,面对越来越大的财政压力,县及县以上政府均希望通过压缩校点,扩大学校规模,来提高教育资源利用效率,减轻财政压力,于是农村中小学布局调整就成为农村税费改革后政府的一种自然选择。

6省区问卷调查结果显示,"税费改革导致的经费短缺"一项所占比例为15.5%,位列第三(见表2.4)。分省问卷分析发现,河南、陕西、湖北和内蒙古受税费改革影响更大,这项数据在上述4省均排第二(见表2.8)。在实地调研过程中,当问及布局调整的原因时,很多受访者反映:"实行一费制以后学校办学经费严重不足","教师下岗不是因为教师多了,而是因为经费不足","财政紧张是政府考虑农村中小学布局调整的主要原因"等等,也都从侧面反映了农村学校普遍存在经费不足的问题,印证了农村中小学布局调整是税费改革自然选择的结论。

三 城镇化的必然结果

所谓城镇化,是指人类生产和生活的方式由乡村型向城市型转化的历史过程,具体表现为乡村人口向城市人口转化及城市不断改革和完善的过程。从经济学角度看,经济发展、工业化、现代化的过程,从某种意义上说,就是自然经济状态的农村不断衰退、城镇不断发展的过程。改革开放以来,由于城镇化的快速发展,我国的县(含县级市)及其以下的农村中,出现了所占比重比以往大得多的小城镇。据统计,1978年全国有建制镇2176个,到1988年,增加到11481个,1992年以后,进入高速增长期,到2001年底,达到20374个。也就是说,10年间我国平均每年新增小城镇800个左右,每年转移农村人口1000万人左右,10年中有超过1亿的农村人口落户小城镇。[①] 由于小城镇的大量涌现,1990年到2000年间,我国城市化率提高了9.8个百分点,尤其是近5年来,全国城市化率提高了近10个百分点。2000年乡村人口增长达到一个转折点,开始出现下降,城市化进入了一个快速发展的阶段。[②] 另据国家统计局农调总队抽样调查结果,2003年我国有1.139亿农村劳动力进入城镇务工,占农村劳动力的23.2%。据估计,加上他们的亲属约有1.4亿人进入城镇,成为"准城镇人口"。按2003年全国5.24亿城镇人口计,"准城镇人口"占全国城镇总人口的26.7%,成为中国社会特别是城镇的一个不容忽视的群体。

从不同类地区来看,城镇化发展也呈现出明显的地区性差异。据2002年《中国城市统计年鉴》的统计数字,我国东部城镇化水平为44.6%,中部为33.5%,西部为27.7%,中西部地区城镇化速度尽管较之东部地区明显要慢一些,但近年来其城镇化速度也有了较快的增长。由表2.7可见,所调查的6省区近年来都保持了较快的城镇化增长速度。国内外研究城市化的专家一般认为,城市化水平在30%以内时,是城市化的初始阶段。这个阶段发展过程缓慢。城市化达到30%—70%的时候是城市化

[①]《中国老年报》2003年1月9日。转引自中国农业信息网,网址:http://www.agri.gov.cn/jjps/t20030117_47599.htm。

[②] 曹晔:《农村城镇化与工业化过程中的教育聚集》,《教育发展研究》2004年第12期。

的加速发展阶段。根据这个规律,湖北、内蒙古和陕西均已进入城市化的加速发展阶段,河南、广西和云南也初步进入加速发展阶段(见表2.7)。

表2.7　2001—2005年6省区城镇、农村常住人口及变动情况比较*

省别	年份	城镇常住人口(万)	占省常住人口比(%)	农村常住人口(万)	占省常住人口比(%)	城镇化程度比上次普查增长(%)
湖北	2001	2393.09	40.22	3556.73	59.78	11.47
	2005	2466.7	43.2	3243.3	56.8	3.0
河南	2001	2147	23.2	7109	76.8	7.7
	2005	2872	30.65	6499	69.35	7.25
陕西	2001	1163	32.3	2442	67.7	10.8
	2005	1384	37.32	2334	62.77	4.97
内蒙古	2001	1013.88	42.68	1361.66	57.32	6.56
	2005	1126.2	47.2	1259.9	52.8	4.52
广西	2001	1263.95	28.15	3225.42	71.85	13.05
	2005	1565	33.62	3090	66.38	5.47
云南	2001	989.6	23.36	3246.3	76.64	9.64
	2005	1310.52	33.62	—	—	6.14

资料来源:2001年数据根据第五次人口普查公报整理;2005年数据根据各省区该年1%人口普查公报中数据整理。

*"上次普查",即2001年是指与第四次人口普查结果相比较,2005年是指与第五次人口普查结果相比较。

2000年广西城镇化水平仅为23.5%,比全国平均水平低7.4%。2001年底增长到28.15%,2005年增长到33.62%(见表2.7)。"十五"期间,广西拟在原有基础上新增城镇人口430万人,即每年从农村转移86万人,全区重点镇镇区人口由1万人增加到2万人。① 一般来讲,大城市的城郊、小县城的城关都

---

① 马伟胜:《关于积极推进广西城镇化的思考》,《广西教育》2003年第10期。

是移民聚集的地方，居住在这里的移民已经被各地政府当作"准城关人"来看待，基本取得了合法的城镇居民的资格。

由于城镇化的增长速度加快，城镇化过程中乡土农村的经济社会发育程度、人口集聚程度以及相应的文化教育事业发展程度等都出现了与以往明显的差异，农村教育历来以行政区划为基础的布局方式已陈旧过时，"乡办高中、村办初中、小学办到家门口（自然村）"的布局方式也早已被淘汰，就是"县办高中，乡办初中，村办小学"的格局也受到了城镇化和计划生育后学龄人口减少的冲击。如今有大部分行政村年出生人口已不足以办起一座完整的小学。在这种情况下打破按行政建制设点布校，分散人力、财力、物力的旧的分配格局，撤乡并镇或在中心镇重点加强初中学校建设，在县城和有条件的中心镇设置与发展高中阶段的教育，在乡镇或交通便利、集贸发达的行政村办小学，即按人口规模和转移趋势规划学校布局就成为历史的必然。

调查发现，在有些偏远的村级小学就读的学生只占本服务区适龄人口的十分之一，造成这一现象的原因在于：一是随着中国城市化进程的加快，越来越多的农村剩余劳动力及其子女流入城市；二是人们为了追求优质教育纷纷将子女就地送入城镇中小学就读，如湖北省沙洋县全县每年有近100名学生转向沙洋城区，有近1000名学生从村小转向各镇中心小学。在流向城镇的学生中，常住城镇流动人口子女占有相当比例。

内蒙古自治区四子王旗的库伦图乡非常贫困，正常年份一亩土豆可以收获1300—1500斤，大约只有200元的收入，农民年人均收入2000余元，除去支出后，所剩无几。2005年当地遇到了五十年一遇的干旱天气，前半年基本上没有任何降水，粮食（主要是土豆）颗粒无收。近几年内蒙古自治区实行退耕还林政策，国家按每年每亩土地200元的标准对农户进行退耕还林补助,该乡靠近山区,因可耕地减少,部分村民只好移民他乡。由于土地减少,加之土地收入低,近几年当地政府结合本地区城镇化发展规划号召年轻人进城打工,所以当地年轻人外出打工的已经占到全乡人口的50%—60%,举家外出打工并将孩子带到外地读书的人占到总人口的30%—40%。

表2.8 6省区农村中小学布局调整的原因统计表(行政与学校问卷)

选项	人次百分比(%)						
	湖北	河南	陕西	内蒙古	云南	广西
学龄人口减少	53.2	48.9	48.3	34.4	35.5	52.2
税费改革导致的经费不足	18.8	18.7	13.5	19.6	12.9	14.7
上级政府的要求	13.0	18.0	13.1	18.3	21.7	18.2
城镇化的要求	8.2	9.4	13.1	19.4	17.0	8.0
行政区划的变化	5.6	3.6	10.8	7.2	11.5	5.9
其它	1.2	1.4	1.3	1.0	1.3	0.8

注:各省数据总和不足100%的,是因为包含了缺失值在内。

同时对6省区的调研发现,在推进城镇化的过程中,各地政府都特别重视教育的作用,因为教育机构是城市的重要基础设施,通过增加城镇教育基础设施建设的投入,可以极大地提高各类城镇对人口的吸纳能力。比如,内蒙古自治区在推动城镇化建设的过程中,遵循的就是"县办初中,乡办小学,基本不设教学点"的农村中小学布局原则。因此,当在内蒙古几个被调研县对"农村中小学布局调整的原因"进行问卷调查时,12.3%的被调查者认为是"城镇化的要求",相对排序位列第三(见表2.4)。从分省区统计结果来看,6省区布局调整受城镇化影响最大的是内蒙古自治区,其次是云南省。在影响本省农村中小学布局调整的全部因素的排序中内蒙古的比例达到19.4%,与排第二位的

"税费改革导致的经费短缺"(19.6%)仅相差0.2个百分点。云南省的比例达到17%(见表2.8)。未来城镇化水平还会继续提高,这是我国现代化的必然方向。在这个过程中,农村常住人口还会进一步减少,学龄人口也会随之减少,农村中小学布局调整更应考虑这一因素。

四 行政区划改变的直接影响

行政区划即行政区域划分。国家根据经济发展和行政管理的需要,把全国划分为大小不同、层级不同的行政区划,并设立相应的地方国家机关,以便于管理。为此,当行政管理体制发生变化,就需要对原有的行政区划进行调整。

1998年以来,全国大多数省份都相继开展了以"并乡、并村、并校"和"减人、减事、减支"为核心内容的乡镇机构改革,截至2004年9月30日,全国乡镇数量减少为37166个,平均每天撤并4个乡镇。国家民政部的统计数据显示,截至2006年9月底,全国有18336个镇、14940个乡,乡镇总数为33276个。预计2010年全国乡镇数量将减少到3万个左右。全国村民委员会的数量从1993年到2003年由80.2万个减少到65.8万个。[①]

河南省是人口大省,2001年开始乡镇撤并工作。当时全省共有乡镇2125个,其中镇860个,乡1265个,截至2005年12月31日,全省共有乡镇1907个,其中镇841个,乡1066个,5年间累计减少乡镇218个。

湖北省2001年共有乡镇1339个,行政村32456个,截至

---

① 张新光:《农村税费改革后的乡镇政府体制改革》,《开放导报》2006年第5期。

2005年底乡镇总数减少到943个，行政村减少到26283个，5年间累计减少乡镇396个，减少行政村6173个。

内蒙古自治区2001年8月，全区苏木、乡镇总数为1227个，截至2006年11月底，全区苏木、乡镇撤并即将完成，苏木、乡镇减少到641个，5年间累计减少了586个。

2001年云南省人民政府印发的《云南省适度撤并乡镇工作实施意见》披露，当时全省共有1555个乡镇，平均每个乡镇辖区面积约250平方公里，辖区人口约2.6万人。2006年撤并之后全省共有乡镇1314个，其中乡579个、民族乡150个、镇585个。

广西截至2003年底，全区共撤并乡镇37个。在这个基础上，还要再撤并乡镇300个左右，计划保留乡镇1000个左右，2005年底全区乡镇数量已减少到1126个。

长期以来，由于农村中小学是以行政区划来布局的，因此当行政区划发生变化时，农村学校不可避免地会受到影响。本次乡镇撤并恰好与农村中小学布局调整同步进行，没有专门的统计数据表明因乡、镇、村行政区划改变而被撤并的学校数目，但调查发现，村级区划的改变对小学的影响较大，乡镇行政区划的改变则对初中的影响较大。这主要是因为，布局调整前为了便于扫盲教育和普及教育，小学的布局方式是按村级行政区划进行的，每个行政村都办有一所完全小学，偏远的自然村（或屯、寨）学生上学不方便的，也都办有教学点。2001年以来伴随着税费改革而进行的合乡并镇、并村中，有些相隔较近的村子被合并起来，加之近几年农村中小学生源普遍减少，合并村的学校也就很自然地合并成一处。乡镇行政区划的改变影响了乡镇中学的数量。根据当前每乡办1—2所初中的指导思想，随着"合乡并镇"后乡镇数量的减少，初中学校的数量自然会相应减少。

如内蒙古自治区呼和浩特市武川县2002年撤乡并镇之前共

有 20 个乡镇、123 个行政村、968 个自然村；2006 年撤并为 8 个乡镇、93 个行政村。与此同时，初中学校数量由原来的 22 所减少为 2006 年的 15 所，其中因乡镇合并被撤并的学校有原纳令沟乡与得胜沟乡合并，原纳令沟初中撤销，学生并入东土城或西乌兰不浪乡中学；原中后河乡与西乌兰不浪乡合并，中后河初中撤销，学生并入西乌兰不浪乡中学或厂汗木台中学；原庙沟乡、哈拉门独乡与哈拉合少乡合并，庙沟初中和合拉门独初中撤销，学生并入哈拉合少中学或西乌兰不浪乡中学；原西红山乡与二份子乡合并，原西红山初中撤销，学生并入二份子中学或西乌兰不浪乡中学。但是乡镇合并后，原乡镇中心小学仍旧保留，行政村虽然有 93 个，但行政村小学只保留了 11 所，另有 87 个小学教学点分布在一些自然村和行政村内。

在陕西省调研时，当地教师和村民反映移民搬迁对小学撤并影响很大。陕西省尚有四分之一的村属于贫困村，未解决温饱的人口和低收入人口仍占全省农村人口的四分之一。在扶贫开发中陕西省以移民搬迁为突破口，实行"高山移民"和"退耕还林"政策，鼓励贫困村的农民自愿搬迁，有些村插队落户，有些村整体搬迁。在这一过程中，一些村的建制整体撤销，搬迁村的学校多被并入到移入村中，或者学校撤点，学生分散到周边村子的小学里。

内蒙古自治区由于地广人稀，学生寄宿有很长的历史，家长和学生也都认同这种方式，所以在县城办寄宿制学校更有利于实现规模效益和促进教育均衡发展。当地县级政府普遍采取的策略是将初中尽量往县城集中，乡镇初中只保留有限的几所。所以，在 2001 年以来的撤乡并镇中，有些乡镇合并后，按计划原乡镇的中学也合并到并入乡的初中里。但实际上，被撤学校的学生几乎全部转移到县城或县城以外的地方去读书了，这样就导致原有的学校消亡了，而并入学校的生源也没有增加。

综上可知，农村"行政区划的改变"尽管不是造成农村中小学布局调整的主要原因，但不可否认，行政区划的变化对农村中小学布局调整仍然是有直接影响的。这是因为原有的行政区划的打破，特别是乡村的撤销使长期依赖行政区划来进行中小学布局的格局被打破，打破村与村、乡与乡、县与县甚至省与省的界限，实行按社区办学就成为必然选择。

总之，学龄人口的持续减少和农村人口向城镇的大规模流动使得农村中小学办学规模日渐萎缩，既造成了教育资源的浪费，使得本来就不足的教育投入得不到有效利用，又使得农村学校的教育质量难以保证，农村学生的教育公平受到严重的损害，更加大了城乡间教育发展的不均衡；税费改革客观上给农村教育带来经费紧张；撤乡并镇、并村的行政区划改变直接造成长期依赖行政区划来进行中小学布局的格局被打破，等等。加之这一时期正是全国"普九达标"的最后阶段、中西部贫困地区"普九攻坚"战拉开序幕，国家对于中西部贫困农村地区给予了许多财力、物力支持和政策倾斜。在这样的大背景下，20世纪90年代中后期一些地方政府和教育行政部门自发地进行过小范围的农村中小学布局调整，之后在中央政府和国家部委制定的学校布局调整政策的指导下，农村中小学布局调整在全国范围内大规模开展起来。

2001年《国务院关于基础教育改革与发展的决定》中要求因地制宜调整农村义务教育学校布局。2002年《国务院办公厅关于完善农村义务教育管理体制的通知》中规定："从实际出发，因地制宜，逐步调整农村中小学布局。"2003年财政部发布《中小学布局调整专项资金管理办法》，决定设立"中小学布局调整专项资金"，用于中小学布局调整工作。该通知规定：专项资金投入的"项目学校必须具有较强的辐射能力和示范作用。人口稀少且居住分散的地区，可考虑建寄宿制学校。撤并规模小、办学条件差的学校和教学点，扩大办学规模，提高项目学校的规模"。根据上述文件精神，有关部委还制定了农村中小学布局调整的具体实施办法，教育部和财政部2001年制定的《关于报送中小学布局调整规划的通知》中规定："通过布局调整，平原地区小学网点的服务半径一般约为2公里；平原地区的初中一般应达到18个班、班额50人、校均900人的规模；山区的初中一般应达到12个班、班额50人、校均600人的规模。"

各省区、市县地方政府和教育行政部门积极贯彻上级政府的文件精神，结合本地实际情况，制定本地区的学校布局调整方案，开展了一轮或多轮学校布局调整工作。例如：内蒙古自治区呼和浩特市制定的5年中小学布局调整规划要求："至2010年基本实现每万人设置1所小学目标，校均规模达到18个班以上。5个农业旗县力争在2008年前撤掉所有教学点和半数以上的村小，小学将集中在乡镇举办或几个乡镇联办，同时借布局调整的时机消灭'复式教学'，最终实现'村不办小学'的目标。"[1]

河南省布局调整的原则规定为：初中布局按每2万—2.5万人口1所先行规划，小学布局平原地区乡镇中心小学服务半径不超过2公里，覆盖人口7000人左右，学校规模在3轨18班600人以上，班额不少于35人（高年级45人）；山区乡镇中心小学和平原的一般成建制小学达2轨12班360人以上，班额不少于30人（高年级40人）。调整幅度为平均每万人左右1所中心小学，每所中心小学带动辐射2—4所完小或简小（班），平原地区撤并完成后，半径1.5公里的服务区内一般不再有简易学校。[2]

湖北省沙洋县布局调整工作遵循了以下基本原则：整体布局原则，根据"小学就近入学"的要求，邻近镇之间的布局可以

---

[1] 《呼和浩特市出台近五年中小学布局调整规划》，《内蒙古教育》2005年第11期。

[2] 杨想森：《动态调控中小学布局》，《河南教育》2006年第5期。

打破界限,服务半径原则上不超过5公里,在交通不便或较偏远的地区仍需保留必要的教学点,防止因布局调整造成学生上学困难或辍学;服务人口原则,根据省政府要求和沙洋县的实际情况,该县的平均服务人口应为0.7万人左右,2003年以后,初中平均服务人口为3.5万—5万人,高中平均服务人口为15万—20万人。湖北省钟祥市农村中小学布局调整的具体要求是:每所完小的服务人口在7000人以上,居住分散的山区和丘陵地区不得少于5000人,每所初中的服务人口在35000人左右;班级要有适度的规模,平原湖区小学班额不低于40人,丘陵地区不低于35人,达不到此标准原则上不设班,偏远山区,人口在1000人左右的村,虽生源不足,但学生入学路程超过4公里的,可设教学点,办复式班。①

在中央和地方各级政府及教育主管部门的政策引导下,各地开始了大规模的农村中小学布局调整。因此,总体来讲,这次布局调整是一种自上而下的政府行为。这在调研中也得到了很好的证实,有17.1%的被调查者认为,农村中小学布局调整是"上级政府的要求",仅次于学龄人口的减少,居第二位。

---

① 钟祥市人民政府《关于2001年全市农村中小学布局调整的实施意见》。

第三章

农村中小学布局调整的预期和动力

农村中小学布局调整是一个持续、渐进的过程。每一次布局调整都有其特定的行为预期,受这种预期心理的影响和制约就构成了每次农村中小学布局调整的动力。20世纪90年代中后期开始的我国农村中小学新一轮布局大调整,既可以说是农村社会变革过程的重要组成部分,也可以说是我国社会转型与发展过程中的一种必然现象,同样具有其特定的行为预期和动力。

一 追求效益是各级政府进行农村中小学布局调整的初始动力

从经济学角度而言,效益是指社会经济活动中物化劳动和活劳动的消耗同取得的符合社会需要的劳动成果的对比关系。追求经济效益就是用尽量少的劳动消耗取得尽量多的有用成果。而这里的所谓"效益",主要是强调由于计划生育政策以及人们生育意愿降低、人口流动和农村城镇化的影响,农村学龄儿童数量锐减,传统以行政建制的乡村办学模式已过时,应集中办学,以实现教育资源的合理配置和突出"规模效益"。这种对效益的追求同税费改革后教育财政和管理体制的变化密切相关。

从20世纪90年代中期开始，随着"分税制"和"农村税费改革"的推行，"三级办学，两级管理"的体制重心偏下引发的问题日益凸显。例如，许多地方乡镇财力有限，难以支撑义务教育的维持与发展；学校必要的办学经费得不到保障，向农民征收的"教育费附加"不规范，致使农民负担过重；教师工资拖欠，学校校舍维修不及时，学校运转困难，等等。在这种背景下，2001年我国开始实行"以县为主"的教育财政和管理体制。

"以县为主"的教育财政和管理体制实质上是将对义务教育的投入责任以及重要人事管理责任由乡级政府上移到县级政府。这一体制的确立给县级政府和教育部门无疑带来了相当大的压力，相当一部分县，特别是中西部地区以农业为主的县长期存在的财政能力薄弱的问题更加凸显。例如，湖北省英山县是一个国家级贫困县，全县2005年财政收入4000多万元，但是仅教育支出就高达6000多万元，面临巨大的财政压力；湖北省沙洋县地处江汉平原腹地，是一个经济欠发达的农业县，2004年全年财政收入仅有1亿多元，实际"普九"负债却高达9000多万元。为了减轻政府财政压力，缓解税费改革后农村教育经费投入不足带来的各种问题，各级政府试图通过农村中小学布局调整，实现教育的规模效益和资源的优化配置。因此，追求效益就成为各级政府尤其是县级政府进行农村中小学布局调整的初始动力。

在面向6省区38个县（市）177个乡（镇）教育行政管理人员发放的210份问卷中，共回收有效问卷176份。其中，160人认为农村中小学布局结构调整的目的，是为了"实现教育资源合理配置和提高教育资源利用效率的需要"，占有效问卷数的90.9%，位居布局结构调整目的的首位（见表3.1）。

表 3.1　　　农村中小学布局调整的目的（行政卷）

布局调整的目的	权重位次	频数（人）	人次百分比（%）	样本百分比（%）
实现教育资源合理配置的需要	1	160	31.4	90.9
提高教育质量的需要	3	113	22.2	64.2
方便教育管理的需要	2	138	27.1	78.4
实现教育均衡发展的要求	4	95	18.7	54.0
其它	5	3	0.6	1.7
合计	—	509	100.0	289.2

注：n = 176。

在面向 6 省区学校教职员工发放的 15000 份问卷中，共回收有关布局结构调整目的的有效问卷 9368 份，其中有 6487 人认为，农村中小学布局结构调整的目的是为了"实现教育资源合理配置和提高教育资源利用效率的需要"，占有效问卷总数的 69.2%，也位列布局结构调整目的的首位（见表 3.2）。

表 3.2　　　农村中小学布局调整的目的（学校卷）

布局调整的目的	权重位次	频数（人）	人次百分比（%）	样本百分比（%）
实现教育资源合理配置的需要	1	6487	29.1	69.2
提高教育质量的需要	2	6240	28.0	66.6
方便教育管理的需要	3	4907	22.0	52.4
实现教育均衡发展的要求	4	4521	20.3	48.3
其它	5	131	0.6	1.4
合计	—	22286	100.0	237.9

注：n = 9368。

行政卷和学校卷的调查分析结果都表明，实现教育资源的合理配置是各地农村中小学布局调整的首要目的。

从各地调研所收集的政府文件、政策文本等原始资料来看，实现教育资源的合理配置和追求效益也都是各级地方政府进行农村中小学布局调整的最重要目的。

例如，湖北省沙洋县人民政府办公室下发的《沙洋县农村中小学布局调整规划》（沙政办发［2002］69号）指出："'九五'期间，县、镇两级人民政府已经对全县中小学进行了两轮较大幅度的调整，目前我县中小学的布局逐步趋向合理。但随着我县经济的发展和人口结构的变化，中小学布局结构仍然需要进一步调整。为了合理配置教育资源，最大限度地发挥教育资源的规模效益，提高学校的整体办学水平……"文件内容表明，沙洋县人民政府实施农村中小学布局调整的主要目的就是追求教育资源配置的规模效益。

湖北省石首市委办公室《关于印发〈石首市村办小学并校减员实施方案〉的通知》（石办发［2001］26号）提到："目前，小学布点偏多，经费短缺，资源浪费，有碍教育事业的快速发展，并校减员势在必行……为了全面实施科教兴市战略，充分发挥教育规模效益，优化教育资源配置，进一步推动我市教育健康快速发展……特制定此方案。"该文件对本地农村中小学布局调整追求效益的目的表述得非常直接和集中。

河南省许昌市人民政府《关于调整农村小学布局工作的意见》（许政发［2000］101号）强调："为了贯彻落实全国第三次教育工作会议精神，进一步推动我市基础教育改革和发展，优化教育资源配置，提高办学规模效益和教育质量……现对农村小学布局调整工作提出如下意见……""优化教育资源配置，提高办学规模效益"显然被放在许昌市布局调整工作的最重要位置。

陕西省勉县人民政府《关于勉县中小学布局调整实施方案》（勉政发［2002］4号）中把本县布局调整的目的归结为："为

了适应农村税费改革和基础教育改革与发展的需要,合理调整学校布局,优化教育资源配置,全面提高教育的质量、水平和效益,促进我县教育事业持续、健康发展……"该文件明确指出当地中小学布局调整的目的是为了优化资源配置,提高办学效益。

安徽省淮北市濉溪县①对本地中小学布局调整追求效益这一目的的表述则更加明确。由该县教育局、发展计划委员会和财政局联合制定的《2006—2010年濉溪县中小学布局调整规划》将此次布局调整规划的目的表述为:"通过调整中小学网点布局,合理配置教育资源,减少学校数量,扩大校均规模,提高教学质量和教育投资效益,逐步实现学校布局合理,教育结构优化和用人机制健全、经费使用高效的目标。"该文件除了一处提到教学质量外,其它部分几乎都是围绕"实现资源的合理配置和提高办学效益"来加以说明的。

调研访谈结果也证实,在农村中小学布局调整过程中,地方政府追求规模效益,实现教育资源合理配置的目的十分明显。

例如,云南省禄丰县教育局基教科黄科长在访谈中提及本地布局调整的指导方针是"以集中办学为方向,以提高办学效益为目标,宜并则并,宜增则增,有组织、有步骤地进行调整"。这实际上是布局调整追求效益提高的集中体现。

云南省双柏县爱尼山乡中心校张校长认为,布局调整的首要目的是提高教育投资效益。他认为当地布局调整在追求效益方面主要基于两方面的考虑:一是减少对教师的需求。"学龄人口减少后,学校资源浪费很严重。1995年我乡30个校点中,共有教师45人,学生480人,每位教师每年只负责10名左右的学生,

---

① 濉溪县本不属于本次调研的样本县,但我们通过其它课题的调研获取了该县农村中小学布局调整的文件资料。

合理归并，就可以减少师资。"二是减少危房改造资金投入。"我乡属于山区，校点的校舍多为砖木结构，甚至是土木结构，使用寿命较短，如果不合理归并，就会出现'每年都有校舍改造，每年都有校舍新增危房'的局面，合理归并，就能集中地方政府有限的财力，有利于地方政府对学校硬件的改造。"

湖北省沙洋县李市镇教育干事鲁老师认为，本地政府在布局调整过程中追求效益的目的是压倒一切的。他说："县级政府为了减轻财政压力，对缩减教师编制特别关注，县财政局每年都会根据学龄人口的变化重新核定教师编制，强令每个乡镇缩减一定的教师编制名额，这就迫使乡镇政府不得不加快布局调整的步伐以解决农村中小学教师富余的问题。"

广西壮族自治区桂林市荔浦县青山镇荔小学廖校长也认为，当地政府进行布局调整的首要目的就是追求效益。他说："我觉得有的学校撤并以后，学生上学很不方便。因为上面（上级政府）要求撤，所以我们也不能说什么。上面撤销学校表面上说是为了提高教学质量，实际目的却是在于节省教育经费。"

综合对问卷调查、政府文件和访谈资料的分析表明，"合理配置教育资源、实现教育的规模效益"已经成为各地政府进行中小学布局调整的共识，也是布局调整的首要目的。因此追求效益是各级政府特别是县级政府进行布局调整的初始动力。

二 实现教育均衡发展是各级政府进行布局调整的直接目的

由于我国仍处于社会主义初级阶段，各地经济社会发展很不平衡，城乡二元结构矛盾突出。作为处于二元社会的中国，教育发展最突出的问题之一，就是城乡之间、地区之间，甚至同一社区范围内教育发展不均衡。这种不均衡一方面体现在各级各类教育的普及率上；另一方面，也是更重要的，是教育质量的差异，农村中小学无论是办学条件还是师资水平整体上都无法与城市相比。

在构建和谐社会与建设社会主义新农村的过程中，政府开始注意教育发展和资源投入过程中的差距，重视区域内中小学教育的均衡发展，使区域内的普通中小学在办学经费投入、硬件设施、师资力量、办学水平和教育质量等方面大体上处于一个比较均衡的状态，与中小学教育的公共性、普及性和基础性相适应。但长期以来农村形成的过于分散的办学模式无法使政府均衡地进行资源投入和师资调配。因此，通过学校布局结构调整，合理配置好公共教育资源，适当集中办学，调整和撤销一批生源不足、办学条件差和教育质量低的学校，实现区域（县、市、区）内或更大范围内中小学教育的均衡发展就成了政府工作的题中应有之义。

从6省区问卷调查结果来看，在176份有效行政卷中，有54.0%的县（市）乡（镇）教育行政管理人员认为，"实现教育均衡发展的要求"是布局调整的目的之一，占总应答人次的18.7%，位居布局调整目的的第四位（见表3.1）；在9368份有效学校卷中，"实现教育均衡发展的要求"有4521人应答，占有效问卷的48.3%，占总应答人次的20.3%，也位列布局调整目的的第四位（见表3.2）。数据分析结果表明，对"实现教育均衡发展的要求"这一布局调整目的重要程度的看法，学校教职员工和县（市）乡（镇）教育行政管理人员在一定程度上存在着认识上的差异。

鉴于此，我们将学校卷按照教职员工身份进一步划分为校长（副校长）、学校中层干部、普通教师和其他人员（学校教辅和工勤人员）四类，考察四类样本群体对布局调整目的认识的差异。分类后有效问卷共有9078份，其中校长（副校长）794人，占总有效问卷数的 8.7%；学校中层干部 647 人，占总有效问卷数的 7.1%；普通教师 7535 人，占总有效问卷数的 83.0%；其他人员 102 人，占总有效问卷数的 1.1%。不同身份群体对布局调整目的的认识差异详见表 3.3。

表 3.3　学校卷不同样本群体对布局调整目的的看法①

布局调整的目的		校长（副校长）	学校中层干部	教师	其他	总计
实现教育均衡发展的要求	频数（人）	390	352	3596	51	4389
	样本百分比（%）	49.1	54.4	47.7	50.0	48.3
实现教育资源合理配置的需要	频数（人）	601	477	5168	62	6308
	样本百分比（%）	75.7	73.7	68.6	60.8	69.5
提高教育质量的需要	频数（人）	555	429	4993	69	6046
	样本百分比（%）	69.9	66.3	66.3	67.6	66.6
方便教育管理的需要	频数（人）	430	340	3931	47	4748
	样本百分比（%）	54.2	52.6	52.2	46.1	52.3
其它	频数（人）	14	10	96	5	125
	样本百分比（%）	1.8	1.5	1.3	4.9	1.4
合计	总频数（人）	794	647	7535	102	9078
	样本百分比（%）	8.7	7.1	83.0	1.1	100.0

注：n = 9078。

将学校卷上述调查样本群体划分结果连同县、镇（乡）的行政工作人员一起进行比较后发现（见表 3.4），校长（副校长）与普通教师对布局调整"实现教育均衡发展的要求"这一目的权重位次排序认识完全一致，并且与学校卷整体的显示结果也完全一致；学校中层干部对该目的权重排序的认识与教育行政

---

① 右边总计栏的百分比是横向合计总频数与总样本的百分比，因此纵向合计的百分比超过 100%。

工作人员完全一致。

表 3.4　学校卷不同样本群体对学校布局调整目的认同的权重排序表

布局调整的目的	校长（副校长）	学校中层干部	教育行政人员	普通教师	其他	学校卷
实现教育均衡发展的要求	4	3	3	4	3	4
实现教育资源合理配置的需要	1	1	1	1	2	1
提高教育质量的需要	2	2	2	2	1	2
方便教育管理的需要	3	4	4	3	4	3
其它	5	5	5	5	5	5

事实上，校长（副校长）、中层干部与教育行政工作人员都是从事教育管理工作，他们的工作性质与教师有显著的不同，应该在看法上比较接近，可为什么会出现校长（副校长）的看法反而与教师的看法接近而与教育行政工作人员不一致呢？

排除问卷发放取样形成的误差，这种差异形成的原因在于：农村中小学布局调整主要是一种政府行为，政府的利益和意志是占主导地位的，学校、教师和家长的利益与意志则从属于政府，教育行政工作人员主观上希望通过布局调整来实现教育均衡发展的目的比较强烈，它的相对位次因而在教育行政工作人员心目中也就较高，而学校教师和校长（副校长）对政府进行布局调整目的的认识却是根据布局调整实施的客观效果来推断的，双方看问题的视角不同，认识出现差异因而就在所难免。至于学校中层干部之所以与学校教师和校长（副校长）看法不一致，在于学校中层干部的工作主要局限于校内常规工作，由于工作性质的接近，因而更容易接受政府的舆论宣传，对客观实际的把握不如校长（副校长）准确，也不如教师全面。因此，学校中层干部不仅是对实现教育均衡发展的目的与行政工作人员看法一致，而且在其它方面位次排序上的看法也都与行政工作人员完全一致。

问卷调查结果尽管显示出了不同身份的调查对象对实现教育均衡发展在权重位次排序看法上的差异，但综合表3.1和表3.3的结果来看，不同身份群体对该目的应答百分比都在50%左右，这就说明不同身份的群体对农村中小学布局调整是为了"实现教育的均衡发展"都有很高的认同度。

各级政府出台的布局调整政策文本和颁布的相关文件也显示，实现教育均衡发展，是各级政府尤其是地方政府进行农村中小学布局调整的直接目的。

2005年教育部下发《关于进一步推进义务教育均衡发展的若干意见》（教基[2005]9号）指出：实现教育均衡发展是我国义务教育今后较长一段时间内的发展方向和工作目标。此后各地下发的政府文件都将实现教育均衡发展当作是布局调整工作的直接目的。

根据2005年教育部教基[2005]9号文件的精神，河南省教育厅《关于进一步推进义务教育均衡发展的若干意见》明确把"进一步调整农村中小学布局，缩小学校办学条件差距、实现教育均衡发展"作为本省推进教育均衡发展的措施之一，要求各地政府"按照小学就近入学、初中相对集中、优化教育资源配置的原则，进一步调整农村中小学布局，合理配置好公共教育资源"。该文件实际上已经把布局调整作为河南省实现教育均衡发展的手段之一。

湖北省石首市教育局在《石首市"十一五"学校布局调整规划方案》中将本地布局调整的原则确定为："立足长远，统筹规划，集中办学，合理配置，分步实施，规范管理，促进中小学校均衡发展。"可见该市布局调整的目的之一，就是要促进中小学教育的均衡发展。

内蒙古自治区武川县教育局2006年制定的《武川县教育改革实施方案》将本县实施布局调整的目的归结为"为了顺应全市工业化、农牧业产业化、城镇化发展的趋势，科学合理配置教育资源，进一步提高规模效益，加快教育现代化建设步伐，促进各级各类教育均衡、协调发展……"从该文件来看，实现各级各类教育均衡协调发展是该县布局调整的主要目的之一。

各地的实际做法也说明了实现教育的均衡发展是当前各地政府进行布局调整的直接目的。

例如，2005年河南省许昌市襄城县人民政府制定了"教育强县"战略，教育被赋予了特殊的地位和意义。襄城县2001年共有小学430所，2006年小学只剩下了263所。该县的布局调整工作在2005年本已基本到位，但为了促进城乡教育的均衡发展，该县决定再进行新一轮的布局调整，规划目标为仅保留100所小学。由此可见，襄城县进行新一轮布局调整的目的就是"为了促进城乡教育的均衡发展"。

云南省石林县西街口镇为了充分利用初中优质教学资源和相对宽敞的校舍条件，使全镇学龄儿童平等地享受优质教育资源、提前熟悉初中环境，在布局调整中将本镇所有小学六年级学生集中到本地唯一的一所初中——西街口中学，由该校统一负责本镇全部初中生和小学六年级学生的教学和管理。该方案实施后，学生家长都比较赞成，因为全镇只有1所中学，这样便于集中师资和教学资源。西街口镇政府还打算在此基础上将镇中心小学与西街口中学合并，最终建成一所标准化的"九年一贯制"学校，以便在更大范围内缩小校际落差，实现教育的均衡发展。布局调整以后该校教育质量稳步提高，在2003年、2004年石林县教育目标考核中，该校都获得了一等奖，学校的社会信誉也日渐提升。

湖北省长阳土家族自治县磨市镇中心学校也采用了将本镇全部六年级并入初中部统一学习的做法，并对周边地区的布局调整起到了良好的示范作用，促进了本地教育的均衡发展。

总之，无论是从问卷调查还是从各级政府的文件，或是从布局调整的实际做法来看，都证明实现教育均衡发展是各级政府，尤其是县级政府进行农村中小学布局调整的直接目的。

三 方便教育管理是地方政府进行农村中小学布局调整的迫切要求

从管理学角度而言，学校的校点越多、越分散，管理成本就越高，管理难度就越大，管理效率就越低，管理工作就越不方便。20世纪90年代末，我国开始实施政府机构改革，原来设在农村乡镇的教育组被撤销，改为由中心校校长兼任教育干事负责督导和管理本地教育事务的新型教育管理体制。管理人员的缩减使各地教育干事或中心校校长负担的农村中小学教育管理事务加重。特别是大量交通不便、偏远地区的学校和教学点的存在，使得教育管理的成本增加，难度加大。

例如，广西壮族自治区荔浦县新坪镇中心学校的曾校长在访谈中告诉我们，他如果到镇里最远的学校（黄竹小学和清江小学，距离镇中心学校50公里）去检查工作，一次来回就要两天时间，因为那两所学校位于大山深处，交通极其不便，甚至有几个小时的路程至今不通车，只能依靠步行。[①] 广西壮族自治区桂林市兴安县金石乡产江村教学点距离相邻最近的一所学校10多

[①] 虽然管理不便，而且学生人数也很少，但是曾校长并不主张撤销这两所学校。他说如果把学校撤掉，即使学生在校住宿，每次周末回家也很困难。因为交通实在太不方便了。

公里路，而且都是山路，教师购买一次油盐酱醋往返要走 20 多公里的山路，所以没有教师愿意到那里工作。当地教育组负责人每次调教师到那里工作都非常困难。

内蒙古自治区武川县哈拉合少镇地处山区，一个教学点远离中心学校 20 公里，中心学校校长检查工作每次都靠步行，他坦率地说，从管理的角度来看他更宁愿撤销这种偏远的学校，但是从学生上学方便的角度考虑还是应该保留这个教学点。

一些山区甚至一些丘陵地区偏远校点的存在，给教育管理工作带来诸多不便。因此农村中小学布局调整在客观上被赋予方便教育管理的要求。农村中小学布局调整使教育资源得以集中，布点学校得以减少并趋向合理，管理的幅度因而大大缩小，特别是地处边远地区的教学点被撤销后，管理时间得以缩短，交通成本也大大降低，从而有利于管理效率的提高。从管理的角度而言，布局调整实际上减轻了教育行政管理工作的压力，客观上对地方政府特别是地方教育行政管理部门有利，激励着地方政府积极推动本地的布局调整工作。因此，方便教育管理是地方政府尤其是地方教育行政管理部门进行布局调整的迫切要求。

问卷调查显示，行政卷"方便教育管理的需要"应答人数为 138 人，占 176 份有效问卷的 78.4%，在布局调整各目的的认同度中排第二位；在 9368 份有效学校问卷中，同题项的应答人数为 4907 人，占有效问卷的 52.4%，位列第三位（见表 3.1 和表 3.2）。

比较表 3.1 和表 3.2 后可以发现，学校卷对方便教育管理的目的认同度比行政卷要低，该目的在学校卷中位列第三位，在行政卷中却排在第二位。这种差异表明不同身份的受访者对该目的的看法有一定的差异。

按身份差异分类的数据（见表 3.3 和表 3.4）分析结果也印证了这一点。从表 3.4 看，校长（副校长）、教师对方便教育管理的看法一致，都列在各目的的第三位，学校中层干部、其他人员对此的看法却与行政卷结果一致，都排在各目的的第四位。为什么会出现这种差异呢？

　　研究发现，本次布局调整是政府主导的，为了推动布局调整工作的顺利进行，教育行政部门在舆论上比较倾向于侧重对群众有利的宣传。其实，"方便教育管理"是与教育行政工作人员具有最直接、最密切的关系，教育行政工作人员由于忌惮群众对该目的的质疑可能对布局调整工作不利，因而在填写问卷时存在着本能隐瞒真实意愿的倾向。而校长（副校长）和教师由于同属于学校利益群体，并且在布局调整中扮演执行者和接受者的角色，处于中间立场，因此对该问题的看法相对客观。学校中层干部和"其他"人员之所以与行政工作人员的看法一致，则明显是受政府舆论宣传导向影响的结果。

　　值得注意的是，与其它项的动机和目的相比较，"方便教育管理"在地方政府关于布局调整的政策文本和相关文件中都少有涉及。从各地收集的政策文本和相关文件来看，均未发现有类似"方便教育管理"的表述。

　　为什么诸如类似"方便教育管理的需要"的表述在地方政府以及教育行政管理部门的政策文件中却鲜有提及呢？这是因为，农村中小学布局调整关系到政府、家长、学生和教师的多方利益，各种矛盾错综复杂，再加上布局调整本身又是一种政府行为，政府和教育行政工作者既是决策者又是执行者，单方面直接强调布局调整就是为了方便教育管理显然有违管理为教育服务的宗旨，不仅可能引发群众的质疑和抵制，而且也容易在中小学布局调整过程中为了管理方便而引发"过度调整"的不良倾向。因此，政策文本从工作策略的需要出发无需提及这一点，但政府工作人员和教育行政工作人员在实践中对这一点却是心领神会的。

由于方便教育管理是地方政府尤其是地方教育行政管理部门推行布局调整的重要目的，因此，为了方便管理，几乎所有样本县（市）在布局调整中都出现过不顾地方实际情况而过度撤并教学点的现象。

例如，内蒙古自治区的林西县就比较典型。林西县政府在本地布局调整中实施农村中小学城镇化模式，将小学和初中全部集中在城镇，撤销了几乎全部村小和教学点，实现了学校布局的高度集中和管理的方便，但由于该县地广人稀，学生上学路途遥远，学生上学难的问题非常突出，同时由于学校规模的快速扩大，班级规模急剧膨胀，学校内部的学生管理工作面临着很多新问题。

鉴于此，教育部《关于实事求是地做好农村中小学布局调整工作的通知》（教基［2006］10号）指出，"有的地方工作中存在简单化和'一刀切'情况，脱离当地实际撤销了一些交通不便地区的小学和教学点，造成新的上学难"，要求各地"按照实事求是、稳步推进、方便就学的原则"实施农村中小学布局调整。这一文件也从侧面反映了各地在布局调整过程中为了追求管理方便而存在过度撤并学校的问题。

综上所述，尽管方便教育管理在各级政府的官方文件中几乎没有涉及，但从问卷调查结果和各地的实践来看，方便教育管理是政府尤其是地方教育行政管理部门进行农村中小学布局调整的迫切要求。

四 追求教育质量的提高是各级政府进行农村中小学布局调整的最终动力

随着我国农村人口出生率的下降和城市化的快速推进，广大农民及其子女对优质教育的需求也日益迫切。但由于长期以来我国不少农村地区中小学布局分散，办学条件差，学校和班级规模普遍较小，复式班过多，教师负担重，教学质量差，难以满足广大农民及其子女对优质教育的需求。因此，农村中小学布局结构的调整，既要关注学校的规模效益，更要重视这项工作对于提高教育质量效益的意义。为此，各地通过大力调整农村中小学布局，大力发展乡镇中小学，积极推动村与村联办完全小学，扩大办学规模；有计划地撤并那些规模小、质量低、效益差的初中，有效地改善了办学条件，促进了教育教学质量的显著提高。

问卷调查结果显示，"提高教育质量的需要"在行政卷中有113人应答，占176份有效问卷的64.2%，位居布局调整目的的第三位（见表3.1）；在9368份有效学校问卷中，应答"提高教育质量的需要"的为6240人次，占有效问卷总数的66.6%，在布局调整目的中也位列第二位（见表3.2）。行政卷和学校卷的排序结果表明，"提高教育质量"是各级政府进行农村中小学布局调整的最终目的。

另从各地政府的文件和实践来看，不少地方政府也毫无例外都把提高教育质量列为布局调整的最终目的。

湖北省钟祥市教育局和财政局在《钟祥市布局调整实施规划的意见》（钟政发［2001］4号）中将本地布局调整的目的规定为："为了进一步推进全市教育事业的持续稳定健康的发展，不断优化教育资源配置，切实提高办学效益和教育教学质量……"该文件突出了教育"发展"和"质量"两个问题，显然是将提高教育质量作为布局调整的最终目的。

陕西省南郑县教育局关于《南郑县农村中小学布局调整方案》（南教函［2006］11号）中把本县进行农村中小学布局调整的原则表述为"适当撤并，扩大规模；合理布局，优化配置；改善条件，提高质量"。从该文件的文字表述来看，本地学校布局的落脚点也是教育质量的提高。

内蒙古自治区武川县政府为了在布局调整中实现教育质量的提升,在《武川县学校布局调整规划》中提出了本地布局调整以"合理整合教育资源,逐步扩大办学规模,提高教学质量,并且绝不让山区、贫困地区贫困家庭子女辍学"的目的。由此可见,该县也是把提高办学质量作为布局调整的最终目的。

各级政府之所以将"提高教育质量"作为布局调整的最终目的,在一定程度上是广大人民群众对优质教育的需求日益迫切的结果。由于教育特别是高质量、高层次的教育能够提高人们的劳动能力,改变人们的社会地位,带来各种经济和非经济收益,相当一部分群众对教育的认识已经发生了质的飞跃。希望孩子通过受教育获得较高的文化素养,获得较好的职业和较高的社会地位,已经成为相当一部分家长的共识。

例如,湖北省钟祥市的洋梓镇、东桥镇和石牌镇,湖北省沙洋县的李市镇在布局调整过程中都出现了家长为了追求优质教育而请求当地政府撤销本地村小或教学点的现象。因此,这些地方布局调整的顺利进行可以说是政府主动顺应家长对优质教育需求的结果。

内蒙古自治区武川县的许多家庭为了追求优质教育机会,纷纷将自己的孩子送到县城的中小学读书,引起了农村生源向城镇的高度集中。截至2006年10月,武川县二小共有小学生1912名,其中来自农村的小学生占了本校学生的70%以上;该县二中有初中生2100人,农村生源占65%以上。鉴于此,当地政府因势利导,规定本地义务教育阶段不收借读费和择校费,并提出了"乡不办中学,村不办小学"的远期规划目标,在布局调整中鼓励农村学生向城镇集中。

同属内蒙古自治区的四子王旗和林西县,家长出于对优质教育的追求宁愿贷款和借钱让自己的子女到县城读书也不愿就近在本乡镇的学校就读,如果不能如愿就干脆送自己的子女到县城的私立学校就读。林西县和四子王旗政府为了提高本地的教育质量，相继采取了中小学向县城和乡镇高度集中的布局调整措施。与其它各地的布局调整相比，内蒙古自治区三个样本县（旗）在实践中"追求教育质量的提高"的目的表现得更为突出。

由此可见，无论是从问卷调查还是各地政府颁发的文件，或是从各地的实践来看，各地政府都是把提高本地中小学教育质量作为布局调整的主要目的。因此，我们可以这样说，追求教育质量的提高是各地政府进行农村中小学布局调整的最终动力。

综上所述，农村中小学布局调整的目的十分明确，即追求教育资源的合理配置和学校规模效益的提高，方便教育管理，实现教育均衡发展和教育质量的提高，满足广大人民群众对优质教育的迫切需求。正是对这些目的的追求构成了各级政府进行农村中小学布局调整的动力，推动着农村中小学布局调整工作的开展。

第四章

农村中小学布局调整的障碍及方式选择

农村中小学布局调整不仅是农村教育资源优化配置的过程，而且也是村民、学生家长、教师和政府四大主体利益的调整过程。其中，教师作为国家公职人员在思想和行为上容易接受和理解国家的政策，与政府的利益也基本一致。这样布局调整主要涉及的就是村民、家长与政府的利益，村民和家长的利益在本质上是一致的，因此村民、家长与政府双方的利益博弈就决定着布局调整方式的选择。

一 农村中小学布局调整的障碍

农村中小学布局调整主要是地方政府的行为，地方政府强调布局调整追求的是效益和质量的提高，以便获得社会的认可，但这并不意味着布局调整会自动取得当地社区的认可，获得乡村社会的支持。事实上，广大村民、家长对农村中小学布局调整有着自己独立的认识，可能与政府的想法一致，也可能不一致。根据我们对6省区的调查，各地在农村中小学布局调整之初都出现过部分村干部、村民和学生家长反对撤销当地中小学、让本村学龄儿童到较远地方上学的问题，个别乡镇的村民甚至采取抗议的方式反对布局调整。

例如，陕西省勉县金泉镇墓上村小学和黄沙镇初中在撤并过程中都发生了严重的村民上访事件。金泉镇墓上村村民直接到县和省有关部门集体上访,甚至向省和中央有关媒体求助,黄沙镇村民则直接向勉县人大代表和汉中市人大代表申诉、反映情况,在2004年勉县人代会期间和汉中市人代会期间,两起上访事件被多名人大代表联名提案,要求教育部门予以答复并妥善解决。

河南省禹州市浅井乡梁冲村村民因为担心本村孩子上学太远不同意撤销梁冲小学,当地政府便采用行政方式强行撤并了该校,结果造成该村村民集体上访,当地政府无奈,只好同意在该村设立教学点,保留一年级和二年级。

广西壮族自治区桂林市荔浦县青山镇曹村教学点在撤并中也发生了村民罢课和上访事件。事情的起因是,曹村村小原是村民于1990年集资兴建,2003年因生源减少,被当地政府撤销与附近的满洞小学合并。这样,曹村的学生去满洞小学读书,最远的要走4公里,路上还要经过一条河,翻越一座崎岖不平的山坳。河上原本有座桥,但2000年因为发洪水而被冲垮。为了过河方便,村民修建了一所简易的漫水桥。一旦遇到下雨天气,河水就会上涨淹没小桥,学生上学就必须绕行十多里路,而且途中的山路崎岖不平,行走困难。曹村村民因此认为撤销村小后学生上学路途太远而且也不安全,希望当地政府修一条公路并在小河上架一座桥,然后再撤掉该村村小。可是,当地政府没有答应这一要求,并以"提高学校教育质量"为由强行将该校撤销。结果引起了曹村村民的极大不满,他们组织本村学生进行了两次罢课示威,并到县政府有关部门集体上访。迫于群众上访和罢课的压力,当地政府不得不同意桥未修建完工之前在曹村暂设教学点。

调查发现,在农村中小学布局调整过程中,有部分学生家长是明确反对或不支持当地的布局调整。在针对学生家长发放的问卷中,共收回有效问卷7421份。当问及"你对布局调整的态度"时,有15.3%的家长选择"不支持";当问及"你对布局调整的整体看法是什么"时,有11.9%的家长持否定态度。

之所以出现部分村民、村干部和家长反对撤销本地村小,对当地布局调整不支持或持否定态度的问题,研究发现,其原因主要在于:

1. 建校又撤校,干部群众不理解

多年来,由于农村教育,尤其是村级小学都是由农民自掏腰包办起来的,国家投入极为有限,特别是20世纪80—90年代普及九年义务教育时,村级小学大都是由当地村干部带领村民多方筹资建起来的,他们为建校饱受艰辛,甚至至今仍为此而负债。学校的建成使用往往属于地方文化体系的重要组成部分,是当地的标志性建筑,因此常常作为一任或几任村干部树立在村民心中的一座丰碑,他们常以此为荣。现在要将学校停办或撤并,无论什么理由大家在心理上都难以接受。在村民看来,一村一校天经地义。因此,一些村甚至在经费极为紧张的情况下宁愿自聘教师也不愿撤点并校。

当问及"你认为当地布局调整的障碍是什么"时,对6省区行政卷分析的结果显示,"学生担心上学路远"、"家长不理解"和"村民不支持"依次分列布局调整障碍的前三位,三者的应答样本百分比分别为63.4%、62.9%和49.7%(见表4.1)。

表4.1 行政卷农村中小学布局调整的障碍统计结果表

布局调整的障碍	权重位次	频数(人)	人次百分比(%)	样本百分比(%)
村民不支持	3	87	24.3	49.7
家长不理解	2	110	30.7	62.9
教师怕下岗失业	5	18	5.0	10.3
学校不配合	6	3	0.8	1.7
学生担心上学路远	1	111	31.0	63.4

续表

布局调整的障碍	权重位次	频数（人）	人次百分比（%）	样本百分比（%）
其它	4	29	8.1	16.6
合计	—	358	100.0	204.6

注：n=175。

6省区的学校问卷调查结果也显示：布局调整的最大障碍是"学生担心上学路远"，该题项有6679人应答，占全部有效问卷的62.3%；其次是"家长不理解"，应答人数为6624人，占有效问卷数的61.7%；再次是"村民不支持"，应答人数为3972人，占总样本数的37.0%（见表4.2）。

表4.2　学校卷农村中小学布局调整的障碍统计结果表

布局调整的障碍	权重位次	频数（人）	人次百分比（%）	样本百分比（%）
村民不支持	3	3972	18.7	37.0
家长不理解	2	6624	31.2	61.7
教师怕下岗失业	4	2900	13.7	27.0
学校不配合	5	526	2.5	4.9
学生担心上学路远	1	6679	31.5	62.3
其它	6	531	2.5	4.9
合计	—	21232	100.0	197.9

注：n=10729。

对表4.1和表4.2的分析不难发现，无论是县（市）乡（镇）教育行政工作人员还是学校教职员工都把"学生担心上学路远"、"家长不理解"和"村民不支持"依次列为农村中小学布局调整最主要的三大障碍，这说明他们对布局调整主要障碍的认识是高度一致的。家长实际上是学生利益的代表，村民是潜在的学生家长或曾经的学生家长，因此三者的利益本质上是一致的。"学生担心上学路远"、"家长不理解"和"村民不支持"被行政卷和学校卷一致列为布局调整障碍的前三位充分说明：家长、村民的利益与政府的利益冲突是布局调整中最突出的矛盾。

访谈结果也证实，部分村民对当地农村中小学布局调整的不理解和不支持是各地布局调整的首要障碍。

例如，陕西省乾县于2001年按照宝鸡市教育局"三年撤并中小学校三分之一"的要求，开始进行中小学布局调整。但由于政策出台前并没有调研，村民对撤校的反应比较强烈，他们以自己对村办学校有投入、希望自己的孩子就近入学为由，强烈抵制撤并村小，群众上访、诉诸媒体事件不断，仅2006年上半年该地教育局就受理了三批群众的上访。由于群众上访和媒体的压力，已经撤销的学校部分被迫恢复，有的则被改为民办学校（实际上是村民自己出资聘请教师恢复教学点的形式），学校撤并困难重重，进展缓慢。

河南省禹州市苌庄乡教育干事郭老师强调：本地开展布局调整工作存在的困难之一就是，本地的村干部很要面子，既不愿意向学校投入经费，又不愿意让学校撤掉，害怕村民埋怨而影响自己在下一届村委会中的选举。

由此可见，村民的想法与政府不一致，是造成农村中小学布局调整过程中部分群众不理解和不支持的重要原因。

2. 上学路程太远，家长担心孩子上学不安全

农村中小学布局调整后不少学生距离学校十多里路或更远，早晚上学回家，难免劳累和不安全，家长不放心。据调查，在问及家长"你认为布局调整后孩子上学是否方便时"，在7200份有效家长问卷中，有29.6%的家长认为自己的孩子上学不方便。在面向在校学生发放回收的11553份有效问卷中，当问及学生"你认为自己现在上学是否方便"时，有27%的学生认为自己上学不方便。

家长担心子女上学不方便主要考虑的是路远不安全。10903

份有效学生问卷的调查结果显示,学生上学的平均距离约为4.8公里,最远的为100公里①(见表4.3)。一方面,学生上学路程过远;另一方面,调查结果显示,66.2%的样本学生上学靠步行。在路远步行条件下,交通不便、经济条件相对落后地区的农村学生,特别是低年级学生上学不方便就可想而知;家长的担心也就是理所当然的了。

表4.3　学生卷关于学生上学的距离统计结果表　　(单位:公里)

	样本数	最大值	最小值	平均	标准差
离校距离	10903	100	0	4.8	17.8269

在问及布局调整后"孩子上学你最担心的问题是什么"时,家长将"孩子的安全问题"列在第一位,占7242份有效问卷的44.4%(见表4.4);学生卷验证了家长的担心是真实的,当问及学生"你现在上学最担心的问题是什么"时,在11580份有效问卷中有25.6%的学生将"路远不安全"列为自己最担心的问题,在所列问题中位居第二位(见表4.4)。

表4.4　　　　家长和学生最担心的问题　　　　(单位:人,%)

家长最担心的问题	人数	百分比	学生最担心的问题	人数	百分比
孩子的安全问题	3213	44.4	路远不安全	2968	25.6
家庭经济负担	1477	20.4	受别村同学的欺负	891	7.7
孩子学习成绩下降	2229	30.8	加重了家长的负担	6107	52.7
孩子的生活问题	234	3.2	不适应学校环境	544	4.7
其它	89	1.2	其它	1070	9.2
总计	7242	100.0	总计	11580	100.0

---

① 为了避免大数对平均数的影响,该平均数是在我们剔除了部分异常数据和大数后显示的结果。实际上在内蒙古牧区,部分学生上学最远的距离甚至高达400公里以上。

访谈中我们也注意到，为了解决布局调整后一些学生上学难的问题，在当地交通设施尚不完善，政府暂时无力解决该问题的情况下，学生家长采取了多种办法自行解决问题。如一些家长用摩托车和拖拉机亲自接送孩子，但一般都是无照驾驶；也有部分家长联合起来租用当地的三轮摩托车或公交车委托车主负责接送孩子。由于车主大多没有驾驶执照，再加上交通运输缺乏有效的安全监管，这些解决方法都存在着很大的交通安全隐患。由此可见家长对孩子安全问题的担心是不无道理的。

此外，家长认为子女上学不方便的另一原因是担心孩子到外村就读，寄人篱下，受人欺负。学生卷中有7.7%的学生认为自己最担心的问题是"受别村同学的欺负"（见表4.4）。

访谈中我们还发现，少数民族地区的家长担心学生到外村上学可能由于民族习俗不同而引发矛盾。如云南省元江县是哈尼族、彝族、傣族自治县，不同民族的心理和生活习惯不同，有时甚至还存在民族隔阂，本地学生家长在布局调整中就很担心因为民族的风俗习惯不同而造成学生之间的摩擦。

3. 家庭经济困难，部分困难群众担心增加额外负担

农村不少家庭经济比较困难，到外地就读或寄宿既要增加生活费用和交通费用，又担心孩子吃不好，睡不好。孩子在本村读书，吃住在家中，不仅可以节省开销，早晚还可以帮助做些家务活。调查显示，有20.4%的家长最担心的问题是布局调整后家庭经济负担加重；有52.7%的学生最担心的问题是加重了家长的负担，列学生卷中最担心问题的首位（见表4.4）。

实地调查中发现，布局调整后，由于上学路途较远，不少路远学生上学不得不乘车就读，与以前在村小就读相比增加了家庭的交通费开支，在校住宿的学生还要增加额外的伙食费（搭伙费、加工费）和住宿费，不少贫困家庭家长感到经济负担沉重。

如内蒙古自治区武川县在布局调整过程中采用农村中小学校城镇化模式,当地不少农村中小学生都在县城读书,由于学校寄宿条件不完善,不少学生就向学校附近的居民定期缴纳一定的住宿费和生活费,吃住在户主家中,当地人将这类农村学生称做"留学生"。据了解,"留学生"交纳给户主的住宿费和生活费平均每学期在800—1000元左右。再加上学生回家的交通费用,以每月往返一次20元、每学期6次计算,一名学生一学期的交通费要120元左右。与布局调整前的就近入学相比,这些支出都是额外增加的,农村中小学生的家庭经济负担因此大大加重,一些贫困家庭甚至已经无力承担孩子求学的费用,当地不少家庭就以借款、贷款的方式帮助自己的孩子完成学业。此外,内蒙古自治区林西县、四子王旗也有不少农村贫困家庭子女依靠借贷求学。

4. 部分孩子不适应新环境,父母担心子女学习成绩下降

农村中小学布局调整后,家长由于对新学校缺乏认识,担心自己的孩子到了新学校后不适应环境会引起成绩的下降。调查显示,有30.8%的家长担心孩子成绩下降,位居中小学布局调整后家长最担心问题的第二位;此外,有4.7%的学生最担心不适应学校新环境(见表4.4)。

调研过程中发现,不少地方农村中小学合并之后,都出现了班级规模过大,教师负担过重的问题,学校教育质量受到一定的影响。不少家长因此认为,布局调整之前是小班教学,教师的责任心强,对孩子的学习辅导到位,有利于自己孩子的学习;而布局调整后实行的是大班教学,教师对自己孩子的关注程度可能会不如从前,再加上自己的孩子对新学校环境的不适应,都可能会导致孩子的学习成绩下降。

实际上,农村中小学布局调整后确实出现过部分学生因为不适应新的学习环境而导致成绩下降的问题。如湖北省石首市团山

寺镇的一名女生原来在该镇三中读书，三中被撤并后转入本镇教育质量最好的一中就读。起初，她和家长都觉得自己能够到最好的初中学习是一件好事，所以很高兴，尽管学习成本有所增加，家长还是十分支持她。由于一中生源质量较高，学生之间的学习竞争很激烈。新学期开始不久，该女生就感到以前那种轻松快乐的学习气氛没有了，以前同学之间的亲切与和谐似乎也消失了，更重要的是自己的学习成绩不如从前，学习压力很大，心理负担很重，成绩也下降很快。因此，重视教育质量的家长尤其担心自己子女的学习成绩在布局调整后会有所下降。

当然，也有些家长对孩子要求不高，送孩子读书只满足于能识几个字，会写自己的名字，会简单计算就行。因此，对办学条件和教学质量要求不高，认为在哪里读书都一样，何必舍近求远。

由于以上问题和困难的存在，家长、村民与政府在布局调整中的矛盾就不可避免地存在乃至激化，成为布局调整的主要障碍。因此，农村中小学布局调整不是一种自发的行为，而是社会力量所塑造的，也是一种社会结构问题的反映。

二　农村中小学布局调整的方式选择

农村中小学布局调整在一定意义上就是政府与村民利益格局调整的过程，在调整过程中政府始终居于主导地位，并且不少地区是以运动形式进行的，这就使得布局调整的方式选择呈现出教育行政与政治的特点。

依据政府行政方式选择的类型，大致可以将农村中小学布局调整方式划分为示范型、强制型以及强制与示范相结合三种类型。

1. 示范的方式

所谓示范的方式就是政府以成功的经验来推动整个区域内农村中小学布局的调整。具体做法是政府制定较长时期的学校布局规划，有意识地加强规划内定点学校的建设，使这些学校具有吸引力，逐渐吸引周边学生过渡到这些定点学校。

对6省区179份有效行政卷的分析显示，在各种行政方式中居首位的是示范的方式，应答人数为96人，占有效样本数的53.6%（见表4.5）。

表4.5　农村中小学布局调整方式的选择（行政卷）

布局调整的方式	权重位次	频数（人）	人次百分比（%）	样本百分比（%）
示范的方式	1	96	45.5	53.6
强制的方式	4	17	8.1	9.5
示范与强制相结合方式	2	74	35.1	41.3
其它	3	24	11.4	13.4
总计	—	211	100.0	117.9

注：n = 179。

6省区学校卷针对布局调整行政方式选择的调查分析结果如表4.6所示。从表4.6可见，"示范的方式"应答人数为3386人，占有效问卷总数的31.1%，在三种方式排序中位居第二位。

表4.6　农村中小学布局调整方式的选择（学校卷）

布局调整的方式	权重位次	频数（人）	人次百分比（%）	样本百分比（%）
示范的方式	2	3386	28.9	31.1
强制的方式	3	2487	21.2	22.8
示范与强制相结合方式	1	5450	46.6	50.0
其它	4	384	3.3	3.5
总计	—	11707	100.0	107.5

注：n = 10892。

通过对表4.5和表4.6的比较发现，县（市）乡（镇）教育行政管理人员和学校教职员工对示范方式的看法位次不一致。在行政卷中，示范的方式被排在各种方式的首位，而在学校卷中却排在第二位。这说明县（市）乡（镇）教育行政管理人员和学校教职员工对布局调整方式的认同具有一定的差异。这种差异主要是由于身份和工作性质的不同而造成的。

对家长卷的分析印证了行政卷和学校卷对示范方式比较高的认同度。在问及学生家长"当地布局调整采取的是宣传动员还是强制手段"时，在6639份有效家长问卷中，有61.3%的家长认为布局调整采用的是宣传动员方式（如表4.7所示）。另当问及"当地布局调整是否征求过包括你在内的家长的意见"时，有56.1%的家长回答"征求过意见"。这说明，各地在进行布局调整过程中确实做了大量的宣传和动员工作，因而政府在布局调整过程中主要运用示范的方式是可信的。

表4.7　　　　　　　　家长对布局调整方式的看法

	回答人数（人）	样本百分比（%）
宣传动员	4072	61.3
强制手段	724	10.9
说不清楚	1843	27.8
合计	6639	100.0

运用示范的方式可以发挥成功经验的带动作用。对广大群众而言，样板的力量是什么地方什么时候都不能低估的，尤其是在农村中小学布局调整问题上，村民和村干部都有着浓厚的攀比心理。因此，用布局调整成功的典型经验不仅可以说服村民，而且可以减少他们与政府在学校布局调整方面的冲突。例如，湖北省钟祥市、沙洋县在布局调整过程中主要就是运用这种方式。

湖北省钟祥市东桥镇是该市一个经济较为发达的农业镇,该镇地处丘陵地区,辖区地形整体上呈狭长的带状,交通相对便利。1998年前东桥镇共有21所小学和1所初中,早在1995年全县迎接普九验收的时候,该镇教育组长就敏锐地觉察到本镇在普九验收后学校将有撤并的必要。于是该镇教育组在上级政府明确要求进行布局调整之前,就已经超前制定了本镇的中小学布局调整规划,有意识地对规划中的布点学校进行重点投资和政策倾斜,并规定没有危房的村小不得修建教学楼。由于规划科学和时间早,该镇在普九中没有出现大规模的集资建校行为,结果全镇普九后仅有40万元债务,村小债务纠纷的阻力在后来的学校撤并中大大减少。由于布点学校的质量明显高于周边学校,家长出于追求优质教育的需要纷纷把自己的子女送入布点学校就读,周边村小学生锐减,布局调整的进程大大加快。按照本镇规划,原定在本镇一些定点学校7公里之外的村设立教学点,但却遭到村民的反对,因为他们担心自己的子女不能与在定点学校读书的孩子享受同质的教育,自愿撤销本村教学点。截至2003年,东桥镇农村中小学布局调整全部到位,小学由原来的21所减少至3所,率先在全市完成布局调整工作。由于在布局调整中重视教育质量提高,该镇东桥镇小和该镇唯一的初中——东桥中学于2003年、2004年先后被评为荆门市示范学校,黄集小学也于2004年被评为钟祥市示范小学。东桥镇农村中小学布局调整的成功经验对周边地区起到了良好的示范作用,也引起了《光明日报》等媒体的积极关注。

2. 强制的方式

所谓强制的方式,是指政府利用手中掌握的资源,用行政手段对农村中小学布局调整进行直接的控制和干预,以达到政府意愿目标。运用强制的方式,政府处于主导地位,群众较少参与到决策过程中。

地方政府之所以能够采用强制的方式,是因为我国教育的发展主要是以行政力量推动的,相关群众常常是被动的参与者,他们在教育改革过程中的角色是由政府设定的。与此同时,乡村社会又缺乏对政府的强有力监督和有效的群众意见表达机制,政府与村民的这种互动结构是导致政府发动"强制性变迁"的基础,但村民在此过程中的消极态度和行为也会影响政府强制性变迁的效果。

问卷调查结果显示,强制的方式在行政卷中有17人应答,占有效问卷数的9.5%,位居"其它"方式之后列最末位;在学校卷中强制的方式有2487人应答,占有效问卷数的22.8%,位居第三位(见表4.5和表4.6)。显然,行政卷和学校卷对强制方式的认同有很大的差异。

为什么行政卷和学校卷对强制方式的认同存在这么大的差异呢?原因在于,布局调整的政府主导色彩比较明显,教育行政管理工作人员在填写问卷时由于忌惮上级政府和民众对强制方式的质疑,不排除有隐瞒真相的可能,而学校教育工作者却因为处于农村中小学布局调整的第一线,对该问题的认识相对客观些,双方的立场不同因而看问题的角度和观点也有所不同。

对家长卷的分析结果也证明,强制的方式在各地农村中小学布局调整中确实占有一定比重。对6639份有效家长问卷的调查结果显示,10.9%的家长认为本地布局调整采用的是强制手段(见表4.7);当问及"当地布局调整是否征求过包括你在内的家长的意见"时,在6500份有效家长卷中,有43.9%的家长回答为"没有"。

由于一些村民对农村中小学布局调整的重要性缺乏充分的认识,在具体工作中表现消极,致使个别地方的布局调整工作不能如期完成。在一些地方,教育行政部门在操作过程中不及时召开家长会及社会各方代表的通报会,而是令到即行,造成家长、社会和学校缺少必要的沟通和了解。还有些地方为揽政绩,层层加码,以求超额完成任务。这样一来,学校布局调整就变成了自上而下的政府行为,而不是立足于对本地的实际调查,结果导致布局调整方案一出台,报告、反映如雪片飞来,政府工作被动,方案难行,甚至搁浅。调研中发现,强制的方式在各地农村中小学布局调整中时有发生。

例如,陕西省石泉县中坝乡治村村民,2002年在布局调整中因反对将中坝乡治村小学撤掉而出现上访情况。由于该村小学仅有3名学生,尽管出现上访情况,当地政府仍然强行撤销了这所学校。

河南省长葛市石象乡在进行本地初中合并时也是采用强制方式进行的。2005年暑假,石象乡第一初中突然接到上级通知,说本地的第三初中要合并至该校,原第三初中校长调到一所高中工作。第一初中教师事先完全不知情,都感到非常吃惊,因此就对布局调整产生了抵触情绪。

陕西省勉县属于省级贫困县,该县人民政府于2002年制定了本县的学校布局规划,提出用5年时间将本县中小学由2002年的370所撤并至259所,减少30%左右。但由于对布局调整的困难估计不足、宣传工作不到位再加上缺乏前期调研和准备工作,布局调整在行政压力下仓促进行。村民过去都对本村村小投入很大,现在突然被强令撤并,思想上很难接受,就以上访的方式加以抵制。其中,最严重的是金泉镇墓上村的村民上访事件和黄沙镇初中撤并的群众上访事件。金泉镇墓上村村民因为反对撤销墓上村小学而直接到县、市有关部门进行上访,甚至向省和中央有关媒体单位求助,对当地农村中小学布局调整工作造成了很大的负面影响。黄沙镇群众因为对政府撤销黄沙镇初中并入邻近乡镇初中的做法难以理解,不仅多次上访,还直接向人大代表求助。在 2004 年勉县人代会期间和汉中市人代会期间，黄沙镇初中撤并上访事件分别被县、市两级多位人大代表联名提案，要求教育部门予以答复并妥善解决。大量的上访事件给勉县的布局调整工作带来了很大的困难，当地政府此后不得不改变工作方式，才使布局调整工作得以顺利进行。

在访谈中，广西壮族自治区桂林市荔浦县大塘镇中心学校李校长谈及了自己在茶山乡工作时因为运用强制方式进行布局调整而与村民发生冲突的经历。他说：

2000 年我在茶山乡做教育组长时曾经因学校撤并而与村民发生冲突的事情，主要原因是我的工作做得不够圆满。当时有一所学校只有一栋校舍（泥房），而且校园面积很小，我们考虑到该校办学条件差，就决定把该校一至六年级全部合并到附近的另一所小学去。由于该校与另一所学校相距仅有 1 公里远，当时我们以为只要政府下乡就可以解决全部问题，所以事先没有跟群众沟通，只给上级政府做了汇报后就开始实施合并方案。

结果就在我们准备把将被撤销学校的桌椅板凳搬走时，才发现该校学生中大约有 10 人没有去新学校上课。这时候我们才感觉问题严重，就派教师到村里做工作。一开始工作根本做不通，后来我们就找村里说话有分量的村民沟通，他们说我们事先没有打招呼就撤并了学校，太不像话了。弄清原因后的第二天，我们就邀请家长到新学校去参观，讲明形势，并从思想上加以沟通，说明优势。经过两天的思想工作，家长终于同意撤销该学校。

3. 示范与强制相结合的方式

示范与强制相结合的方式从某种意义上说就是胡萝卜加大棒的方式，即政府给予那些布局调整的学校以相应的好处，而对那些不愿进行布局调整的学校和村民则采取威胁和强制的方法。

运用示范与强制相结合方式的具体做法是：政府首先将若干规模较小的中小学合并或并入其它规模较大的中小学，这些并掉的中小学校舍则整体移交给中心小学和那些交通便利、位于人口稠密地区的村小，使得这些学校吸纳村小的能力增强，村小撤并后校舍则留给幼儿园。

问卷调查结果显示，"示范与强制相结合的方式"，行政卷应答人数为74人，占有效问卷数的41.3%，位居各种方式的第二位（见表4.5）；学校卷应答人数为5450人，占有效问卷数的50%，位居各种方式的首位（见表4.6）。行政卷和学校卷对"示范与强制相结合的方式"都有比较高的认同比例，说明该方式在各地的布局调整过程中确实占据主要位置。

运用示范与强制相结合的布局调整方式能够相对妥善地处理各方面的矛盾。在具体实施过程中政府一般会采用示范的方式，但如果村民不愿撤并村小，政府也会采取威胁或强制的方式。比如告诉村民，如果不撤并将不会派最好的老师到村小任教，村小的质量无法得到保证。在这种威胁和强制下，一些不支持布局调整的村民也会被迫同意。因此，示范与强制相结合的方式在农村中小学布局调整过程中是一些地方政府经常使用的方式之一。

例如，河南省禹州市小吕乡中心学校王少义校长在访谈中告诉我们，当地在进行布局调整过程中，很多村民对布局调整都有不满情绪，但村里没有钱聘请代课教师，于是政府就威胁村民如果不同意撤校就由村民自己聘请教师办学，这样村民和家长虽有不满情绪，也只好默认布局调整的现实。

陕西省汉阴县涧池镇在将本地的3所初中合并到涧池中学时，涧池中学顾虑重重，担心新并入的学生不适应学校生活，自己难以管理。部分家长也不理解。为此，该镇政府在撤并这3所初中时并不是将撤销学校一次性地整体并入，而是分三批借新课改的时机（开设英语等课程，教学点没有条件），每年只并入待撤学校的初中一年级新生，3年后，待撤学校自然消失，家长也无法反对。接收并入学生时，被撤销学校学生家长要求单独编班，但学校不同意。学校教师因为对新增学生的学习成绩和学习习惯都不清楚，担心不便管理和增加工作负担，影响现有教学，也有怨言。为此政府和学校开班主任会，要求教师要适应学生。结果教师对新并入学生前一个月还比较陌生，但经过大约5周以后，学生和教师就彼此适应了。

陕西省石泉县城关镇中心小学，所辖村小有4所，都是完小，2002年当地政府要撤销该校，村民、村干部却不答应。2005年当地政府借三年级开设英语和信息技术课之机先撤销了4所完小的三年级（结合英语和信技课），照此下去，4年之后4所完小就成了4个只有一、二年级的教学点。村民看到自己的孩子能够学习英语和信息技术课，就转变了观念，同意撤校。

河南省济源市承留镇的学校布局调整，[①] 一开始有些村民想不通，并编出"撤校就是倒退，并点就是犯罪，小学出村是受罪，向外投资是浪费"的顺口溜，甚至出现围攻、谩骂乡镇教办人员的现象。为了做好村民的思想工作，政府先行试点，并组织村民参观合校并点的先进村小。参观后村民们发现，试点学校的校园环境好，教师水平高，宿舍、食堂干净卫生，不但体、音、美有专任教师上课，而且开设了英语和计算机课。通过比较，村民们马上找到了自己村小的差距和不足，开始同意让孩子出村上学了。该镇的学校布局调整也达到了资源共享、规模办学、优化配置、减轻负担和提高质量的目的，受到了学生家长和村民的一致好评。

---

① 该案例引自《中国教育报》2004年2月24日。

从各地实际选择的布局调整方式来看，6省区选择的方式存在着显著差异（见表4.8）。从表4.8可见，内蒙古、广西、云南和湖北采用的首选方式都是"示范"方式，而且内蒙古、广西和云南3个民族地区省份对该方式的认同比例都明显高于湖北省。而河南和陕西两个省份的首选方式却是"示范与强制相结合"方式。尤其值得关注的是，内蒙古自治区没有一个教育行政管理人员认同本地采用了"强制"方式和"其它"方式，云南也没有一个教育行政管理人员认为本地采用了强制方式，而且这两个省区恰好又都是民族地区。这就说明，为了照顾各民族的利益，防止民族冲突，在农村中小学布局调整过程中，民族地区较少或根本不采用强制方式，而更多采用示范的方式。

表4.8　6省区在布局调整方式选择上的认同差异（行政卷）

方式类别	6省区方式选择样本百分比（%）						6省区方式选择排序位次					
	内蒙古	陕西	广西	云南	河南	湖北	内蒙古	陕西	广西	云南	河南	湖北
示范	88.9	35.1	64.6	61.8	40.0	50.0	1	2	1	1	2	1
强制	0	16.2	14.6	0	12.0	3.8	0	4	3	0	3	4
示范与强制相结合	11.1	43.2	31.3	50.0	68.0	30.8	2	1	2	2	1	2
其它	0	29.7	4.2	14.7	4.0	19.2	0	3	4	3	4	3

学校卷分省区数据分析结果也显示，不同省区布局调整采用的行政方式差异也很大（见表4.9）。从表4.9中可见，各地布局调整的方式选择按照比重大小依次为"示范与强制相结合"方式、"示范"方式、"强制"方式和"其它"，比重位次顺序都一致，这说明，各地在农村中小学布局调整过程中其方式选择都是以示范与强制相结合的方式为主，其它方式为辅。

表4.9　6省区在布局调整方式选择上的认同差异（学校卷）

方式类别	6省区方式选择样本百分比（%）						6省区方式选择排序位次					
	内蒙古	陕西	广西	云南	河南	湖北	内蒙古	陕西	广西	云南	河南	湖北
示范	36.3	33.2	31.1	32.3	27.8	26.8	2	2	2	2	2	2
强制	22.5	23.2	18.2	21.5	27.4	25.7	3	3	3	3	3	3
示范与强制相结合	44.9	47.4	54.2	52.3	49.5	47.7	1	1	1	1	1	1
其它	1.7	3.4	3.8	3.7	2.2	5.1	4	4	4	4	4	4

但值得注意的是，学校卷中内蒙古、陕西、云南和广西4个西部省区的示范方式比重明显高于强制的方式，而在河南和湖北两个中部省份中，示范的方式和强制的方式比重却相差无几。这说明西部省份在布局调整中示范的方式所占的比重要高于中部省份。这个结果反映西部地方政府对西部地区经济相对落后，民族、社会关系复杂，矛盾容易激化的情况认识比较到位，因此政府行为更加谨慎，在布局调整过程中更倾向选择有利于社会稳定的方式。

当然，在布局调整过程中，具体采取哪种方式是同地方政府面临的压力大小、当地村民的认可程度、习惯使用的行政方式和可用的资源以及一些偶然的机会有关。如果上级政府的压力太大，地方政府可用的资源又较少，采用强制方式的概率就高；如果在平时的政府工作中地方政府较为习惯使用某种行政方式，那么，在农村中小学布局调整过程中政府使用这种行政方式的概率也就高。

总之，地方政府在农村中小学布局调整过程中具体选择何种方式，反映了国家与社会在当地发生互动的基本特征。不过从上述分析中不难看出，示范的方式是一种较为理想的方式。

三 农村中小学布局调整的具体模式

所谓布局调整的具体模式,就是指在农村中小学布局调整过程中具体采用哪种方式来达到布局调整的目的。按照布局调整在实践中的具体实施方式可以分为完全合并式、兼并式、交叉式和集中分散式四种主要模式。

1. 完全合并式

完全合并式是指在学龄人口普遍减少,班额不足的情况下将两所或多所学校合并为一所学校,学生按年级整体上加以合并和重新编班,校产和师资集中在一起。这种方式具体又可以分为两种样式:一种是分离式,将一所或几所学校分离到另一所或几所学校;另一种是联合式,就是几所学校同时撤并,然后再根据情况进行重新建设或设置新的校点。

6省区关于学校布局调整具体模式的问卷调查结果详见表4.10。在180份有效行政问卷中,"完全合并式"应答人数为93人,占样本总量的51.7%,位居各种具体模式的第二位;在11006份有效学校问卷中,"完全合并式"应答人数为4937人,占样本总量的44.9%,也位居各种具体模式的第二位。

表4.10 行政卷和学校卷对布局调整具体模式的看法

布局调整 具体模式	行政卷 频数（人）	人次百分比（%）	样本百分比（%）	排序	学校卷 频数（人）	人次百分比（%）	样本百分比（%）	排序
完全合并式	93	32.2	51.7	2	4937	32.1	44.9	2
兼并式	98	33.9	54.4	1	3761	24.5	34.2	3
交叉式	32	11.1	17.8	4	1446	9.4	13.1	4

续表

布局调整 具体模式	行政卷 频数(人)	行政卷 人次百分比(%)	行政卷 样本百分比(%)	排序	学校卷 频数(人)	学校卷 人次百分比(%)	学校卷 样本百分比(%)	排序
集中分散式	59	20.4	32.8	3	5030	32.7	45.7	1
其它	7	2.4	3.9	5	204	1.3	1.9	5
总计	289	100.0	160.6	—	15378	100.0	139.7	—

注：行政卷 n = 180，学校卷 n = 11006。

完全合并式的优点在于能最大限度地实现教育资源的合理配置和优化，能够实现教育教学工作的统一管理和教育质量的提高。从布局调整追求效益和质量提高的角度而言，这是一种最理想的模式，因此也是各地在布局调整过程中采用的最基本的模式之一。

该模式适合人口分布比较集中，原学校规模较小、校舍陈旧的地方。平原地区以及交通相对便利的地区采用这种模式较多。

学校卷按地理特征分类的数据分析结果也证明了这一点。将学校卷按照地理特征分为山区、丘陵、平原、牧区、矿区和湖（库）区六类，不同地区所采用的布局调整模式差异结果见表4.11。从表4.11中可见，平原和牧区采用这种模式的比例最高。其中，平原地区样本数为2263份，"完全合并式"应答人数比例为49.6%，是该类地区布局调整运用比例最高的模式；牧区样本数为153份，该方式的应答比例高达79.7%，是该地区占绝对优势的布局调整模式。

从分省区行政卷对布局调整模式的选择结果来看，采用"完全合并式"最多的省份是内蒙古，比例高达100%；其次是湖北，比例为76.9%；再次是云南，比例为55.9%，而且"完全合并式"在这三个省区布局调整中所占的比重都是最高的。陕西、广西和河南 3 省区运用该模式的比重都列第二位（详见表 4.12）。这说明完全合并式在 6 省区使用的比重很高，也很普遍。

表 4.11　不同地区布局调整模式选取的差异表（学校卷）　（单位:%）

地形类别	完全合并式	兼并式	交叉式	集中分散式	其它	样本数
山区	43.0	33.1	12.0	50.8	2.0	6526
丘陵	42.0	34.4	13.4	44.6	1.6	1793
平原	49.6	38.4	17.1	34.7	1.6	2263
牧区	79.7	24.2	1.3	15.7	7	153
矿区	42.9	57.1	14.3	42.9	0.0	7
湖(库)区	63.2	31.6	0.0	36.8	0.0	19

注：n = 10761。

表 4.12　6 省区布局调整具体模式选取的差异表（行政卷）

布局调整具体模式	各省区方式选择样本百分比（%）						各省区方式选择排序位次					
	内蒙古	陕西	广西	云南	河南	湖北	内蒙古	陕西	广西	云南	河南	湖北
完全合并式	100.0	45.9	36.7	55.9	40.0	76.9	1	2	2	1	2	1
兼并式	11.1	64.9	57.1	41.2	72.0	50.0	3	1	1	3	1	2
交叉式	66.7	10.8	6.1	26.5	36.0	3.8	2	4	3	4	3	4
集中分散式	0	40.5	36.7	47.1	28.0	11.5	0	3	2	2	4	3
其它	0	5.4	6.1	2.9	0	3.8	0	5	3	5	0	4

对分省区学校卷的分析结果也印证了"完全合并式"在各地区使用得很广泛（见表 4.13）。由表 4.13 可知，采用"完全合并式"最多的省份是内蒙古，比例高达 76.2%；其次是湖北，比例为 56.7%；再次是河南，比例为 48.3%。值得注意的是，

在这 3 个省区布局调整中居首位的都是"完全合并式",而且 3 个省区被调查的样本县中又恰好以平原地区居多。

表 4.13 6 省区布局调整具体模式选取的差异表(学校卷)

布局调整 具体模式	各省区方式选择样本百分比(%)						各省区方式选择排序位次					
	内蒙古	陕西	广西	云南	河南	湖北	内蒙古	陕西	广西	云南	河南	湖北
完全合并式	76.2	37.9	39.6	39.3	48.3	56.7	1	2	2	2	1	1
兼并式	25.0	35.9	33.5	29.5	39.3	39.2	2	3	3	3	2	2
交叉式	3.6	15.0	12.5	11.8	22.0	8.5	4	4	4	4	4	4
集中分散式	17.9	51.4	45.6	60.7	33.8	31.5	3	1	1	1	3	3
其它	0.7	1.2	2.6	2.6	1.5	1.5	5	5	5	5	5	5

从实地调查结果来看,不少地方在农村中小学布局调整过程中就是采用了"完全合并式"。例如,湖北省钟祥市东桥镇黄集小学就是将邻近的 4 个村小同时撤并后集中在被撤销的原黄集初中办学,从而实现了完全合并。湖北沙洋县后港镇田桥小学则是在撤销了 8 个村小的基础上重新选择了一个最佳位置后新建而成的。内蒙古自治区四子王旗库伦图总校则是将三元井、库伦图、朝克文都三个乡的中心校合并,在库伦图初中撤销后的原有校舍基础上办起来的。云南省元江县那诺乡的布局调整采用的也是这种模式,2005 年全乡共撤并了 8 个教学点,其中涉及学生 74 人,教师 9 人,这些学生和教师被全部分散到 4 个村完小。

综上所述,完全合并式具有适用性强、应用面广的特点,因而是各地农村中小学布局调整过程中所采用的基本模式之一。

2. 集中分散式

集中分散式是在中心学校的统一管理下设置一个或几个教学点的形式。其具体做法是在人口相对集中、办学条件比较好的村镇设立一所完全小学为中心学校，就近辐射多个村，根据具体情况在原村小学设立教学点，教学点由中心校统一管理。高年级学生可到中心学校上学，低年级学生仍在原村小上学。学生较少的教学点则进行复式教学。对于教学点师资无法承担的课程，如美术、音乐等，由中心校统一协调，安排教师巡回授课。

从问卷调查结果来看，集中分散式在行政卷中的应答人数为59人，占样本总数的32.8%，位居各种模式的第三位；在学校卷中该模式的应答人数为5030人，占全部有效问卷的45.7%，位居各种模式之首（见表4.10）。行政卷和学校卷对集中分散式的认同比重明显不同，一个是第三位，一个却是首位。之所以出现这种差异，原因可能在于：农村中小学布局调整是一个连续、持久的过程，教育行政管理工作人员由于工作连续性的原因对布局调整具体采用什么模式的认识是基于长期、多次调整的视角来考察的，而学校教职员工的视角却是基于对近期布局调整模式的认识。经过前期几轮农村中小学布局调整后，近期的布局调整进入了最困难的阶段，集中分散式又是布局调整过程中利益关系难以调和的产物，因而在近期采用的比重也较高，但从长期来看却并非当地布局调整的首选模式。所以教育行政管理工作人员和学校教职员工认识上会出现这种差异。

从布局调整追求效益的角度而言，集中分散式不符合规模效益的原则，因而是不彻底的；从管理学角度来说，校点分散也不利于统一管理；从教育均衡发展的角度讲，教学点的办学条件无论如何也不能与中心学校相提并论，因而也不利于教育的均衡发展。但是这种模式既方便了学生就近上学，又在一定程度上减轻了家庭的经济负担，特别是在交通不便的山区和丘陵地区以及布局调整过程中矛盾相对突出的地方，尤为适合采用这种模式，因而也是农村中小学布局调整过程中采用的一种比较理想的模式。

对按照地理特征分类的学校卷数据进行分析后显示，山区和丘陵地区运用最多的模式就是集中分散式。其中，山区总样本数为 6526 份，该模式的应答比例为 50.8%；丘陵地区的总样本数为 1793 份，选该模式的人数占 44.6%（见表 4.11）。

从分省区行政卷的数据分析结果来看，各地采用"集中分散式"的比重差异比较大。其中，云南采用集中分散模式的比例最高，为 47.1%；其次是陕西，为 40.5%；再次是广西和河南，分别为 36.7% 和 28%；湖北仅有 11.5%；内蒙古则没有样本对该模式应答（见表 4.12）。由此可见，民族地区、经济相对落后地区使用该模式的比重比较高。

对分省区学校卷的分析结果也显示了"集中分散式"在各省区采用的比重差异也很明显。学校卷中采用"集中分散式"最多的省份是云南省，比例高达 60.7%；其次是陕西省，比例高达 51.4%；再次是广西壮族自治区，比例为 45.6%。这 3 个省区使用"集中分散式"的比重是最高的（见表 4.13）。而这 3 个省区又都是西部省份，经济相对落后，样本县（市）又以山区和丘陵居多，云南和广西又兼属多民族聚居地区，民族关系相对复杂，布局调整矛盾突出，因此当地政府在布局调整过程中更加谨慎，更倾向于采用有利于社会稳定、避免冲突的"集中分散式"。

调查发现，在一些山区和边远贫困地区之所以要保留教学点，采用"集中分散式"的布局调整模式主要基于以下原因：

第一，方便学生上学。教学点所在地区地处山区或其它特殊地理环境中，学生上学路途遥远，不方便或不安全，而布点学校由于缺乏寄宿条件或寄宿条件尚不完善，低龄儿童若到并入学校读书就面临上学不方便、生活难自理等困难。此种情况下的教学点，学生人数特别少的，通常是几个年级一起组成复式班，由一名教师负责复式班的全部教育教学工作，人数较多的教学点就由几位教师以分科目或包班级的形式负责教育教学工作。

例如，广西壮族自治区桂林市兴安县金石乡产江村教学点位于兴安、临桂、资源、龙胜各族自治县四县交界的地方，距离最近的学校也有10公里，而且都是山路，因此当地政府在进行布局调整过程中采用集中分散式，保留了该村教学点，并向村民承诺只要该村还有一个适龄儿童就会继续保留该教学点，并派教师任教。

广西壮族自治区百色市那坡县坡荷镇善何村完小下辖的善何异布教学点，也是一个"集中分散式"学校合并的典型。善何异布教学点如果被撤销，原异布村小学生到善何村完小上学就要走6公里的山路，而且善何村完小此前还不具备寄宿条件。因此，尽管该小学只有分属5个年级的17名学生和1位教师，但仍作为教学点被保留了下来，从而与善何村完小形成了校点关系，保留后的教学点采用复式教学。

内蒙古自治区武川县耗赖山乡沙岱教学点原是一所村小，布局调整后距离耗赖山乡中心学校较远，如果完全撤掉该校，原村小低年级学生上学就不方便而且生活有困难，极易造成适龄儿童失学的危险。因此，当地政府在沙岱村小保留了一至三年级，使其成为耗赖山乡中心学校的一个教学点。

此外，武川县教育局办公室的王主任在访谈中还告诉我们，该县有一名学生家住在与四子王旗交界的地方，离家最近的学校也有30公里。该生家境贫寒，连上学所用的自行车也无力购买；母亲体弱多病，自己一边读书一边还要照顾生病的母亲，布局调整后，邻近的村小都被当地政府撤掉，其他学生都被集中到县镇的中心学校读书，该生却由于经济和生活的双重困难面临失学的危险。为了实现"不让一个儿童失学"的布局调整原则，当地政府在布局调整后专门为该生配备了一名专任教师，形成了独特的"一生一师"教学点现象。

河南省罗山县教育体育局基础教育股的刘股长认为，山区儿童居住地点分散，不便于集中，寄宿制也并非每一所学校都具备条件，因此山区的布局调整应该采用集中分散式的模式，保留必要的教学点。他还强调，即使中心学校具备了完善的寄宿条件，配备了保育人员，路远的山区儿童上学也会面临很多求学困难，家长接送子女也会很不方便，经济贫困家庭子女读书还会有经济困难，教学点如果不保留就会变成"失学点"。因此他认为教学点要长期保留，集中分散式应该长期存在。

第二，化解布局调整矛盾。有些地方政府在撤并当地校点时，遭到村民的强烈反对，甚至上访。出于社会稳定的考虑，政府不得不保留该校点或暂时作为一种过渡阶段以缓解矛盾。如，广西桂林市荔浦县青山镇曹村教学点就是在村民罢课和上访情况下又被迫恢复的。陕西省乾县的许多教学点则是在村民上访和媒体的压力下而保留或被迫恢复的。

第三，缓行布局调整计划。在一些地方的布局调整过程中，有些校点虽然已经列入撤销计划，但由于条件不成熟而暂时被保留，因此教学点作为缓期执行布局调整计划的过渡形式而存在。例如，湖北省钟祥市洋梓镇富裕小学教学点本已列入该镇学校布局调整的撤销规划，但由于布点学校容量有限，到2006年还无法容纳该教学点的全部60名学生，只能推迟到学龄人口高峰期过去后再完全撤销该教学点。

第四，解决特殊问题。还有一些地方之所以保留教学点是存在特殊原因。例如，湖北省英山县雷家店镇五一中心小学万家冲教学点在布局调整之前本是万家冲村的一所完小，布局调整之后，万家冲小学三至六年级并入五一中心小学，只保留一、二年级作为五一中心小学的教学点。该校可谓是英山县最"豪华"的教学点，有一栋三层教学楼和一栋教师宿舍楼，校园风景秀丽，绿树成荫，还有两块草坪，一个运动场和一个篮球场。但由于该校所处的位置缺水，不适合作为中心小学。为了避免教育资源的浪费，当地政府只好忍痛撤销该小学，仅保留一、二年级。

广西桂林市龙胜各族自治县乐江乡同乐教学点因为学龄儿童很少，生源不足，曾经停办过两年。后来，这个教学点服务范围内适龄儿童增加到了十几个，达到了开办的要求，又被恢复。之所以恢复该教学点还有另一方面的原因：该教学点服务范围大多是苗族和瑶族学生，学龄儿童初次上学时语言障碍比较大，如果直接到完全小学去读书语言环境很难适应。因此，当地政府就在这种人口稀少的地方保留教学点，采用隔年招生、办复式班或跟读生的方法避免适龄儿童失学。

由此可见，集中分散式便于化解布局调整矛盾，因而是最基本也是应用最广泛的布局调整模式之一。

3. 兼并式

兼并式就是由一所社会声誉和教学质量都比较高的学校兼并另外一所或几所相对薄弱的学校，将校产、师资集中，学校规模扩大，实现以强扶弱、共同发展的目的。

从反映布局调整模式的问卷调查结果来看，行政卷中，"兼并式"有98人应答，占有效问卷数的54.4%，排在各种模式的首位；学校卷中有3761人选择了"兼并式"，占有效问卷数的34.2%，列各种模式的第三位（见表4.10）。从表4.10来看，教育行政工作人员与学校教育工作者对本地布局调整"兼并式"使用比重的看法有明显的差异。这种差异说明行政人员在主观上更倾向采用兼并的模式来推进布局调整，但客观结果并非如此，学校教育工作者主要是从布局调整的实际结果来判断布局调整的具体模式的，因此才会出现学校卷和行政卷对该模式使用比重看法的明显不同。

兼并式是由一所优势学校兼并另一所或几所相对弱势的学校，因而有利于提高区域内的教育质量和实现教育的均衡发展。

而且这种模式经常与政府布局调整所采用的"示范方式"紧密结合在一起，从某种意义上讲，"兼并式"就是政府在推行布局调整过程中采用"示范方式"取得良好效果的一种反映。兼并式主要不是受地理环境的影响，而是出于提高教育质量或实现教育均衡发展的目的而采用的一种模式，因而是一种适应性很强、选用比例较高的布局调整模式。凡是村与村之间相距比较近、学校办学条件差别较大情况下的学校撤并都适宜采用这种模式。

从按地理特征分类的学校卷布局调整模式选择结果分析来看（见表4.11），使用兼并式比例最高的是矿区，应答样本百分比分别为57.1%和31.6%；其次是平原地区、牧区和湖（库）区，应答比例分别为38.4%、24.2%和31.6%，该模式在这些地区是位居第二位的布局调整模式；山区和丘陵地区采用兼并式的比例则分别为33.1%和33.4%，在这两类地区是位居第三位的布局调整模式。由此可见，兼并式使用的范围与地理环境不是很密切，除平原和矿区采用该模式的比例较高外，其它地区采用该模式的比例都比较接近。

从分省区行政卷的数据分析结果来看（见表4.12），6省区行政工作人员对"兼并式"的使用有很高的认同度。其中，河南、陕西和广西都将"兼并式"作为首选模式，比例分别为72.0%、64.9%和57.15%；湖北将该模式作为第二位的模式，比例为50%；云南和内蒙古则将其作为第三位的模式，比例分别为41.2%和11.1%。从行政卷的结果来看，兼并式在各地的使用比重很高。

分省区学校卷的数据分析结果也显示（见表4.13），使用"兼并式"较多的是两个中部省份河南和湖北，应答样本比例分别为39.3%和39.6%，在两省所用的模式中均占第二位；其次是陕西和广西两个西部省份，"兼并式"应答样本百分比分别为35.9%和33.5%，该模式在这两个省区中排在第三位。由此可见，兼并式无论是在中部省份还是西部省区采用的比例都大致相当。

按地理环境来看，6省区选用"兼并式"的比例差异都不大。因此，它是一种不受地理环境影响、具有很强的地区适应性的布局调整模式。

实地调查发现，各地在布局调整过程中采用兼并式是一种最普遍的做法，就是用本县（市）、乡（镇）较好的中心小学、完小和本乡（镇）最好的初中兼并其它村小或薄弱初中，从而实现布局调整。如，湖北省沙洋县高阳镇的垢冢小学是一所教育质量相对较高的完小，当地政府在布局调整中为了提高本地的教育质量，促使垢冢小学先后兼并了本镇的新户小学和黄集小学，实现了布局调整。湖北省钟祥市石牌镇中心学校则是由原来本镇最好的镇一中兼并另一所初中后完成初中布局调整的。

总之，兼并式突出强调教育质量的提高，将教育质量的提高与布局调整过程紧密结合，符合人民群众追求高质量教育的要求，因此是一种追求教育质量提高的农村中小学布局调整模式。

4. 交叉式

交叉式是指几个年级在甲村，另外几个年级在乙村，彼此独立运行的学校布局调整模式。其具体做法是，每所学校各自为政，校产不动，几个年级集中于甲地，另外几个年级集中于乙地；或者几所学校同时保留几个年级，另外几个年级的学生则全部集中在另一所学校，一名校长总负责，教师统一调配。这种模式与集中分散式不同的是，尽管存在两个或多个校点，但各个校点的地位是平等的，不是中心校和教学点的关系，而是一种分工协作的联合办学形式，并且每个校点的学生人数还相对比较多。

研究表明，交叉式在行政卷中有32人应答，应答样本百分比为17.8%；学校卷中有1446人选择了交叉式，占有效问卷的34.2%（见表4.10）。两种问卷中该模式所占的位次都是第四位。

　　交叉式适合在学校相距较近，校舍相对都比较好，且校舍不便改作其它用途的地方采用。该模式的优点是便于充分利用教育资源，利于化解布局调整中的村际矛盾。

　　按地理特征分类的学校卷数据分析结果显示，交叉式在各地采用的比例与前几种模式相比都相对较低，使用比重最高的是平原地区，应答样本百分比为17.1%；山区、丘陵和矿区等地区使用的比例分别为12%、13.4%和14.3%，比重非常接近（见表4.12）。

　　从分省区数据的分析结果来看，6省区使用交叉式的比例在行政卷中差异明显。其中，内蒙古的使用比例最高，为66.7%，位列本地区各种模式的第二位；河南和云南的比例分别为36.0%和26.5%，而这两个省样本县恰好又以平原地区居多；在陕西、湖北和广西三个省区，该模式所占的比重都比较低，均在10.8%以下（见表4.12）。

　　再从分省区学校卷数据的分析结果来看，6省区使用交叉式的比例差异却不大，都排在第四位。其中，使用交叉式比例最高的是河南省，高达22%；其次是陕西和广西，比例分别为15%和12.5%，其它几个省区的比例则都在10%以下（见表4.13）。我们从实地调查中也发现，交叉式在河南省部分地区使用比较普遍，甚至可以说是河南省布局调整不同于其它地区的一大特色做法。

　　交叉式的存在主要基于以下原因：

　　一是矛盾冲突难解决。在部分地区，当地布局调整中的利益关系难以协调，为了化解矛盾，推进布局调整工作，政府只好向村民妥协，采用折中的交叉方式来作为一种过渡。河南省之所以使用交叉式的比重较高，就属于这种情况。布局调整之前，河南省地方政府受经济条件的限制，对农村村小的投入很少，村小几乎都是依靠村民集资建设而成的。为了迎接"普九"验收,许多村小都依靠借贷和捐资等模式修建了"豪华"教学楼,负债严重。村民对村小的投入很大,感情也很深,很难接受撤销本村村小而让自己的孩子到外村的学校读书,同时又让本村"豪华"校舍闲置浪费。定点学校所在的村民则认为他村村民此前没有对本村学校建设投入或作出贡献,也不愿意接收外村学生就读,而且一旦学校合并,本村学校还要同时负担并入学校带来的普九债务。村际利益关系很难协调。

由于河南省是人口大省,人口相对集中,即使生源下降,村小的绝对学龄人口数量仍然较多,再加上地处平原地区,交通便利,村小之间的距离较近,在这种情况下,当地政府就将两所或几所距离比较近的学校几个年级的学生,如一至三年级,全部集中起来放在甲村,另外几个年级的学生,如四至六年级,放在乙村,实现生源的相对集中以充分利用教育资源,同时也化解了村际之间的矛盾。

例如,河南省禹州市山货回族乡路庄小学因为学龄人口减少在当地布局调整时被改为教学点,由于家长不放心让自己的孩子出村去读书,就反对撤销该村小。后来经过本村村民代表大会讨论,村民与教育部门协调后达成一致意见:一至四年级学生都被保留在路庄小学,五、六年级被撤销。

二是撤并学校学制不统一。学校合并时,一所学校是"五四制",另一所却是"六三制","五四制"在兼并"六三制"学校时,无法容纳六年级学生,因此作为一种过渡,在"六三制"学校暂且保留五、六年级,而另一所学校却是完全小学。在正在实现"五四制"向"六三制"过渡的河南省禹州市、罗山县以及安徽省的濉溪县更多的是采用这种模式。

三是学龄人口变化落差大。在部分人口密集地区由于学龄人口变化过于明显,高年级学生班额还有一定规模,布点学校的接纳能力还有限，所以暂时在该校保留四至五年级或四至六年级，这就是所谓的"高小"。而低年级学生却因为数量较少则直接撤并到新学校去。

例如，湖北省钟祥市洋梓镇由于当地政府规定布局调整不能追加新投资而形成新债务，所以很多学校尽管早已列入布局调整计划，但受布点学校容量的限制，只得依据学龄人口的自然变化，首先从低年级逐步撤并，高年级学生则被较长时间地保留在另一所学校。

四是撤点并校短期难实现。在布局调整过程中由于群众的反对，政府就采用每年只撤销一个或几个年级的办法，利用新课改的课程设置优势从待撤销学校的最低年级开始撤销。随着时间的推移，初中将会在3年后自然消亡，小学将会在5—6年后自然消亡。作为一种过渡阶段，就会出现一所学校有几个年级，另一所学校也有几个年级的情况。

例如，陕西省汉阴县涧池镇在将本地的另外2所初中合并到涧池中学时，部分家长也不理解。为此，该镇政府在撤并这3所初中时并不是将撤销学校一次性地整体并入，而是分三批借新课改的时机（开设英语等课程，教学点没有条件），每年只并入待撤学校的初中一年级新生，3年后，待撤学校自然消失，家长也无法反对。

交叉式是不少地方在农村中小学布局调整过程中化解矛盾的一种有效方式，体现了农村广大干部和群众的智慧，因而也是各地农村中小学布局调整过程中广泛采用的模式之一。

总之，农村中小学布局调整模式的选择是村民、家长与政府围绕各自利益相互博弈的结果。各地在实践中具体采用哪种模式，有赖于各地政府对本地实际情况的把握和利益的协调。

第五章

农村中小学布局调整的总体评价

长期以来，我国农村中小学存在着数量多、规模小、办学分散的问题，而且一直没有得到很好的解决，在"普九"过程中，许多地方为了尽快提高适龄儿童的入学率，实行了"村村办小学，乡乡办初中"的办学策略，更加剧了学校布局的不合理。鉴于此，20世纪90年代中后期，各地开始实施农村中小学布局调整，经过几年的实践，人们最关注的是我国农村中小学布局调整到底取得了怎样的成效。本章利用现有文献、问卷调查以及对中西部地区实地调研所收集的资料对农村中小学布局调整进行总体性评价。

一 判断和评价农村中小学布局调整是否合理的主要标准

由于农村中小学布局调整的目的就是要使农村中小学布局合理，因此，要对农村中小学布局调整进行总体性评价。首先必须了解判断和评价农村中小学布局是否合理通常有哪些标准。从一定意义上讲，判断和评价农村中小学布局是否合理的标准，就是对农村中小学布局调整进行总体性评价的标准。

农村中小学教育布局既要受经济社会发展的影响，又要受地理环境、人口密度、空间分布及增长速度等多种因素的制约。但判断和评价农村中小学布局是否合理的主要标准是学校规模、服务人口、服务范围等。

1. 学校规模

所谓学校规模是指学校所拥有的班级数和学生人数,主要是学生人数。学校规模是判断和评价农村中小学布局是否合理的主要标准。

由于教育资源具有整体性和不可分割性,不论学校规模大小,都会因为教育功能的需求而投入大量资源。即使只有一位学生入学,也必须配置全套资源,从土地、校舍、教学设备等物质资源到教师、管理人员等人力资源,都应予以保证。在学校规模过小的情况下,已投入的资源无法充分利用,生均成本也极高。如果扩大办学规模,增加学生人数,资源利用率自然就会提高,生均成本也将随之降低。但是,一味追求生均成本的降低,不断增加学生人数,又会造成对资源的过度使用。因此,学校规模的扩大应在不影响教育功能的前提下实现教育资源最有效的利用。既要达到一定的规模,又要实现教育资源最有效的使用,而又不影响教育功能的实现,学校规模就应适度。

从教学的角度看,学校规模过小,教师数量少,在年级组内很难形成一个优化的整体结构,难以发挥教师队伍的整体效能,同时由于编制有限,为应付课程需要,教师往往必须担任非其所长的科目,这样势必会影响教育质量。但学校规模过大,学生总人数过多,也会影响教育质量。如果不增加新的资源投入,学生人数的增加,势必会导致生师比过大,不利于师生情感交流和教育信息的反馈,不利于因材施教。而且各种教学设施也会相对短缺,学生使用仪器设备、参加课外活动的比率下降,这些都不利于教育质量的提高。所以,学校在确定发展规模时应当充分考虑教学效果的保证。

从管理的角度看,学校规模的大小会对学校管理的成本和效果产生影响。学校规模小,管理层次较少,管理成本也较小,但管理跨度较大,即每个管理者直接指挥的下级数目较多,管理者需要协调的关系过于复杂,很容易使管理者陷入文山会海之中。当学校规模扩大,管理跨度减少,管理者的决策时间缩短,但管理层次却增多,不仅造成机构臃肿效率低下,而且各个组织层次之间的沟通和协调难度加大,从而产生更多的管理误差,增加了成本支出。因此,调整学校布局,扩大学校规模应考虑如何以较少的人员、较少的组织层次、较少的时间达到最佳的管理效果。

当然,学校规模的大小在不同经济发展水平地区是不一样的。据美国学者的研究,农村地区相应要求的学校规模要小一些,而城市地区要求的规模可以大一些。1996年李和史密斯(Lee & Smith)的研究表明,贫困对学校成就的负面影响是显著的。但在少于301个学生的学校里,研究发现这种负面影响显然减少了,而在校生规模为600—900人的高中的综合成绩最高。诺安·弗里德金(Noan Fridkin)和胡安·内科切阿(Juan Necochea)1998年在加利福尼亚的研究表明,在贫困地区,小型化的学校有利于学生学业成绩的提高,而在发达地区却是较大型的学校有利于学生学业成绩的提高。豪利(Howley)于1996年在西弗吉尼亚进行的研究也证明了上述结论。随后豪利和贝克尔(Bichkel)于1999年在美国四个州进行了关于贫困地区学校规模与学业成绩关系的相关研究,其研究结论也表明:学校规模的大小在贫困地区对学业成绩的好坏有着显著的负面作用,而在富裕地区正好相反。在政策决策方面,佛罗里达立法机关要求对学校的规模实行上限规定,一些基金会也出资资助贫困地区创办小型学校。[①]

[①] 马晓强:《关于我国普通高中教育办学规模的几个问题》,《教育与经济》2003年第3期。

我国幅员辽阔，各个地区在人口分布、生源多寡、经济、地理条件以及"普九"程度等方面都存在着较大的差异，这就客观上决定了不同地区学校布局是采取集中还是分散，要因地制宜。农村中小学布局调整追求规模效益要以合理布局为前提。农村中小学布局调整应以保证方便学生就学为原则，因此，无论是扩大学校规模，还是优化教育资源配置，其基本前提是学生就学方便。以牺牲学生就学、降低普及程度为代价调整中小学布局、提高办学规模，既不符合教育事业发展的本质要求，也损害了人民群众的根本利益。

2. 服务人口

所谓人口，是指在一定地域和时间内的人的群体。人口与普通中小学布局互相联系、互相影响、互相制约。教育的对象是人，人口基数是影响学校布局的一个重要因素，其中不仅包括人口出生的自然因素，也包括人口增减的区域性政策因素。教育以人口为前提，人口对教育的发展目标、教育规模和教育布局具有深刻的影响。例如，一个地区如果6—17岁的人口比例大，特别是6—14岁年龄段学龄人口比例大，就必须扩大普通中小学的规模，或是设立新的中小学，以满足学龄人口求学的需要；反之，就要撤并学校，或缩小学校规模。人口中学龄儿童的数量对普通中小学布局的影响是显而易见的。普通中小学教育的对象是未成年人，也就是所谓学龄人口，即人口中6—17岁这部分人，而不是整个人口群。这一部分人口群直接影响到普通中小学的规模和布局，可以说学龄人口的数量是学校设置和布局的基本依据之一。学龄人口在整个人口中所占的比例愈大，设立学校的可能性也就愈大。反之，学龄人口在整个人口中所占的比例愈小，入学率也就愈低，普通中小学校的规模就不可能大，设立新学校的可能性也会随之减小。

人口中6—17岁年龄结构的人数多少受地域、人口密度、人口分布、人口增长等因素的影响。作为地方公共服务设施的普通中小学,其布局必须与人口的空间分布相适应,且要随着人口的变化及由此形成的人口地区结构变化而改变。如在资源新开发区,人口迁移增长率高的地区就要建立与当地人口相适应的普通中小学校网,以保证该地区所有的学龄人口入学。地域人口密度大,且分布均衡的平原地区,人口增长率势必高一些,而人烟稀少的边远贫困地区,人口增长率相对来说就会低一些。在人口稠密的城镇、地区设置的普通中小学校规模就会大一些,服务的人口也会多一些,且学校的布点密度也会增大;在人口密度小且分布不均衡的乡村,特别是边远山区,其普通中小学的规模就不可能那么大,服务人口就会少一些,学校的布点也会相应减少。即使在同一地区的不同时期有时由于受教育人口的变化,也需要增设、扩大普通中小学校,或是撤并一些普通中小学校,其服务人口也会相应增加或减少。显然,人口中学龄人口数量对普通中小学校的设置具有最直接的制约作用。

普通中小学的布局要满足学龄儿童的要求,并且还要考虑到儿童的年龄特点,方便儿童入学,以便有效地普及九年制义务教育,因而,在普通中小学网点布局上,人口的特点是一个极其重要的因素。

人口的发展趋势对普通中小学布局的影响也是显而易见的,学校的布局要与人口增长预测相适应,区域人口包括人口流动或因其它原因发生的人口迁移情况,及对人口发展的预测,都是学校布局调整时要考虑的因素。如六年前的人口出生率对现在学校布局的影响,现在的出生人口对六七年后学校布局的影响。普通中小学校的设置和布局不能带有盲目性,此时人口增长快就多设置新校,以满足学龄人口对教育的需要,彼时人口增长慢,就撤除或合并学校,这样就会造成教育资源的浪费,不利于提高资源的利用效率。因此，服务人口的多少也是判断和评价农村中小学布局是否合理的主要标准之一。

3. 服务范围

所谓服务范围，是指一所学校的服务半径。在普通中小学校的规模设置上，受人口分布、密度的影响，城镇和农村的学校设置，小学、初中、高中不同学龄教育阶段的学校设置是有差别的。在学校布局方面，由于城镇人口密度大，分布均匀，因而城镇学校服务人口群大，服务范围也要小一些，这样学校的布点就会多一些。相对来说，农村地区人口密度小，地域分布也不平衡，中小学的服务范围就要大一些，而服务人口则会少一些，学校的布点则会稀一些，而且这种布点，小学比初中、高中要密一些，因为小学阶段的学龄儿童年龄小，为了就近入学，其服务半径不能太大，这样小学的布点就会多于初中和高中。

在不同地区，自然环境、交通条件都存在着差异。如人口集中的城镇和平原地区，其交通便利，中小学生就不存在交通问题，因此，普通中小学的服务范围或服务半径就会大一些，办学规模亦大一些。而在交通不便的地区，如果不考虑交通情况，就会给学生入学带来不便，增加学生的困难，影响学校的入学率和巩固率，势必影响九年制义务教育的普及。在交通不便利的情况下，考虑到普及义务教育和当地经济社会发展的需要，就应缩小学校规模，即使学生数量少，也得考虑设置一所学校。这样一来，交通情况就会使普通中小学的服务范围或服务半径缩小。

确定普通中小学合理的服务范围，有利于适龄儿童就近入学，普及九年制义务教育，从而保证年轻一代接受基本教育的机会，使每个儿童都有可能接受教育，因此，服务范围或服务半径同样是判断和评价农村中小学布局是否合理的重要标准之一。

综上所述，在一定区域内是否设置和如何设置普通中小学校，受许多因素的影响，在决策时，要同时考虑学校规模、服务人口、服务范围等因素。同理，对农村中小学布局调整进行总体性评价也必须充分考虑这些因素。

二 布局调整前农村中小学的基本情况

要对农村中小学教育布局调整进行总体性评价，还必须了解布局调整前农村中小学的基本情况，因为不了解布局调整前农村中小学的基本情况，就很难进行比较分析，也很难对农村中小学布局调整的成效做出总体性的判断和评价。

1. 布局调整前农村中小学学校规模

为了全面了解学校布局调整前农村中小学学校规模的情况，本研究利用《2000年中国统计年鉴》提供的数据，整理计算了1999年全国和中西部6省区农村中小学学校的基本情况（如表5.1所示）。统计结果表明，1999年全国农村（包括县镇和农村）共有小学549689所，在校学生11170万人，校均213人，小学的专任教师4941750人，师生比为1:23.7；共有初中54805所，在校学生4782万人，校均873人；高中8185所，在校学生644万人，校均786人，初、高中的专任教师2942048人，师生比为1:18.4。数据表明，当年我国农村中小学的数量多、规模小，专任教师与学生相比较数量少，师生比较低。

同时，对中西部6省区农村中小学所做的统计表明，6省区的小学校均学生228人、师生比1:25.2；初中和高中校均学生分

第五章 农村中小学布局调整的总体评价

表 5.1　1999 年全国及中西部 6 省区农村中小学基本数据　（单位：人）

		全国	陕西	广西	湖北	云南	河南	内蒙古	6省区合计
小学	学校数	549689	32144	15314	21587	22372	39577	10262	141256
	在校学生数	117102042	4130203	5249900	5345012	4602469	10737916	1721373	305297812
	校均学生数	213.0	128.5	342.8	247.6	205.7	271.3	167.7	227.6
	专任教师数	4941750	144504	177744	202052	190877	394529	113212	12228
	师生比	1:23.7	1:28.6	1:29.5	1:26.5	1:24.1	1:27.2	1:15.2	1:25.2
初中	学校数	54805	1707	2417	1957	1708	4836	1147	13772
	在校学生数	47820862	1344710	2153268	1864732	1368524	4566945	742995	1204114
	校均学生数	872.6	787.8	890.9	952.9	801.2	944.4	647.8	874.3
高中	学校数	8185	305	320	215	298	415	195	1748
	在校学生数	6436135	216602	241065	235064	137634	395339	124818	1350522
	校均学生数	786.3	710.2	753.3	1093.3	461.9	952.6	640.1	772.6
中学①	专任教师数	2942048	85242	106222	117461	87347	241798	54745	692815
	师生比	1:18.4	1:18.3	1:22.5	1:17.9	1:17.2	1:20.5	1:15.9	1:19.3

资料来源：根据《2000 年中国统计年鉴》各级各类学校数、各级各类学校教师数、各级各类学校在校学生数等数据计算得出；表中的农村中小学数据是将各项目中的县镇和农村学校数据合并计算而成。

① 由于该栏数据未分初中和高中，因此将其合并计算。

别为 874 人和 773 人，师生比为 1:19.3。与全国平均水平相比，小学校均人数多为 15 人左右，但师生比更低；初、高中校均人数和师生比均与全国平均水平接近。这说明中西部地区农村中小学的学校布局与全国农村中小学布局没有多大的差别。6 省区的小学校均人数以广西为最多（超过 300 人），河南、湖北次之，分别为 271 人和 248 人，均高于全国平均水平；云南、内蒙古和陕西三省区，分别为 206 人、168 人和 129 人，均低于全国平均水平；小学师生比以内蒙古最低，为 1:15.2，其它省区接近。初、高中校均学生人数以湖北和河南为最多，分别为 953 人、1093 人和 944 人、953 人；内蒙古的初中和高中、云南的初中校均学生人数最少，不足 700 人；师生比以内蒙古最低，为 1:15.9，其它省区接近。这说明中西部省区之间的农村中小学布局存在较大的差距：牧区与农业区的中小学，中部省区和西部省区中学之间的差距较大。

2. 布局调整前农村中小学的服务人口

布局调整前的农村中小学服务人口普遍偏少。1999 年全国农村小学的平均服务人口是 1857 人，农村初中的平均服务人口是 21528 人。该年中西部 6 省区农村小学和初中的平均服务人口分别是 1841 人和 20681 人，均稍低于全国平均水平，但差距不大。6 省区中广西、河南、湖北的农村小学平均服务人口分别是 2783 人、2191 人、2058 人，高于全国平均水平，云南、内蒙古、陕西分别是 1558 人、1395 人、1081 人，低于全国平均水平；6 省区农村初中的平均服务人口分别是：湖北（23606 人）、云南（23356 人）、陕西（23322 人）、河南（19793 人）、广西（18963 人）、内蒙古（14943 人），其中前 3 个省高于全国水平，后 3 个省区低于全国水平（见表 5.2）。

表 5.2　　　1999 年全国及 6 省区小学、初中服务人口　　（单位：人）

学校类别	全国平均	陕西	河南	湖北	广西	云南	内蒙古	6省区平均
农村小学	1857	1081	2191	2058	2783	1558	1395	1841
农村初中	21528	23322	19793	23606	18963	23356	14943	20681

资料来源：根据《2000 年中国统计年鉴》各级各类学校数、各地区总人口及农村人口比例等数据计算得出。

从各省区来看，河南省 1999 年县及县以下共有初中 4900 所、小学 39458 所，平均每个乡镇有初中 2.3 所，每所初中覆盖人口 1.58 万人，校均规模 1029 人；每 1.23 个行政村有 1 所小学，每所小学覆盖人口 1968 人，校均规模 340 人。[①] 湖北省荆门市至 2000 年底小学校均覆盖人口 8297 人，中学校均覆盖人口 49489 人；平原地区的农村小学"九五"期间规模都在 400 人左右，一般都要服务 3—4 个自然村，且村村都有教学点。[②] 湖北省钟祥市 2000 年共有小学 395 所（其中教学点 57 个），校均覆盖人口 3148 人，中学 52 所，校均覆盖人口 20345 人；[③] 湖南省永州市冷水滩区农村 2000 年的初中校均覆盖人口 11864 人，村小由于村村办学，校均覆盖人口只有 1182 人。[④] 安徽省濉溪县 2004 年（未进行布局调整）全县有 460 所小学，小学平均覆盖人口数只有 2500 人左右，60 所初中，平均每所初中覆盖人口 1.97 万人。[⑤]

[①] 罗兆夫：《对农村中小学布局问题的宏观思考》，《河南教育》2001 年第 9 期。
[②] 杨想森：《动态调控中小学布局》，《湖北教育》2006 年第 6 期。
[③] 湖北省钟祥市教育局和财政局：《钟祥市中小学 2001—2003 年布局调整总体规划》。
[④] 唐曙光：《农村中小学布局的问题与对策》，《教学与管理》2000 年第 12 期。
[⑤] 安徽省淮北市濉溪县教育局、发展计划委员会和财政局：《2005—2010 濉溪县中小学布局调整规划》。

3. 布局调整前农村中小学的服务半径

根据相关研究的数据计算（见表 5.3），1998 年我国小学平均服务半径全国平均是 1.24 公里，12 个省区校点平均覆盖面积不超过 5 平方公里，服务半径不超过 1.3 公里（2.6 里）。其中位于中西部 5 个省区的小学服务半径为：河南 0.9 公里、山西 0.92 公里、安徽 1.00 公里、广西 1.06 公里、湖南 1.07 公里（见表 5.3）。[①] 因此，全国与中西部地区布局调整之前的小学服务半径整体上都是比较小的。中学的情况也与此类似，湖北省荆门市 2000 年底中学校均服务半径 9 公里，钟祥市中学校均服务半径 14 公里，安徽省濉溪县 2004 年全县初中的校均服务半径只有 5.1 公里。

表 5.3　　　　1998 年我国若干省区小学服务半径　　　（单位：公里）

地区	平均	山东	河南	天津	山西	河北	上海	安徽	江苏	广西	福建	湖南	广东
服务半径	1.24	0.87	0.90	0.90	0.92	0.95	0.98	1.00	1.00	1.06	1.07	1.07	1.11

资料来源：根据朱涛、邱国华《关于我国初等教育单位规模的研究报告》中若干地区初等教育校点密度分析的有关数据计算得出。

综上所述，不难看出布局调整前农村中小学确实存在着学校数量多，规模小，布局分散，资源配置不合理，办学效率低，地区之间、学校之间发展不均衡等问题。这些问题既与教育投资短缺有关，在很大程度上也与学校布局结构的不合理有关。

三　布局调整后农村中小学的基本状况

布局调整前，我国农村中小学布局不合理是客观存在的，经

[①] 朱涛、邱国华：《关于我国初等教育单位规模的研究报告》，江苏教育评估网（jypgy. ccit. js. cn. 2006.1.9）。

过布局调整，这种状况是否得到了改变，是人们最为关注的问题，也是对农村中小学布局调整进行总体性评价需要研究和回答的问题。

为了准确地把握布局调整后农村中小学的基本情况，我们在中西部6个省区38个县采用分层抽样与随机抽样相结合的方法，总共调查了986所农村中小学。其中，包括小学（含教学点）764所、初中140所、九年一贯制学校45所、高中37所；所调查的学校绝大多数经历过布局调整；学校的地理位置涵盖了山区、丘陵、平原、牧区、矿区、湖区；样本学校中包含了寄宿学校、走读学校和寄宿走读混合学校（见表5.4）。

表 5.4　　　　6省区所调查学校的基本情况

学 校 分 类	学校数量（所）	所占比例%
总　　计	986	100
按省区分：		
陕西	221	22.4
广西	369	37.4
湖北	97	9.8
云南	141	14.3
河南	135	13.7
内蒙古	23	2.3
按学校类型分：		
寄宿学校	116	15.2
走读学校	341	44.7
寄宿走读混合学校	306	40.1
未　　填	223	22.6
按学校层次分：		
小学	764	77.5
初中	140	14.2
九年一贯制学校	45	4.6
高中	37	3.8

续表

学 校 分 类	学校数量（所）	所占比例%
总　　计	986	100
按学校地理环境分：		
山区	657	66.7
丘陵	118	12.0
平原	184	18.7
牧区	5	0.5
矿区	1	0.1
湖区	1	0.1
未填	20	2.0

从所调查学校的数量和种类情况来看，可以说涵盖了目前农村地区几乎所有中小学的类别和形式，具有较广泛的代表性，因此能够比较好地说明农村中小学布局调整后的状况。

1. 布局调整后农村中小学学校规模

农村中小学布局调整的具体方式就是撤点并校，把一些教学质量差、生源不足的教学点撤并到中心学校，扩大学校规模，并集中资金、校舍、教师以及教学仪器、图书资料等资源，改善这些学校的教学条件和教育质量。而反映学校规模的指标主要有学生人数和班级数。

就校均学生人数而言，所调查的中西部农村地区的小学校均295人，初中校均1020人，九年一贯制学校校均748人，高中校均2025人，其中规模最大的小学有2200人，最小的小学（教学点）只有3个学生，学校之间的差异非常大；学生人数最多的初中和高中分别有5802人、5097人，学生人数最少的初中只有111人，高中是400人，就学生人数最大值而言，学校规模已是够大的。

就学校班级数和班级人数来看，小学平均8.2个班，每班36人，初中平均16.7个班，每班61人，九年一贯制学校平均19.8个班，每班38人，高中平均32.6个班，每班62人，可以看出初中和高中目前平均每班学生人数已超过60人，班级规模较大，高中校均班级数达到30多个班。

就区分不同地理位置的学校来看，山区、丘陵、平原的小学校均学生数分别为278人、336人、312人，相互之间差别很小；山区、丘陵、平原初中校均学生人数分别为878人、961人、1244人，班级数分别为15.8、14.6、17.9（见表5.5、表5.6）。

比照教育部《关于报送中小学布局调整规划的通知》的要求，本次调查的实际情况表明，小学、初中的学校规模均超过了规定的指标，高中的情况与初中基本相似；再按是否为寄宿制学校来分类，寄宿制学校的学生人数、班级数都显著高于走读学校。单纯从教育效率和规模效益角度出发，寄宿制学校具有较高的教育效率和规模效益。这可能是许多地方教育行政管理部门对建设寄宿制学校"情有独钟"的重要原因之一。

利用表5.1农村中小学布局调整前的学校规模数据与本次调研所获得的学校规模数据进行比较分析，可以了解学校规模的变化情况。从6省区农村中小学布局调整前（1999）的学校规模与布局调整后（2006）的规模比较中，能够明显看到各级学校的校均在校学生人数都有显著增长：农村小学校均学生数由228人增加到295人，增长了29.5%；初中校均学生数由874人增加到1020人，增长了16.6%；高中校均学生数由773人增加到2025人，增长了162%（见表5.7）。高中的规模增长极为显著，这是由于高校扩招后对普通高中产生了极为显著的拉动作用。

表 5.5　6省区不同类别学校的基本情况

学校类别	校均班级数（个） 平均值	校均班级数（个） 最大值	校均学生人数 最小值	校均学生人数 平均值	校均学生人数 最大值	校均学生人数 最小值	每班平均人数	服务人口（人）	服务范围（公里）
小学	8.2	50	1	295	2200	3	36	5168	2.9
初中	16.7	86	3	1020	5802	111	61	27902	12.2
九年一贯制	19.8	57	2	748	2500	38	51	10220	5.4
高中	32.6	90	6	2025	5097	3500	63	158116	51.8
山区中小学	9.6	57	1	421	2500	3	40	12641	5.7
丘陵中小学	10.4	60	1	439	3184	5	47	14308	3.9
平原中小学	11.3	90	1	629	5097	30	51	17632	11.2
牧区中小学	29.1	86	5	1634	5802	73	53	79445	36.0
寄宿学校	14.6	90	2	800	5097	20	55	25725	19.3
走读学校	8.5	40	1	324	2023	3	38	5829	2.1
寄宿走读混合学校	11.1	86	1	575	5802	30	52	17539	9.0

表 5.6　　　6 省区不同地理环境的学校布局情况

学校类型与位置		校均班级数（个）	校均学生数（人）	服务人口（人）	服务范围（公里）
小学	山区	8.2	278	5062	3.1
	丘陵	8.1	336	5747	2.5
	平原	7.9	312	5201	2.1
	牧区	14.9	624	11300	23.2
初中	山区	15.8	878	24427	13.4
	丘陵	14.6	961	22103	6.9
	平原	17.9	1244	31418	9.0
	牧区	50.3	3150	147589	55.1
九年一贯制学校	山区	21.2	699	9130	5.1
	丘陵	16.8	811	16409	7.8
	平原	12.5	1114	14620	4.6
	牧区	—	—	—	—
高中	山区	30.2	1737	150819	42.3
	丘陵	20.8	1057	73202	43.1
	平原	43.5	3206	211963	52.6
	牧区	—	—	—	—

表 5.7　布局调整前后 6 省区农村中小学学校规模变化情况（单位：人）

学校类别	布局调整前	布局调整后	增长幅度（%）
小学	228	295	29.5
初中	874	1020	16.6
高中	773	2025	162.0

分省区来看，除广西之外，农村中小学规模都有相当程度的扩大。师生比方面，布局调整之后 6 省区农村小学的师生比都有一定程度的缩小，由 1999 年的 1∶25.2 缩小为 2003 年的 1∶20.7；

6省区的初中和高中师生比总体上基本未变,分省区来看没有太大的波动(见表5.8)。

2. 布局调整后农村中小学的服务人口

中西部6省区农村中小学服务人口的数据统计显示,小学的平均服务人口为5168人,初中为27902人,九年一贯制学校为10220人,高中158116人,比布局调整前均有显著的增加,其小学增长幅度高达180.7%,初中为34.9%(见表5.9)。可见小学布局的调整幅度是最大的。

表 5.8 6省区农村中小学布局调整前后学校规模及师生比比较(单位:人)

比较项目及年份		6省区平均	陕西	广西	湖北	云南	河南	内蒙古
小学校均学生数	1999年	228	129	343	248	206	271	168
	2006年	295	303	230	445	336	304	560
小学师生比	1999年	1:25.2	1:28.6	1:29.5	1:26.5	1:24.1	1:27.2	1:15.2
	2003年	1:20.7	1:21.1	1:24.7	1:23.6	1:20.0	1:22.1	1:12.6
初中校均学生数	1999年	874	788	891	953	620	944	648
	2006年	1020	801	698	1359	1004	1139	2445
高中校均学生数	1999年	773	710	753	1093	801	953	640
	2006年	2025	1680	2492	1404	1404	3267	—
中学师生比	1999年	1:19.3	1:18.3	1:22.5	1:17.9	1:17.2	1:20.5	1:15.9
	2003年	1:19.9	1:20.1	1:21.4	1:20.7	1:19.2	1:21.5	1:16.6

数据来源:2003年的数据根据《2004年中国统计年鉴》中各级各类学校数、各级各类学校教师数、各级各类学校在校学生数等数据计算得出。本表1999年数据来自表5.1。

表 5.9　布局调整前后 6 省区农村中小学服务人口变化情况

学校类别	布局调整前（人）	布局调整后（人）	增长幅度（%）
小　学	1841	5168	180.7
初　中	20681	27902	34.9

就不同地区、同一层次学校而言，山区、丘陵、平原地区小学服务人口分别为 5062 人、5747 人、5201 人，三者之间十分接近，而牧区小学的服务人口比山区、丘陵、平原地区小学服务人口要多得多，达到 11300 人，几乎是前三类学校的 2 倍左右，这是因为牧区中小学普遍实行寄宿制，其服务人口要比其它地区高得多。山区、丘陵初中的服务人口情况接近，分别为 24427 人和 22103 人；比较而言，平原初中的服务人口更多，为 31418 人，最多的是牧区初中，达到 147589 人。就普通高中而言，丘陵地区的服务人口最少（73202 人），其次是山区（150818 人），最多为平原地区（211962 人）。地理位置不同的学校服务人口不同的最主要原因是，不同地区人口分布密度存在较大差异。此外，某一学校是否实行寄宿制对该学校的服务人口影响也非常大，寄宿走读混合制学校的服务人口是 5803 人，寄宿制学校是 5082 人，分别是走读学校的 2.9 倍和 2.5 倍。九年一贯制学校的服务人口介于小学和初中之间（见表 5.5、表 5.6）。

本研究还对所调研的中西部 6 省区初中和小学服务人口以县为单位分别做了数据统计，并分别归入三个等级组进行了比较分析（见表 5.10）。结果表明：

小学：陕西省勉县、汉阴、石泉、乾县、彬县，云南省凤庆、禄丰、双柏县，广西壮族自治区荔浦、德保、靖西和河南省襄城、禹州等县市属于服务人口较少的县市，校均服务人口在 2000—5000 人之间；湖北省钟祥、沙洋、长阳，河南省长葛、许昌、罗山，广西壮族自治区兴安、龙胜、南丹，以及陕西省南郑和云南省石林等县市属于服务人口居中等的县市，校均服务人口在 5000—9000 人之间；内蒙古自治区林西、四子王旗、武川三个县（旗），广西壮族自治区隆林、那坡，云南省沧源、元江和湖北省石首等县市属于服务人口较多的县市，校均服务人口在 9000 人以上。

初中：广西壮族自治区荔浦、龙胜、隆林、德保，陕西省汉阴、石泉，云南省凤庆、元江和湖北省长阳等县市属于服务人口较少的县市，校均服务人口在 10000—20000 人之间；云南省沧源、禄丰、双柏、石林，陕西省南郑、勉县、彬县，湖北省钟祥、石首，河南省长葛、鄢陵、禹州和广西壮族自治区兴安、田阳、靖西等县市属于服务人口居中等的县市，校均服务人口在 20000—35000 人之间；所调研的内蒙古自治区三个县旗，河南省襄城、罗山两个县市，湖北省沙洋县，云南省禄丰县等属于服务人口较多的县市，校均服务人口在 35000 人以上。

表 5.10　6 省区部分县市农村中小学服务人口统计分析表

分组		所属省县名称	服务人口（人）
小学	较少组	陕西：勉县、汉阴、石泉、乾县、彬县；广西：荔浦、德保、靖西；云南：凤庆、禄丰、双柏；河南：襄城、禹州	2000—5000
	中等组	陕西：南郑；广西：兴安、龙胜、南丹；湖北：钟祥、沙洋、长阳；云南：石林；河南：长葛、许昌、罗山	5000—9000
	较多组	广西：隆林、那坡；湖北：石首；云南：沧源、元江；内蒙古：林西、四子王旗、武川	9000 以上
初中	较少组	陕西：汉阴、石泉；广西：荔浦、龙胜、隆林、德保；湖北：长阳；云南：凤庆、元江	10000—20000
	中等组	陕西：南郑、勉县、彬县；广西：兴安、田阳、靖西；湖北：钟祥、石首；云南：沧源、禄丰、双柏、石林；河南：长葛、鄢陵、禹州	20000—35000
	较多组	云南：禄丰；湖北：沙洋；河南：襄城、罗山；内蒙古：林西、四子王旗、武川	35000 以上

注：本表对只有一个样本学校的县不予统计；高中由于样本量少，未列入表中。

此外，研究还发现，一般情况下，某县的小学与初中服务人口排序等级具有较高的相关性，例如：陕西省南郑、广西壮族自治区兴安、湖北省钟祥、河南省长葛等县市的小学服务人口排在中等组，四县的初中服务人口也排在中等组；同样，内蒙古自治区林西、四子王旗、武川三个县（旗）的小学服务人口较多，三个县（旗）的初中服务人口也较多。出现这种情况的原因与学校所在县市的人口密度、与学校是否实行寄宿制、更与布局调整力度的大小有密切的关系。

3. 布局调整后农村中小学的服务半径

根据课题组对 6 省区问卷调查的统计分析，目前农村中小学服务半径的均值约是：小学校均服务范围为 2.9 公里、初中为 12.2 公里、九年一贯制学校为 5.4 公里、高中为 51.8 公里。就小学而言，与 1998 年全国小学的服务半径 1.24 公里相比，增加了 1.3 倍；与 1998 年中西部 5 省区的均值 0.99 公里相比，增长了 1.9 倍。中学方面由于缺乏布局调整前的有关数据，难以得出其服务半径变化情况的准确数据，不过根据课题组对 6 个省区的调研汇总情况来分析，农村中学在布局调整后实行寄宿制的学校更多、寄宿学生人数更多，加上撤并了相当数量的校点，因此中学服务半径的增加幅度不会低于小学。总体来说，布局调整使农村中小学的服务半径都大幅度增加。

对学校服务半径数据的统计分析还发现，农村小学、初中、高中三者的服务半径呈现 1:4:6 的接近几何级数的比值；寄宿制学校是寄宿走读混合制学校的 2.15 倍，是走读学校的 9.2 倍；山区小学的服务半径＞丘陵小学＞平原小学，山区初中的服务半径＞平原初中＞丘陵初中，平原高中的服务半径＞丘陵高中≈山区高中（见表 5.5、表 5.6）。

表 5.11　6 省区部分县市农村中小学服务范围统计分析表

分组		所属省县名称	服务范围
小学	较小组	陕西：勉县、汉阴、石泉、乾县、彬县；广西：德保、靖西；云南：凤庆；河南：鄢陵、襄城、许昌、禹州、罗山	0—2 公里
	中等组	陕西：南郑；广西：荔浦、兴安、龙胜、那坡、南丹；湖北：钟祥、沙洋、石首、长阳；河南：长葛；云南：沧源；内蒙古：林西	2—5 公里
	较大组	云南：禄丰、双柏、石林、元江；内蒙古：四子王旗、武川	5 公里以上
初中	较小组	陕西：勉县、汉阴；广西：荔浦、龙胜、田阳、德保、靖西；湖北：长阳；河南：鄢陵、禹州、罗山	0—7.5 公里
	中等组	陕西：南郑、石泉、彬县；广西：兴安；湖北：钟祥、沙洋、石首；云南：沧源、元江；河南：长葛、许昌	7.5—12.5 公里
	较大组	云南：禄丰、双柏、石林；河南：襄城；内蒙古：林西、四子王旗、武川	12.5 公里以上

注：本表中对只有一个样本学校的县不予统计；高中由于样本量少，未列入表中。

对 6 省区部分县市初中和小学服务范围的分析（见表 5.11）表明：

小学：所调研的陕西、河南两省的大多数县市，广西壮族自治区、云南省个别县的服务范围相对较小，校均服务范围不到 2 公里；湖北省所有县市，广西壮族自治区大多数县市，陕西省南郑、河南省长葛、云南省沧源和内蒙古自治区林西等县市的服务范围属于中等，校均服务范围 2—5 公里；云南的大多数县市和内蒙古的两个市旗服务范围相对较大，校均服务范围超过 5 公里。

初中：所调研的广西壮族自治区大多数县，河南省鄢陵、禹州、罗山等3个县市，陕西省勉县和汉阴县，湖北省长阳县的服务范围相对较小，不到7.5公里；湖北省钟祥、沙洋、石首等3个县市，陕西省南郑、石泉、彬县，云南省沧源、元江，河南省长葛、许昌和广西壮族自治区兴安等县市的服务范围属于中等，校均服务范围7.5—12.5公里；内蒙古自治区三个县市旗，云南省禄丰、双柏、石林和河南省襄城等县市服务范围相对较大，校均服务范围超过12.5公里。

总体来看，学校的服务范围与学校服务人口两类数据具有较高的正相关性，与学校服务人口特征相近似，中部地区省份的县、传统农业县、人口稠密的县，小学和初中服务范围一般都较小，边疆省份的县、非传统农业县、人口密度小的县，小学服务范围一般较大。同样，某县的小学与初中服务范围的排序等级也具有较高的相关性。产生这种现象的主要原因既与该地区的人口密度有关，更重要的是，当地地理环境对学校布局产生了较大影响，决定了本地学校服务范围的大小。

综合上述对布局调整后中西部地区农村中小学学校布局现状的总体分析，可以总结为：农村中小学的布局调整力度较大，中小学的服务人口和服务范围都有显著的增加和扩大，学校规模的扩大更加明显，以前存在的学校规模过小、布局分散、资源利用效率低的状况得到了相当程度的改善；小学师生比的提高使小学师资配置状况有所改善，有利于农村小学教育质量的提高。这些都表明学校布局调整取得了良好的成效。

第六章

农村中小学布局调整的具体评价

上一章是对中西部地区农村中小学布局调整的总体评价,那么,农村中小学布局调整究竟取得了哪些具体成效呢?存在哪些实际问题?这是摆在人们面前的现实问题,也是本课题要研究和回答的重要问题。

一 农村中小学布局调整的具体成效

课题组通过对中西部6省区的调研发现,经过几年的努力,农村中小学布局调整已取得明显成效,初步解决了农村中小学存在"数量多、规模小"的问题,通过布局调整,教育资源的配置更加合理,学校的规模效益和教育质量得到了提高,并且促进了区域内教育的均衡发展。

1. 促进了教育资源的合理配置

实现教育资源的合理配置是各地进行农村中小学布局调整的重要目的之一。那么农村中小学布局调整是否达到了这一目的呢?为此,本研究在对县(市)、乡(镇)教育行政部门负责人和学校校长及教师的两种问卷中设计了这样一道选题:"您认为当地农村中小学布局调整的成效是什么?"以期让不同身份的受访者从各自的视角去看农村中小学布局调整是否达到了这一目的。

结果显示，接受调查的县乡两级教育行政部门负责人中有高达95.5%的人认为，农村中小学布局调整促进了教育资源的合理配置，而在所有接受调查的县教育局局长（副局长）中，这一比例高达100%。尽管调查中学校校长、中层管理人员、教师及其他（教辅和工勤）人员对此的认同比例呈递减趋势，分别为78.7%、77.6%、69.8%、66.9%，但在各项选择中仍然居首位（见表6.1）。由此可见，尽管教育行政部门负责人、农村中小学校长、中层管理干部、教师以及教辅、工勤人员对这一问题的看法不完全一致，但大多数人都认为，农村中小学布局调整促进了教育资源的合理配置。

表 6.1　不同样本群体对当地农村中小学布局调整的看法　（单位:%）

人员类别	有效样本（份）	提高了学校规模效益	实现了教育资源的合理配置	提高了教育质量	减轻了教师的负担	有助于教育的均衡发展	其它
行政人员	178	70.8	95.5	78.7	37.1	70.8	3.2
学校校长	893	57.6	78.7	64.7	28.8	56.1	2.7
中层干部	736	56.0	77.6	52.4	21.6	53.7	3.5
教师	8884	50.3	69.8	47.6	19.1	50.1	3.2
其他	121	49.6	66.9	52.1	19.8	48.8	5.0

注：县（市）、乡（镇）教育行政部门负责人卷缺失值为3，学校卷缺失值为829。

在布局调整之前，各地农村中小学普遍存在着布局分散、校点过多、学校规模过小、需要改造的危房多等问题。由于教育资源的投入具有整体性和不可分割性，学校无论规模大小，都要有校舍建筑和教学设备等固定资本投入，都要有教师、行政管理人员等人力资源投入，这使得本来就短缺的资源过于分散，难以合理配置和形成规模效益。当规模小的学校和一些教学点被撤并以后，各地就将有限的教育资源集中使用，从而避免了过去分散办学时普遍存在的教育资源利用效率低下的问题。这主要体现在：

(1) 农村中小学办学条件得到改善

农村中小学布局调整最直接的成效就是优化了教育资源配置，改善了学校的办学条件。我们无论是在中部人口稠密地区，还是在西部偏远地区的调研都印证了这一点。

例如，湖北省石首市在农村中小学布局调整过程中，按照"边远靠中心，无路靠有路，小村靠大村，平房靠楼房"的基本原则撤并薄弱学校，节省下来的资金用于改善布点学校的办学条件，更新了教学设备。撤并学校的动产向布点的中心学校集中，中心学校增加部分投入完善了教学实验设备和文体设施；布局调整与危房改造相结合，节省了大量的修缮费用。同时，布局调整精简了部分教师，节省了财政支出，这样使有限的财政支出得以集中，教师的工资能够及时发放。

陕西省南郑县黄官镇魏家桥小学地处山区，在布局调整之前学校规模小、教师少，缺少教室、实验室和宿舍，还存在大量危房，许多课程如计算机、音乐、美术都开设不了。2000年当地进行布局调整之后，该校合并了一所小学和几个教学点，学校规模扩大了一倍多，学校利用上级专项资金建设了计算机室、物化实验室、科学课实验室，配置了较为齐全的音乐美术教学设备，还改造了几间旧平房做学生宿舍。教师由8、9人增加到20多人，每位教师承担的课程减少了，教学质量得到提高。由于学校条件改善了，许多距离较远的教学点的学生家长自愿把孩子转到这里上学。

云南省昆明市石林县是一个经济相对较发达的县，该县西街口镇在布局调整过程中根据当地实际，采取了撤销、扩建、合并、保留、搬迁等多种方式，其目的就是要改变过去教学点分散、学校规模小、办学条件差、教育质量不高的状况,全面提升办学水平和效益。在布局调整前全镇有 25 个校点,调整后保留 11 个。这 11 个校点分别是 10 所村完小和 1 所初中,即西街口中学。布局调整后的西街口中学负责全镇所有初中生和小学六年级学生的教学。之所以将小学六年级的学生并入初中,主要是为了充分利用镇中学优质的教学资源和相对宽敞的校舍条件,让全镇的孩子平等地享受优质的教学资源,提前熟悉初中的环境。

(2) 农村中小学教师队伍素质进一步提高

农村中小学布局调整前很多学校尤其是村小规模过小,部分学校只能开语文、数学两门课,其它的课则由语数老师兼任,有些甚至是包班上课,缺少专职的英、音、体、美和计算机老师,师资呈现严重的结构性短缺,教学质量难以保证。布局调整中精简了部分不合格的教师,提高了教师队伍的整体素质,并且通过教师队伍的优化组合,使得各学科基本上都有了专职教师,同时教师培训和交流学习的机会增加,有利于教师个人的发展和整体素质的提高。在针对这一问题进行的问卷调查中,共回收有效问卷 8954 份,其中有 5041 名教师经历了布局调整,占被调查教师的 56.3%,其中 1191 人认为该校的教师恰好配齐,占 23.6%;2055 名教师所在的学校正在进行布局调整,其中只有 377 名教师认为所在学校的教师恰好配齐,仅占 18.3%;1858 名没有经历过布局调整,其中 329 名教师认为,所在学校的师资恰好配齐,占 17.7%(见表 6.2)。结果显示,虽然大多数学校仍然存在教师结构性短缺的问题,但经历过布局调整的学校比未经历布局调整的学校其师资配备情况一般要好些,这说明布局调整对于师资队伍的优化具有一定的积极作用。

表 6.2　　　　　　　布局调整与学校教师配备情况

教师配备情况		学校布局调整进度			合计
		已调整	没有调整	正在进行	
恰好配齐	人数（人）	1191	329	377	1897
	百分比（%）	23.6	17.7	18.3	21.2
富　余	人数（人）	283	110	87	480
	百分比（%）	5.6	5.9	4.2	5.4
短　缺	人数（人）	3567	1419	1591	6577
	百分比（%）	70.8	76.4	77.4	73.5
合　计	人数（人）	5041	1858	2055	8954
	百分比（%）	100.0	100.0	100.0	100.0

注：缺失值为 2509。

从我们在 6 省区的实际调查情况来看，也是如此。例如，云南省楚雄州禄丰县在"九五"期间先后撤并了 4 所中学，同时，撤并小学校点 95 个（平均每年撤并 20 个），减少教学班 114 个。学校的撤并使教学点数量减少，被撤并学校的教师向中心学校集中，被撤并学校的学生接受专任教师授课的程度得到极大提高，根本改变了布局结构调整前很多教学点一名教师带一个或几个班全部课程的状况（目前虽仍有不少学校达不到"一科一师"的要求，但基本上可以做到一个年级或一个班一名老师）。而且，由于代课教师减少，布局调整后教师的学历等整体素质得到较大提升。2006 年禄丰县小学教师中专以上学历的达 99.86%，其中本科学历的占 62.72%；初中教师大专以上学历的达 99.35%，其中本科学历的占 36.01%；高中教师本科以上学历的达 75.95%。

不仅如此，布局调整还为加强农村教师之间的沟通和交流提供了契机。以前农村地区尤其是山区存在大量的"一师一校"，有的老师在山里教了几十年书，一个人带几个复式班，学生放了学，连个说话的人都没有。布局调整后他们有了出来教书的机会，与别的教师能够更多地交流，同时自身的生活质量也得到了提高。在访谈中，有教育行政人员指出，合并后教师们集中了，相互之间有了竞争，有利于提高教学水平。因此，农村中小学布局调整的首要成效之一，是促进了教育资源的合理配置和有效利用。

2. 提高了农村学校的规模效益

农村中小学布局调整不仅促进了教育资源的合理配置，而且有利于农村学校形成适度规模，提高学校的规模效益。所谓学校规模是指，在教育的其它条件不变的情况下，学校拥有恰好可以使所有资源得以充分和恰当利用，并在不违背教育规律的前提下，保证培养规格、教育质量不受影响的合理限额的班级数和学生人数。因此，学校规模是判断和评价农村中小学布局是否合理的主要标准之一。因为在教育资源一定时，如果学校过多、单个学校规模较小，那么每所学校就无法发挥规模效益，必然导致教育资源的利用效率低下。农村中小学布局调整后，学校数量得以减少，每所学校可支配的教育资源大大增加，形成了规模效益，其教育资源利用效率整体得到提高。

调查发现，在所有受访人员中，分别有70.8%的教育行政人员、57.6%的中小学校长、56.0%的学校中层干部、50.3%的教师和49.6%的教辅及工勤人员（见表6.1）认为，农村中小学布局调整提高了学校的规模效益。而从实地调研情况来看，近几年各地对农村中小学的调整幅度都很大，效果比较明显。

湖北省钟祥市2000年前共有368所小学（含教学点），现为204所，初中尽管处在入学高峰期，但也由46所调至42所；石首市的小学由2000年的229所调至108所，初中由26所调至22所；沙洋县小学由126所调整为73所，初中由29所调至20所。各地区学校的在校生人数均较布局调整前有了明显提高。

陕西省彬县中小学由布局调整前的365所减少到252所（含教学点），2006—2007年将进一步缩减为201所。石泉县2000年有280所中小学，"十五"期间撤并了近百所，现有中小学184所。汉阴县实行了统一规划，中小学由原来的305所合并为187所。勉县于2001年开始布局调整，学校数量由原来的396所调整到234所。南郑县中小学由2000年的501所调整为2006年的335所。由于陕西省各县在学校布局调整中减少了学校数量，使得当地农村中小学学校规模接近或达到了基本合理的水平。根据对该省调查问卷结果分析显示，6个县的小学校均学生为360人，初中为1100人，九年一贯制学校为1100人，高中为1400人，均较学校布局调整之前有了显著提高。

在人口稠密地区，合并邻近学校可以提高规模效益，而在西部人烟稀少的地方，由于长期以来实行"村办小学，镇办初中"的办学模式，形成了大批的"麻雀校"，更需要重新进行资源的整合。布局调整以后，学校规模的扩大为规模效应的发挥创造了条件。

云南省石林县坚持"对内收缩，对外开放，整合资源，提高质量，增强效益"的中小学布局调整方针，采取"集"（初中生尽可能地集中到县城就读）、"靠"（小学高年级学生靠到乡镇中学就读，四、五年级靠到乡镇中心完小就读）、"收"（尽力收缩"一师一校"教学点，大力发展寄宿制学校）等有效措施，全县初中由原来的10所撤并为7所，小学由原来的115所撤并为90所，教学点由原来的36个撤并为20个（数据截至2006年底），基本改变了该县农村中小学"散"（校点分散）、"小"（办学规模小）、"弱"（基础设施薄弱）、"低"（办学效益低）的不经济、不合理的局面。

广西壮族自治区桂林市龙胜各族自治县因境内有苗、瑶、侗、壮等多个少数民族聚居而得名。该县素有"九山半水半分田"之称，学校规模普遍较小。三门镇中心小学本来是一所服务范围只有 2 个村的小学，2003 年学校合并了附近村的一所学校，服务范围扩大为 5 个村。学校合并以后，中心学校对这两所学校原有的师资和可支配的教育经费进行了合理的安排，从整体上提高了学校的教学质量。合并以后的学校开设了二胡、篮球、书法等免费的特长班。针对合并以后学生住宿条件较差的情况，2004 年学校通过努力获得了当地一家企业的资助，修建了一栋学生宿舍楼。宿舍楼每个房间里都有卫生间和热水器。学校还配备了两个生活老师，并建立了由校领导和总务处负责的学生宿舍管理机构。优良的住宿条件，为学生的学习提供了有力的物质保障。

在中国农村，尤其是在一个贫困县的农村小学，能有这样的教学和住宿条件非常不易，而学校布局的调整是学校条件改善的一个重要原因。只有学校达到一定的规模，才能更加充分地集中和利用各种教育资源。

3. 促进了区域内教育的均衡发展

义务教育的均衡发展，是近年来我国政府一直致力的目标，是建设社会主义和谐社会、促进社会公平正义的重要方面。2005年5月，教育部颁布《关于进一步推进义务教育均衡发展的若干意见》，把推进义务教育均衡发展提上了重要议事日程，明确要求各地把义务教育工作重心进一步落实到办好每一所学校和关注每一个孩子健康成长上来。而 2006 年 9 月 1 日实行的新的《义务教育法》的一个基本要求，就是更加均衡地配置义务教育资源。教育均衡发展的最基本要求是在教育机构和教育群体之间，公平地配置教育资源，达到教育需求与教育供给的相对均衡。[①] 那么，农村中小学布局调整是否促进了教育的均衡发

---

① 翟博：《教育均衡发展需要明确哪些理论问题》，http://www.edu.cn，2006年8月11日。

展呢？

对 6 省区的调查结果显示，有关各方都认为农村中小学布局调整有助于教育的均衡发展，其比例分别达到了 70.8%（教育行政人员）、56.1%（中小学校长）、53.7%（学校中层干部）和 50.1%（教师）（见表 6.1）。各方超过 50% 的认同度反映出农村中小学布局调整对于促进教育均衡发展，缩小地区之间、城乡之间、学校之间的差距确实起到了积极作用。

在实地调查中我们看到，农村中小学布局调整以后，一些基础设施较好、教学质量较高的农村中心校，由于投入加大、资源集中，其办学条件在当地农村达到一流水平，其基础设施、师资、教学仪器设备、管理水平等与城镇学校的差距不断缩小。在这样的情况下，农村学龄儿童可就近接受高质量、高水平的教育。从长远来看，对缩小区域内、城乡之间的教育差距，推进区域内、城乡间的教育均衡起到了积极作用。其次，布局调整对于推动县域、乡域之间的教育均衡起了积极作用。由于当前我国农村教育管理体制的一个重要特点就是"以县为主"，县级政府负有组织实施义务教育方面的主要责任，包括统筹管理教育经费，调配和管理中小学校长和教师，指导中小学教育教学工作等。因此，虽然一个县域内各乡镇的经济发展程度有差别，但由于县级政府有权对全县的教育经费进行统筹安排，有权对全县的教育资源进行合理布局和调整，这对促进县域、乡域的教育均衡发展有着十分积极的意义。比如在广西，很多乡镇中心学校的校长认为，当地在进行学校布局调整以后，除了乡镇中心小学条件要明显好一些以外，其它的所有小学条件都差不多，学生可以选择在全乡镇范围内的任何一所小学就读。

内蒙古自治区乌兰察布市四子王旗是一个国家级贫困县，属于农牧结合区，居民普遍居住分散，人口密度远远低于全国平均水平。布局调整后每个乡镇仅保留了一到两所完小（当地称为总校),并且只在少数交通极其不便的村保留了教学点,布局调整与"普九"验收达标相结合,由旗教育局直接管理和建设,从而实现了各乡镇小学的相对均衡发展。在我们去过的几所学校中,各方面条件都大致相当,只是与县城的小学相比,在师资力量上仍有一定差距。

总之,农村中小学布局调整后,一大批规模小、办学条件差的中小学被调整和撤销,教育资源得以进一步集中,师资队伍进一步优化,定点学校的教育质量不断提高,使更多孩子享受到了优质的学校教育,促进了区域内义务教育的均衡发展,为进一步缩小城乡之间的教育差距打下了良好的基础。

4. 促进了农村中小学教育质量的提高

追求教育质量的提高,是农村中小学布局调整的最终目的。调查发现,6省区有78.7%的教育行政人员、64.7%的中小学校长、52.4%的学校中层干部和47.6%的教师认为,农村中小学布局调整促进了教育质量的提高(见表6.1);同时有51.9%的家长认为,孩子的学习成绩提高了;49.4%的学生认为,自己的学习成绩提高了(见表6.3)。此外,有26.1%的教育行政人员和35.6%的教师认为入学率上升了,67.6%的教育行政人员和47.9%的教师认为入学率和布局调整前大致相当(见表6.3)。

为了较为客观地了解农村中小学布局调整对农村学校教育质量的影响,在调查过程中我们利用湖北省某县一个乡2005—2006学年语文、数学两门基础课程统考的平均成绩,随机对该乡中心小学、村小和教学点二、三年级的学生抽取350人,进行调查分析。分析研究该乡中心小学、村小和教学点等不同类型校点与学生学业成绩的相互关系。其中,随机抽取中心学校225人,村小83人,教学点42人;学生学业成绩用优、良、中、差四级评价方式进行,优、良、中、差在百分制中相对应的分数段分别是 90 分以上、80—89 分、60—79 分、60 分以下。在 350 人中，优为 85 人（其中，中心小学 58 人，村小 21 人，教学点 6 人），良为 189 人（其中，中心小学 137 人，村小 35 人，教学点 17 人），中为 76 人（其中，中心小学 30 人，村小 27 人，教学点 19 人），60 分以下为 0，故忽略不计。

为了验证布局调整后农村中心小学、村小、教学点学生成绩是否存在整体上的差异，我们运用 m×n 列联表，对该乡中心小学、村小、教学点与学生学业成绩之间的关系进行了 X^2 检验统计分析。检验结果表明中心小学、村小、教学点与学生语文、数学两门基础课程学业成绩差异显著（$X^2 = 30.10 > X^2 (4, 0.01) = 13.3$）。[①] 由于语文、数学是农村中小学阶段的主干基础课程，所以这一案例充分说明，农村中小学布局调整是有助于农村中小

[①] 计算过程：

第一步，将所列资料列成列联表。

学校类型与学生学业成绩相互关系列联表

	中	良	优	合计
教学点	19	17	6	42
村小	27	35	21	83
中心小学	30	137	58	225
合计	76	189	85	350

假设学校类型（中心小学、村小、教学点）与学生学业成绩是相互独立的，先要计算每个方格中的理论次数。其公式为：$f_e = \dfrac{f_r \cdot f_e}{N}$ （1）

式中 f_r 为横行的总次数；f_e 为纵列的总次数；N 为全部总次数。

第二步，依公式（1）计算学校类型不同对应学业成绩的理论次数。

教学点对应成绩为中的 19 人：$f_e = \dfrac{42 \times 76}{350} = 9.1$

教学点对应成绩为良的 17 人：$f_e = \dfrac{42 \times 189}{350} = 22.7$

教学点对应成绩为优的 6 人：$f_e = \dfrac{42 \times 85}{350} = 10.2$

余类推。

第三步，列 3×3 列联表。

学教育质量提高的,如果考虑到村小、教学点一般都不开设英语、音乐、美术、信息技术等课程,中心学校整体的教育质量肯定会大大高于村小和教学点。

农村中小学布局调整之所以能促进农村学校教育质量的提高,除了布局调整后教师得到了合理配置,办学条件得到改善外,关键是教师的责任心增强了。布局调整后清退了大量民办教师,改变了以往农村教师"教书农活双肩挑"的局面,教师能更专心于教学工作,家长和学生也更切实地体会到了客观的变化,高达75.4%的家长认为布局调整后学校老师对学生更负责任了,还有63.5%的学生认为老师与自己相处的时间变多了(见表6.3)。

(续上注) 学校类型与学业成绩 3×3 列联表

	中	良	优	合计
教学点	19 (9.1)	17 (22.7)	6 (10.2)	42
村小	27 (18.0)	35 (44.8)	21 (20.2)	83
中心小学	30 (48.9)	137 (121.5)	58 (54.6)	225
合计	76	189	85	350

第四步,运用 m×n 列联表进行 X^2 检验。

X^2 是各组实际观察次数与理论次数(即期望次数)之差数的平方,除以理论次数所得比率的总和,它是反映实际次数与理论次数的差异程度的指标。X^2 的定义用公式表示即为:

$$X^2 = \sum_{i=1}^{k} \frac{(f_o - f_e)^2}{f_e} \qquad (2)$$

式中 k 为组数,f_o 为实际观察次数,f_e 为理论次数(期望次数),将上表中的数据代入公式(2),即为:$X^2 = \frac{(19-9.1)^2}{9.1} + \frac{(17-22.7)^2}{22.7} + \frac{(6-1.80)^2}{1.80} + \frac{(35-44.8)^2}{44.8} + \frac{(21-20.2)^2}{20.2} + \frac{(30-48.9)^2}{48.9} + \frac{(137-121.5)^2}{121.5} + \frac{(58-54.6)^2}{54.6} = 30.10$

运用 m×n 列联表进行 X^2 检验时,自由度 $df = (m-1)(n-1)$,即:$df = (3-1)(3-1) = 4$

决定显著性水平为 0.01

查 X^2 值表,当自由度为 4 时,a = 0.01 的 X^2 值是 13.3;$X^2 = 30.10 > X^2_{(4, 0.01)} = 13.3$

推翻虚无假设。可得结论,差异极为显著,中心小学、村小和教学点学生成绩差异是极为显著的。由此证明进行农村中小学布局调整,适当集中办学有助于学校教育质量的提高。

表 6.3　　　　　　　布局调整与教育质量的关系

人员类别	有效数据	相关内容	提高（%）	说不清楚/没有什么变化（%）	下降（%）
家长	7306	老师责任心	75.4	18.5	6.1
	7235	孩子成绩	51.9	17.3	30.9
学生	11226	与老师相处时间	63.5	21.0	15.6
	11610	不上学同学数量	12.8	10.3	76.9
	11737	学习成绩	49.4	27.6	23.0
教师	10549	入学率	35.6	47.9	16.5
	9977	辍学率	20.1	39.4	40.5
行政人员	176	入学率	26.1	67.6	6.3
	159	辍学率	12.6	61.6	25.8

注：缺失值从上至下依次为 115、186、764、380、253、914、1486、5、22。

从对各方的访谈结果来看也印证了这一点，当问到当地村民对布局调整的态度时，大部分教育行政人员和教师的回答是，调整之初反应比较大，但后来看到中心学校的教学条件和教学质量好，很多家长宁愿孩子到更远的学校上学，主动要求撤掉村小，村民态度的转变反映了调整后学校教学质量的提高。例如，湖北省钟祥市东桥镇教育站当时考虑到路程远的孩子上学困难的问题，计划在离定点学校 7 公里以外的村设立教学点，但却遭到了村民的反对，因为定点学校在布局调整以后学校管理更加规范，教育质量有了明显的提高，村民们宁愿走远路也要把孩子送到那里去读书。

我们在广西壮族自治区等其它省份调研时，也发现了不少家长主动要求送孩子到中心学校读书的情况，反映出学生和家长对于布局调整后学校教学质量提高的肯定。布局调整对于家住偏远地区的孩子来说，其好处不仅仅只用学习成绩来衡量。经过学校布局调整以后，小规模学校的学生撤并到大规模的学校，就可以享受到更好的学习条件。从这个角度看，学校布局调整为家住偏远地区的孩子接受比以前更好的教育提供了条件。学生到规模较大、条件较好的学校学习，就能够受到较为优质的教育，因为这些学校的师资配备大多较为合理，教学设备比较完备，教学管理也比较规范。

5. 一定程度上减轻了教师的教学工作负担

对于学校布局调整是否减轻了教师的负担，尽管人们的认识还不太一致，但从各个层面来看，认为学校布局调整后，教师的教学工作负担减轻了，都占有一定的比重，其中，教育行政人员最高为37.1%，中小学校长为28.8%。到了学校中层干部和教师以及教辅、工勤人员这一层，尽管比例锐减，但仍分别占21.6%、19.1%、19.8%（见表6.1）。

农村中小学布局调整之所以能在一定程度上减轻教师的教学工作负担，主要是因为，近些年各地生源不断减少，教师编制因学生人数而定，小规模学校的教师数量少，基本上是"包班上课"，工作压力太大。复式教学更是如此，一个学校一个班，却有几个年级，一名教师要上所有年级的课。农村中小学布局调整后，教师可以发挥所长，担任专职教师，的确是比以前负担轻多了。比如广西壮族自治区荔浦县杜莫镇龙珠小学在把其它学校的五、六年级合并过来以前，教师平均每周要上25节课，合并以后每周只上20节课，总体来看，教师的教学负担是减轻了。云南省石林县大可乡水尾小学在布局调整后共有9位老师，平均1位教师负责1个年级。学前班的教师更多的是照顾孩子的生活，其它年级的教师要上这个年级的所有课程，虽然工作量仍然很大，但是比起原来教学点一校一师的情况还是有了一定的改善。

在谈到农村中小学布局调整给自己的教学工作带来的影响时,不少教师认为,在课堂教学上,只要学生人数不超过负荷,基本上是不会对教师的工作量造成很大影响的,"教 10 个学生也是教,教 30、40 个学生也是教,并不会有什么不同,相反,学生多了,老师上课会更有激情"。因此,布局调整后尽管学生多了,但是由于教师数量也随之增多,很多学校教师的教学任务实际上是减轻了。

综上所述,不难看出,农村中小学布局调整应该说是取得了较好的成效,即促进了教育资源的合理配置、提高了农村学校的规模效益,促进了区域内教育的均衡发展和农村学校教育质量的提高,并在一定程度上减轻了教师的工作负担,因此,得到了有关各方的充分肯定。如对不同群体对学校布局调整的态度和看法问卷调查的分析发现,有 98.3% 的教育行政人员、83.9% 的学校教师和 65.2% 的学生家长对农村中小学布局调整表示支持(见表 6.4),而对布局调整持肯定态度的相应比例也分别达到 96.1%、72.4% 和 56.5%(见表 6.5)。

表 6.4　6 省区不同样本群体对学校布局调整的态度

人员类别		对学校布局调整的态度			合计
		支持	不支持	无所谓	
行政人员	人数	174	2	1	177
	百分比(%)	98.3	1.1	0.6	100
学校教师	人数	8761	585	1097	10443
	百分比(%)	83.9	5.6	10.5	100
学生家长	人数	4378	1028	1309	6715
	百分比	65.2	15.3	19.5	100

注:缺失值分别为 4、1020、706。

表 6.5　6 省区不同样本群体对学校布局调整的总体看法

人员类别		对学校布局调整的总体看法			合计
		肯定	否定	说不清	
行政人员	人数	173	3	4	180
	百分比（%）	96.1	1.7	2.2	100
学校教师	人数	7537	400	2479	10416
	百分比（%）	72.4	3.8	23.8	100
学生家长	人数	3731	789	2089	6609
	百分比（%）	56.5	11.9	31.6	100

注：缺失值分别为 1、1047、812。

二　农村中小学布局调整中存在的问题

农村中小学布局调整在促进教育资源的合理配置、提高教育资源利用效率、促进教育均衡发展和提高教育质量等方面取得了显著的成效，但由于经济发展的差距和历史形成的体制、机制等方面的原因，农村中小学布局调整过程中也存在着这样或那样的问题，这些问题如果得不到妥善解决，不仅会影响农村中小学布局调整，而且会影响农村教育的进一步发展，必须引起高度重视。

1. 学生上学路程太远

本课题的一项重要研究内容，就是要了解农村中小学布局调整存在哪些主要问题。为此，我们专门设计了针对县（市）、乡（镇）教育行政部门负责人、学校校长及教师、家长和学生的问卷，希望通过对他们的问卷调查，从不同角度了解人们对农村中小学布局调整过程中存在问题的看法。

调查结果显示，不论是教育行政部门负责人，还是学校校长和教师，或是家长和学生，都认为学生上学路程太远是农村中小学布局调整后遇到的最突出问题。其中，有74.0%的教育行政人员、77.5%的中小学校长、70.5%的学校中层干部、69.8%的教师和62.1%的教辅人员将学生上学路程太远列为当地农村中小学布局调整中存在的最主要问题之一（见表6.6）。在所有受访的学生家长中，有44.4%的人将孩子的安全问题看作是他们最关心的问题（见表6.7）；此外，有25.6%的学生也感到上学路远不安全（见表6.8）。由此可见，有关各方的意见基本一致，即农村中小学布局调整以后，学生上学路程太远已经成为一个突出的问题。

为了进一步了解农村中小学布局调整后学生上学路程和花费时间的情况，在问卷中，我们专门针对学校领导和教师、学生、家长分别设计了相应的问题。结果显示，在6省区中，内蒙古自治区的学生上学路程是最远的，家长卷和学生卷中显示的数据分别为4.85公里和4.98公里（见表6.9），[1] 学校卷显示当地学生上学平均最远路程达到24.34公里（见表6.9），远远高于其它省份。这与该省的地理环境有关，在所调查的6省区中，内蒙古自治区人口密度最小，地广人稀，使得该省农村中小学的服务半径比其它省份要大得多，但是由于大部分地区地势平坦，交通比较便利，因此学生上学花费的时间并不算长，与6省区的平均时间相差无几。学生上学花费时间最多的省区是广西壮族自治区和云南省。家长卷和学生卷显示广西学生平均上学时间分别为1.01小时和0.99小时（见表6.9），为6省区中最长的，学校卷的数据略有不同，云南省的学生上学平均最长时间达到2.80小时（见表6.9），比6省区平均时

---

[1] 本节引用的所有数据均为"M-值"，为了叙述方便，只取到小数点后两位，详见本章表6.9注1。

间（1.79小时）多了1小时，广西则处于第二位，为2.46小时。这也是由于两省区的自然环境所致，广西和云南地处云贵高原，境内多山，交通极其不便，尤其是在农村地区和山区，看似不远的路程其实要走很长时间。

表6.6　　　　农村中小学布局调整中存在的问题　　　　（单位%）

人员类别	有效问卷（份）	学生上学路程太远	家长负担加重	班级规模过大	缺乏后续配套资金	教师工作负担加重	教育质量下降	学生生活压力加大	其它
行政人员	177	74.0	40.7	13.6	76.8	22.0	4.0	24.9	7.3
学校校长	901	77.5	34.0	27.7	64.2	33.7	8.8	26.1	2.4
中层干部	739	70.5	34.8	36.9	65.9	50.3	10.3	31.4	1.6
教师	9018	69.8	33.9	39.8	52.9	56.8	12.8	32.9	1.7
其他	124	62.1	33.9	30.6	55.6	57.3	8.1	37.1	4.8

注：县（市）、乡（镇）教育行政部门负责人卷缺失值为4，学校卷缺失值为681。

表6.7　　　　家长对孩子上学最担心的问题

	孩子的安全问题	家庭经济负担	孩子学习成绩下降	孩子的生活问题	其它	合计
人数	3213	1477	2229	234	89	7242
百分比(%)	44.4	20.4	30.8	3.2	1.2	100

注：缺失值为179。

表 6.8　　　　　　　　学生上学最担心的问题

	路远不安全	受别村同学的欺负	加重了家长的负担	不适应学校环境	其它	合计
人数	2967	891	6107	544	1070	11579
百分比(%)	25.6	7.7	52.7	4.7	9.2	100

注：缺失值为 411。

表 6.9　6 省区学生上学平均最远路程和最长时间（学校卷）

省区		最大值	最小值	平均值	M-值	有效数据	缺失值
陕西	上学路程（公里）	100.00	0.07	8.5635	5.6984	2395	243
	上学时间（小时）	12.00	0.10	1.7657	1.2820	2350	288
广西	上学路程（公里）	100.00	0.50	14.4220	11.2347	1704	142
	上学时间（小时）	14.00	0.10	2.8347	2.4585	1712	134
湖北	上学路程（公里）	100.00	0.25	13.0540	10.9280	1475	179
	上学时间（小时）	8.00	0.25	2.1169	1.8337	1450	194
云南	上学路程（公里）	200.00	0.00	20.1439	11.4914	2768	264
	上学时间（小时）	20.00	0.00	3.1979	2.8043	2737	295
河南	上学路程（公里）	50.00	0.13	6.4083	4.4953	1495	159
	上学时间（小时）	4.00	0.10	0.9715	0.7807	1448	206
内蒙古	上学路程（公里）	250.00	0.25	44.4345	24.3441	515	134
	上学时间（小时）	7.00	0.15	2.0878	1.8154	493	156
合计	上学路程（公里）	250.00	0.00	14.7374	8.6837	10352	1111
	上学时间（小时）	20.00	0.00	2.2827	1.7948	10190	1273

1. "M-值"是排除极值影响所得出的近似平均值，之所以计算这一数值是由于原始数据中极值较多，对平均值影响较大，这个数值更加符合实际情况，下表同。

2. 在三种问卷中，各个省区都有过大的数值出现，与平均值相差甚远，可能是由于学生年龄小，无法准确填写或笔误所致，也不排除有跨区就学的情况，但由于样本量很小，不具有普遍性，本报告在计算时已做相应处理，以减小其对平均值的影响。

表 6.10　6 省区学生上学平均路程（家长卷和学生卷）

省 区		最大值	最小值	平均值	M-值	有效数据	缺失值
陕西	家长	50.00	0.00	2.7167	1.5442	1410	41
	学生	40.00	0.10	3.4865	1.8185	2061	120
广西	家长	75.00	0.05	5.8241	3.4599	1026	50
	学生	75.00	0.05	6.4075	3.5810	1904	229
湖北	家长	75.00	0.01	4.6039	2.4787	1047	93
	学生	50.00	0.05	4.7225	3.2425	1599	170
云南	家长	90.00	0.00	3.0499	1.1369	1334	43
	学生	90.00	0.00	6.6930	3.0355	2057	122
河南	家长	35.00	0.03	1.7974	1.1478	1588	61
	学生	30.00	0.00	2.6410	1.5800	2272	239
内蒙古	家长	100.00	0.05	13.3810	4.8482	637	91
	学生	100.00	0.00	14.0055	4.9845	1010	207
合计	家长	100.00	0.00	4.2710	1.7263	7042	379
	学生	100.00	0.00	5.5810	2.4905	10903	1087

注：除有效数据和缺失值外，其它数据单位均为"公里"。

表 6.11　6 省区学生上学平均花费时间（学生卷和家长卷）

省 区		最大值	最小值	平均值	M-值	有效数据	缺失值
陕西	家长	6.00	0.00	0.7150	0.5403	1397	54
	学生	8.00	0.01	0.7754	0.5320	2071	110
广西	家长	11.00	0.00	1.4495	1.0147	1025	51
	学生	18.00	0.00	1.4224	0.9940	1957	176
湖北	家长	8.00	0.01	1.0262	0.7143	1051	89
	学生	6.00	0.00	0.9633	0.6869	1623	146
云南	家长	10.00	0.00	0.9073	0.5190	1344	33
	学生	9.00	0.00	1.3166	0.7963	1989	190
河南	家长	3.00	0.00	0.5092	0.4352	1576	73
	学生	5.00	0.00	0.5541	0.3939	2346	165
内蒙古	家长	6.00	0.05	1.0792	0.7750	626	102
	学生	8.00	0.00	1.1588	0.6414	954	263
合计	家长	11.00	0.00	0.8920	0.5985	7019	402
	学生	18.00	0.00	1.0034	0.6097	10940	1050

注：除有效数据和缺失值外，其它数据单位均为"小时"。

同时，即使是在交通相对便利的地区，学校布局调整后学生上学也存在着较多的安全隐患。例如，河南省长葛市石象乡自2001年开始布局调整以后，撤并了一些规模较小的学校，学生上学的路途变远了，最远的达到3公里，走路需要40分钟，而且有一条省道穿越该乡，来往车辆多，学生上学时遇到交通事故的事情几乎每年都会发生。2006年初，一名小学三年级学生在上学路上发生交通事故死亡。目前全乡只有一所小学用校车接送学生上学，而且车况不好，没有牌照，属无证驾驶。校车只有39个座位，主要是照顾一至三年级的学生共100多人上学，费用是每生每月1.5元。信阳市罗山县周党镇进行学校布局调整以后，有的学生家离学校有3—4公里路，每天早上7点多就要从家里出发。遇到雨雪天由哥哥姐姐或爷爷奶奶送；爷爷奶奶不会骑自行车的用三轮车送；有少数家长合着为孩子租个三轮摩托车，一天一元钱。下雨时河里涨水，老师还要带队护送学生过桥。

湖北省沙洋县有些学校的家长用摩托车和拖拉机接送孩子，但他们一般都没有驾驶执照；有些家长组织起来自己包车接送，但包来的车多是报废或无证驾驶的车辆。我们在调研中目睹了沙洋县高阳镇小学家长们包来的车，是一辆报废的公共汽车，20多个孩子乘坐此车上学，存在着严重的安全隐患。

在广西、云南、陕西等较偏远地区和山区，这个问题就更加突出。在一些地方，上学远已经成为上学难的主要原因，很多学生需要步行将近10公里山路上学。而且山区地广人稀，天黑了以后更是危险。如广西壮族自治区南丹县地处云贵高原边缘，境内大部分中小学都住在山里，该县教育局崖副局长告诉我们，当地曾经发生过多起山区女孩子在放学路上遭到人身侵害的事件。为此，有些学校每天会提早放学。而我们在实地考察过程中也常常看到比较偏远学校的学生放学后是在崎岖的山路上跑着回家的。

除了安全问题，上学路途过远也不可避免地影响了学生的学习成绩和学校对他们的吸引力。广西壮族自治区南丹县八圩瑶族乡甲坪小学的周主任告诉我们，距学校最远的学生是那些住在四个"坨"的学生（坨在当地口语中是指那种四面环山，地形低洼的山沟），从四个坨到这里上学单程要走4个小时。如此遥远、艰辛的上学路程，学校很难成为学生们向往的地方。在广西龙胜县乐江乡光明小学，我们了解到，有一位6岁的苗族学生小兰，家离学校有7.5公里路，单程大约要走3个小时，而且由于村里没有与她同龄的孩子，大她几岁的孩子又不愿意跟她一起走（她年纪太小走不快），因此，每天只能自己一个人在山路上往返。学校的兰校长告诉我们，她只上了一个学期就不来了，"可能是太不方便了吧"。而且，由于路上占去了大量时间，这也不可避免地影响到学生的学习成绩。为了适应学生上学远的现实，学校必须推迟上课时间和提前放学。当学生在一天之中走了30多里路放学回家之后，已经没有更多的精力复习功课了。

实际上，即使在学校住宿也不能完全解决上学路远的问题。因为即使住宿，一般也需要每周回家一次，对于那些路途过远的学生来说，每周在学校和家之间往返一次，也是一件非常劳累的事情。在广西壮族自治区南丹县里湖瑶族乡八雅小学调研时，我们了解到该校有5个贵州的学生，他们家住贵州省荔波县驾欧乡拉关村翁吉屯。从他们家到学校步行要10个小时左右，而且途中有近5个小时的路程是穿越无人区。如果他们去贵州省的学校上学，路途更为遥远。他们那里不通车，摩托车都不能到。根据这种情况，学校每个周五提前上课，下午2点多放学让学生回家。有的学生晚上到不了家，就在半路上同学家里暂住一晚，第二天继续赶路。学校的老师告诉我们，一些学生因为路远就减少回家的次数，有些学生周末不回家，让家长来送米送菜（如果遇到家长农忙的话，学生就只能吃白米饭了），还有一个学生"上个学期只回了一次家"。

陕西省在布局调整以后，许多地方三年级以上的孩子都要到中心小学或完小上学，最远的有40多公里路，这些孩子从家里出发，需要步行10多个小时，再坐2个小时的汽车才能到达学校。有些不住宿的孩子最远要走1个小时才能到校。我们在与勉县小砭河中心小学校长访谈的过程中了解到本校有的学生平时住校，周末家长来接孩子都带着火把，因为路太远回家已经半夜了。由于不少学生上学路程过远需要家长护送，影响了他们家庭的正常生活，占用了他们许多劳作时间。

综上所述，有关各方都将上学路远不安全看作是学校布局调整后出现的最大问题。这种情况已经引起了国家的高度重视，2006年6月7日和9日，教育部连续下发了《关于切实解决农村边远山区交通不便地区中小学生上学远问题有关事项的通知》和《关于实事求是地做好农村中小学布局调整工作的通知》，要求各地教育行政部门要实事求是，因地制宜，坚持寄宿制学校建设和低年级学生就近入学并举的原则，要进一步加强对农村边远山区、交通不便地区中小学校布局调整、寄宿制学校建设等方面的调查研究工作，慎重对待撤点并校，在交通不便的地区仍须保留必要的小学和教学点，确保当地学生方便就学，防止因过度调整造成学生失学、辍学和上学难问题。县级教育行政部门要合理确定小学生的就学路程，并作出明确规定；对确因布局调整造成学生入学难、群众反映强烈，而寄宿制学校建设不能满足需求的，要采取切实措施予以解决，避免因决策的失误、工作简单化和"一刀切"造成新的学生上学难问题的发生。

目前，针对学生上学远上学难的问题，各地都在积极制定应对措施，探索依靠定点校车接送学生和家长接送学生相结合的新路子。例如，湖北省沙洋县正在制定相关政策，准备指定一批车，减免一定税费，发放统一的牌照，并且固定线路，定时定点接送学生，价格由家长与车主自己谈判。石首市团山寺镇多子桥小学目前主要由家长包车接送孩子，这些车辆是家长联系并经过交通部门鉴定认可的。桃花镇初级中学为了解决学生上学远的问题，采用包车接送的方式，6—7个小孩一辆面包车。车费由家长出，具体标准是每生每学期 200 元。家长签订两套安全责任书：一套是家长和学校签订，一套由家长和车主在交通局监管下签订。目前全镇至少有 400 辆面包车在从事这项工作。另有一个村为了解决孩子上学过江问题，由村民自行在江上架了一座小木桥（若不架这座桥，孩子每天过江要绕十几里路）。这个村的孩子都在长江小学上学，该校老师与家长签订协议，放学时由老师护送孩子到桥边，家长接到孩子之后，由其带领自己的孩子过桥，老师不负责护送孩子过桥。

2. 学校缺乏后续配套资金

农村中小学布局调整的主要原因之一，是税费改革导致教育经费不足。那么布局调整是否缓解了经费不足的问题？6 省区的调查显示，经费不足仍是布局调整后的主要障碍，同时由于缺乏后续配套资金，布局调整后一些地方的学校又增添了新的债务。其中，有 76.8% 的教育行政人员、64.2% 的中小学校长、65.9% 的学校中层干部、52.9% 的教师和 55.6% 的教辅及工勤人员认为布局调整中存在的问题是缺乏后续配套资金，学校的工作难度加大（见表 6.6）。

（1）寄宿制学校的配套建设无法完成

农村中小学布局调整后部分学生上学路程太远需要寄宿，但很多学校并不具备寄宿条件，教育行政部门也没有安排相关的配套资金，只有靠学校自行解决。调查发现，有 84.3% 的教育行政人员和 61.9% 的教师认为目前的寄宿制学校缺乏必要的寄宿条件，并且有 96.1% 的教育行政人员和 82.2% 的教师将这种情况归因于缺少必要的配套经费（见表 6.12）。

表 6.12　　寄宿制学校目前存在的问题及其原因

人员类别		寄宿制学校缺乏必要的住宿条件	缺少必要的配套经费
行政人员	人数	150	171
	百分比（%）	84.3	96.1
学校教师	人数	6898	9154
	百分比（%）	61.9	82.2

近些年，为了保障西部地区顺利实现普及九年义务教育和基本扫除青壮年文盲的目标，国家先后实施了"贫困地区义务教育工程"、"中小学危房改造工程"和西部地区"农村寄宿制学校建设工程"等一系列工程，并与世界银行贷款"西部地区基础教育发展项目"相结合，极大地改善了农村学校的办学条件。尤其是 2004 年起实施的西部地区"农村寄宿制学校建设工程"（以下简称"工程"），极大地推动了该地区农村中小学布局的调整。"工程"计划用 4 年左右的时间，新建、改扩建一批以农村初中为主的寄宿制学校，解决好西部未"普九"地区新增 130 万初中学生和 20 万小学生最基本的学习、生活条件；同时，在合理布局、科学规划的前提下，加快对现有条件较差的寄宿制学校和不具备寄宿条件而有必要实行寄宿制的学校进行改扩建的步伐，使确需寄宿的学生能进入具备基本条件的寄宿制学校学习。"工程"中还明确规定，省及省以下各级人民政府的职责，就是要加大对家庭经济困难学生的生活补助和减免杂费力度，确保教师工资及时足额发放，确保新建校舍安全，确保农村中小学公用经费，保证学校正常运转，同时相应解决好项目学校新建（改

扩建）用地、厕所、运动场所、围墙、勤工俭学场地等配套设施的建设。

根据 2006 年 6 月 30 日国家"两基"攻坚办公室公布的数据，2006 年"农村寄宿制学校建设工程"项目共覆盖 23 个省（自治区、直辖市、兵团）673 个项目县、2858 个项目学校（其中新开工项目学校 2812 所），中央专项资金 30 亿元，新建和改扩建校舍面积 457.9 万平方米。连同 2004 年、2005 年已批复项目，"农村寄宿制学校建设工程"已下达中央资金 90 亿元，工程建设项目学校 7651 所，将新建和改扩建校舍面积 1381 万平方米。①

不过，尽管国家的投入力度很大，但仍然无法满足所有农村寄宿制学校建设的需要。根据 2006 年的数据计算，平均每个项目县只能得到不到 5 所学校的建设资金，远远无法满足各地区的实际需要。而对于那些基本上是"吃饭财政"、"教育财政"的国家级和省级贫困县而言，他们是没有多余的财力去支付这样一笔庞大的资金的，因此，在布局调整以后出现的大量寄宿制或半寄宿制学校，大都没有达到国家规定的办学标准，属于勉力而为，并由此而引发了一系列的问题。

例如，湖北省不少中小学的校长就为解决学生的住宿问题付出了大量的时间和精力。该省沙洋县李市镇联合小学 2006 年开始实行寄宿制，但由于缺乏资金，寄宿条件较差，床都是校长从外面借的；钟祥市长寿镇小布局调整后学生大幅度增加，为了解决更多学生的住宿问题，学校靠勤工俭学和减少教师福利盖了几间新的宿舍，还腾出教师宿舍给学生住，部分教师只能自己在外面租房住。此外，即使是新修了学生宿舍的学校，条件仍非常简

---

① 资料来源：中华人民共和国教育部网站 http://www.moe.edu.cn，2006 年 6 月 30 日。

陋。条件稍好的重新修建了宿舍、食堂和厕所，有的则是将原来的教室改作学生寝室，每间教室住40—50人。尽管教育部门和学校在尽力改善寄宿条件，但由于受经费限制，卫生和疾病防治问题仍然突出。钟祥市教育局在寄宿制学校建设中提出了五个配套：一是宿舍与厕所配套；二是食堂与餐厅相配套；三是锅炉房与洗澡房相配套；四是锅炉房与洗衣房相配套；五是宿舍与医疗保健相配套。但由于资金投入的问题，寄宿制学校基本上都没有洗澡房和医疗保健室。由于教师的编制较紧，个别学校只好聘请临时工做宿管员，临时工工资低，责任心不强，管理上不严格，容易发生安全隐患。

广西壮族自治区尽管有布局调整的专项资金和西部农村寄宿制学校建设资金，但是指标却很有限，每个县每年得到的资金只够几所学校的建设，因此，不少寄宿制学校的配套工程都只能停留在图纸上，无法开工建设。有的学校只能通过争取"危改"资金，以危房改造的名义修建学生宿舍，但更多的学校选择将废弃不用的教室或教师宿舍改造成学生宿舍，条件非常简陋。很多学校的学生宿舍容量不足以满足所有学生的需要，因此在广西农村，一般一张单人床铺要睡两个小学生，有的学校则是让学生睡大通铺。即使如此，很多学校还是限制住宿生的数量，因为这些学校连这样的"住宿"条件都不具备。还有的学校由于经费紧张，甚至让学生自己带住宿的木板。

云南省的学校布局调整工作在一些地方是以指标的形式自上而下硬性"摊派"的，所以不少中小学由走读制改为"双轨"并行的寄宿制是在学校条件并不成熟的情况下匆匆"上马"的。因此，许多学校没有学生宿舍，寄宿学生只能在一些临时搭建的简陋的棚子或者教室里住宿。调查发现，有些地区农村学生住十几人甚至几十人的大通铺，或者根本没有通铺，学生将教室里的桌椅移开后打开自备的草席就是"宿舍"，甚至出现学生住在室外空地的情况。云南省临沧市沧源县勐董镇永和中学的教室是用竹子夹成的墙壁，只能挡点雨，不避风，也不挡寒。学生二三十人一间宿舍，没有洗澡间和卫生间。这所中学还是我们见过的这个县里相对较好的中学。

河南省信阳市罗山县莽张镇中心小学的学生宿舍是瓦房，有6间左右，每间有上下两层铺，铺着长长的木板，学生夜晚挨着睡觉。宿舍除了放床，剩下的空间很少。学校没有正规的食堂和餐厅，学生在露天打饭，上面拉了个帐篷，以防下雨。饭菜质量很差。许昌市襄城县湛北乡初中的一位老师谈到，学校修建新校舍时资金不足，每个老师被强制交了500元，但是老师们基本没有怨言。禹州市浅井乡布局调整后，半数小学生家离学校都在2公里以外，最远的有7—8公里。学校不开伙，学生中午自带干粮。目前，全乡的小学生都没有住校，因为宿舍、饮食、安全都无法保障，部分学生借住在亲戚家。

内蒙古自治区武川县为了解决布局调整后学生宿舍容量不足的问题，把学生安排到学校周围的居民家里，一般每家可提供10人左右的住宿与饮食。这种情况在县城中更为普遍，学校附近有房子的家庭都把房子租给农村来的学生，当地把这种学生称为"留学生"。

陕西省汉阴县漩涡镇集中办学以后，由于学校提供的学生宿舍不够住，家长只好在镇上租房陪读，致使当地房租短期内上涨两倍。当地中学在学校合并以后连教师的宿舍也没有条件解决，只有四五个教师可以住校，其他教师晚上10点以后回家。住宿教师每两人一间15平方米的房子。学校共有住校生800多人，因为住宿紧张，其中有近一半住在周边农户家里（也有少数住在亲戚家中）。对于在校外租住的学生，尽管租住前，学校、家长要先看房子，然后学校、家长、户主三方签订《漩涡中学学生校外住宿安全责任书》，以保障这部分学生的安全。但即使这样,校外住宿仍然存在诸多问题,如户主打牌、看 DVD 等都会对学生产生一定程度的负面影响。

(2) 学生的饮食安全和医疗卫生得不到保障

这在广西壮族自治区和云南省这样的偏远地区表现得尤为明显。在不具备寄宿条件的情况下兴办寄宿制学校,使目前中西部农村部分中小学学生的饮食及医疗卫生得不到保障。在云南省,所调研县市学生的伙食情况普遍较差:有的学校有食堂,但只提供一饭一汤(米饭与青菜或者土豆汤),学生每天吃饭仅需三元钱,但还是有许多人负担不起;有的学校没有正规食堂,只有一个简陋的"厨房"供学生自己做饭。另外,学生基本上没有医疗保障。一旦有学生得急症,就只能靠教师背着赴外求医。

由于缺乏资金,我们在广西调查的大部分学校都没有正规食堂,学生从家里带米和咸菜,学校搭一个简易炉灶帮学生蒸饭,然后学生用咸菜下饭。这种情况对孩子的健康是非常不利的。孩子们正处于长身体的年龄,需要加强营养。由于学校师资编制紧张,同时学校也没有财力聘请炊事员,因此这些工作大都落在任课教师的身上。例如,龙胜县乐江乡光明小学就由美术老师兼任炊事员。在有的学校,由于老师工作忙等原因,学生们只能自己做饭。我们在南丹县里湖瑶族乡八雅小学和那坡县坡荷乡那池村小学都发现学生自己做饭吃。

河南省许昌地区禹州市小吕乡第三初级中学实行寄宿制以后,学校虽然有食堂可以解决学生吃饭问题,但是条件很差,如果重新改造需要额外投入,学校没有能力解决;如果实行后勤社会化,承包商担心生源问题,不愿意投资。食堂供应以面食为主,偶尔会提供白菜萝卜炒肉。女生住宿条件稍好些,男生则睡通铺,还有一部分学生睡在教师办公室里,白天教师办公,晚上学生住宿。学校只有一个厕所,学生宿舍有的在三楼,生活上很不方便。

不仅寄宿制学校如此,有些非寄宿制学校的学生也遇到了吃饭难的问题。布局调整后上学比以前远了,中午不能回家吃午饭,学校又没有食堂,他们只能在附近简陋的饮食摊或小卖部吃点东西,或者干脆不吃。如在湖北省钟祥市洋梓镇富裕小学教学点有60名学生,学校没有条件解决午餐问题,吃午饭时,学生都围在学校的小卖部旁买零食吃。长此下去,必然会使孩子的健康受到影响。

寄宿制学校学生的医疗卫生也令人担忧。布局调整后,学校的办学规模增大了,更应该重视师生的生命安全和身心健康。我们在陕西省汉阴县调查时,恰逢该县一中学出现学生集体高烧的突发事件,虽然后经证明,大部分学生只是群体癔症,但如何保障师生健康以及处理突发事件应引起各级政府和学校的高度重视。此外,在该县漩涡镇小学我们了解到,该校600多名学生中有140多名感染了乙肝,可见学生的卫生保健和疾病预防问题是十分突出的。

在基本的生活设施都难以配套的情况下,学校的教学、文体和娱乐设施就更落后了。在我们调研的农村寄宿制中小学中,体育设施只有简单的乒乓球台和篮球架,文化设施有一台电视和一台远程教育的电脑(上课用)。小学寄宿生一般每周可以看一次电视,因为只能轮班看,晚上7点就到宿舍洗漱休息。新布点的学校因为设在交通比较方便的道路旁,为了方便管理和保障学生的安全,学校实行全封闭式管理,到了周末才可以出校。中小学生正处于开阔视野和培养兴趣的时期,这种封闭和枯燥的生活学习环境影响着他们的身心发展,对其成长是极为不利的。

我们认为,这里所反映出的突出问题就是寄宿制学校的建设跟不上撤点并校的进度。特别是不少边远贫困地区的县、乡、村的撤点并校工作不是按"先建后撤"的工作程序进行,而是先撤后建。结果由于资金不到位或地方财政不足而使集中办学学校的教学、生活与管理满足不了布局调整后学生的需求，严重影响了学生的生活和学校教学质量的提高，也造成部分家长对布局调整的不满。

总之，农村中小学布局调整的顺利实施需要一定的政策保障机制，即这一政策本身尚需依靠一系列辅助政策的支撑，才能保证其积极效应的发挥。

3. 增加了教师的额外负担

农村中小学布局调整后，尽管教师的课时量减少了，但却增加了不少额外的工作负担，大多数教师反映工作量和工作压力加大。表6.6显示，有50.3%的学校中层干部、56.8%的教师和57.3%的教辅及工勤人员认为布局调整以后教师的工作负担加重了。

首先，农村中小学布局调整后部分学校普遍存在班额过大的问题。例如，湖北省钟祥市冷水镇小共有学生1060人，四、五、六年级班均60人以上；长寿镇小布局调整之后学校的生源相对复杂，有来自本镇的、下面村里的和外镇的，平均一个班差不多70人，六年级有80多人，布局调整之后教师没怎么增加，教室也太少，教师、学生和家长之间的沟通都减少了，由于教师的作业批改量太大，作业批改质量很难得到保证。在监利县调查的三个乡镇的学校中不少学校班额都达到90人以上，教师的工作量非常大。

学校班级规模过大的问题在初中尤为突出。据我们对陕西省的调研，该省山区初中每班平均有学生67人，丘陵地区平均57人，平原地区62人。河南省禹州市浅井乡初中在合并后也出现了教室拥挤的情况，期中考试时有部分学生只能在走廊趴在凳子上答题；襄城县王洛镇一中甚至出现近100人的大班，学生都坐到讲台上了，两边三个学生坐两个人的位子，中间六个学生坐四个人的位子，教室里十分拥挤。该省长葛市官亭乡一中现有学生900多人，15个教学班，平均每班有学生60余人，最大班级学生有67人，最小也有50多人。

湖北省公安县玉湖中学有2500多名学生，开设了24个教学班，平均每班超过104人，最大班额达到120人，教室拥挤和教师负荷都到了不堪忍受的地步。该县夹竹园镇中学现有学生3000多人，被分在29个教学班里，基本上每个班都在百人以上。而上学期学校3100人，也只有29个教学班。学校教语文的陈老师介绍说，上个学期她教的一个班有123人。教师上课根本无法走下讲台，坐在中间或靠墙的学生到自己的座位上要从同学的课桌上爬过去。①

根据《国务院办公厅转发中央编办、教育部、财政部关于制定中小学教职工编制标准意见的通知》（国办发［2001］74号）规定，城市初中每班40—45人，县镇和农村45—50人；小学城市40—45人，县镇40—45人；农村由各地酌定。显然，布局调整后，部分农村中小学班额大大超过国家现行规定。

由于班级规模过大，造成教师工作强度大。教师日常教学非常吃力，每天批改作业、备课的任务相当繁重。调研组所到之处，教师不是在上课，就是在批改作业，根本无闲暇娱乐时间，有的教师抱怨说，每天作业都改不完，要抽时间去钻研教学改革或搞点科研那就太难了，要想去享受点业余生活那就是一种奢望了。有的老师反映，以往学生少的时候可以每个星期批改一次学生的作文，一个学期至少去每个学生家里家访一次，现在学生人数太多，这些都无从谈起了，因此教育质量有下降的趋势。

其次，农村中小学教师的编制普遍较紧。按目前的编制标

---

① 肖昌斌等：《农村中小学遭遇教师缺编之困》，《湖北教育》2006年第10期。

准,农村小学、初中师生比为1:23、1:18;县镇为1:21、1:16;城市为1:19、1:13.5。农村地域宽广、人员居住分散,办学规模远小于城市,在编制标准上应适当倾斜。但不少县由于财力不足,难以支付教师工资,不仅没有倾斜,反而长期处于有编不补的状态。如按现行标准,湖北省公安县中小学应配编教师9020人,实际只配编7736人,比应配编少配1284人。加之教师自然减员,而5年来除签约了21名资教生外,没有新进教师,全县实际的教师编制标准比县自定的编制标准还要紧。吝啬的编制标准造成学校学生班额巨大,而对农村小学影响的直接结果是无法开齐课程、开足课时,只能采用包班制,有的学校甚至是3名教师承担了5个教学班的工作任务。加之农村中小学布局调整后,普遍实行了寄宿制,而寄宿制学校由于编制限制大多又缺乏生活教师,这样一来,教师既要负责学生的学习,又要负责学生的生活、安全,普遍感到身心压力大,且付出与所得不成比例。调查中,陕西省勉县元墩镇元墩九年制学校的一位中学老师认为,现在教师课业负担很重,他每天上午4节课都是满的,平均每天5节课,一周28节课,小学老师一般每周也都在28节课,多上课也没有补贴,所以老师都不愿意多带课,学校里一般都是年龄大的少带课、年龄小的多带课,班主任一个月多拿15元钱。小河庙乡中心小学徐老师也认为对于中心校老师来说,合并以后学生数量增多,加重课业负担,一个老师每周要上17—18节甚至20节课。

钟祥市长寿镇杨畈小学布局调整后,合并了几个教学点,变成寄宿制学校,教师编制不仅没有增加反而减少了,教师的工作量大,每个教师平均每周要上30节课。东桥镇黄集小学地处丘陵地带,布局调整后很多学生上学路程远,因此90%的学生都住校。一至二年级的住宿学生有专职的保育员,专门负责孩子的生活、陪寝、叠被子等事情。高年级的生活自理。学校要求女教师要轮流陪寝,所以现在教师的负担加重了。一位带一年级的班主任老师告诉我们,她经常要给学生打水打饭,帮女生梳头洗刷,叠衣被,还带她们去吃饭,觉得很辛苦。高年级要好带得多,带低年级学生的教师更需要有爱心和耐心。

内蒙古自治区林西县十二吐寄宿制小学二校区有400多名寄宿生,只有6名老师,每个老师将近管80个孩子,简直力不从心。念小学的孩子年龄太小,老师每晚必须和学生住在一起,因要时常起来查看学生的被子是否被蹬了,晚上经常成宿成宿地睡不成觉。一年级的小孩还需要老师把他们从床上抱下来撒尿,再把他们抱上床,盖好被子后再去管另一个孩子。

广西壮族自治区寄宿制学校的老师每天晚上要轮流辅导住校学生的晚自习、检查学生就寝情况,如果碰到有学生半夜生病还要带他们去看病,甚至有很多学校没有围墙,老师们还要承担巡夜的任务。学校缺少专门的生活老师和保安,给任课教师增加了额外的负担。

在调查过程中,老师们反映最多的就是农村教师的编制太紧,尤其是寄宿制学校,这一问题尤为突出。这一点从一些媒体的报道中也可以得到印证。据《中国教育报》2006年11月12日刊登的《教师缺编:农村教育的一道坎儿》①一文报道,湖北省老河口市黄老营小学校长认为,推行寄宿制最大的困难不是钱的问题,而是人的问题。他说:"本来编制就很紧,老师们的教学负担就很重,现在还要让老师们额外管理寄宿生的生活和安全。寄宿制学校挑战着乡村教师的身体极限。"该校34岁的女教师朱老师,除了教六年级两个班的数学,还兼上六年级两个班的音乐课及一个班的自然课、活动课,并且担任学校数学教研组

---

① 程墨、肖昌斌、曾宪波:《教师缺编:农村教育的一道坎儿》,《中国教育报》2006年11月12日。

长。学校实行寄宿制后，11名专任教师都担负了保育任务。因为朱老师是唯一年轻的女教师，便无可替代地成了管理女生的最佳人选，负责安全管理，陪同女生住宿，晚间辅导、中午督休、加强与家长联系等，早上5点半起床、晚上12点睡觉成了她的作息时间表。老河口市孟楼镇有7所学校，其中3所小学实行了寄宿制，共有寄宿生658名，由于学校没有专职的保育人员，所以这些学生在校的保育任务都得由任课教师担任。所有实行寄宿制的学校都面临着学生的保育、管理工作无专人负责的难题。正如一位县教育局局长所说："国家推行寄宿制学校这么多年了，但对小学寄宿制学校的保育编制问题却迟迟没有出台政策，让这些学校十分为难。"

再次，布局调整给被撤并学校教师造成了较大的心理压力。因为被撤并的学校往往是相对薄弱的学校，这些学校的优秀教师到了布点学校以后可能就不那么优秀，他们有的会产生心理上的落差；还有的教师是从教学点合并过来的，他们不习惯教大班的学生，也不习惯备课写教案，短期内会形成一定的心理压力。有些地方将教学点教师安置到镇中心学校当保育员，这一做法值得商榷。教师与保育员之间存在某种差别，能力强的就教书，能力差的就做保育员，这是一种潜规则。从在教学点受人尊敬的老师沦为学校地位较低的保育员，反差较大。教学点自由的生活、适当的种植补贴、村民的尊重、一份固定工资能让教师过得比较滋润。教师的房子往往是村里最好的，但搬到镇上，远离家庭，一星期才回一次家，收入肯定不如以前，地位也较以前下降，无形之中给这些教师造成了较大的心理压力。

总之，农村中小学布局调整虽然要追求规模效益，但不能让学校和班级规模无限制扩张，而是要寻求一个最佳的状态，即力图实现教育资源与生源的合理配置。过度地扩大布点学校的招生规模，只会造成优质教育资源的稀释和教育质量的下降。

4. 家长的经济负担和学生的生活压力加重

中小学布局调整后，由于路途远，有相当部分学生需要寄宿，调研中了解到，在一些山区县，小学寄宿生数和学校数均已超过50%，初中除学校所在地的学生外，已全部实行寄宿。学生寄宿，其成本必然增大。在调研中，有40.7%的教育行政人员和33.9%的教师认为布局调整中存在的问题是家长负担加重（见表6.6），有20.4%的家长（见表6.7）和52.7%的学生（见表6.8）表示上学最担心的问题是加重了家庭的负担；还有71.6%的家长和57.0%的学生表示家庭负担寄宿生的住宿费和生活费存在困难（见表6.13）；同时，有24.9%的教育行政人员和32.2%的教师认为学生生活压力加大了（见表6.6）。

表6.13 家庭负担寄宿生住宿费和生活费困难情况统计表

		有困难	没困难	不知道	合计
家长	人数	1918	759	—	2677
	百分比（%）	71.6	28.4	—	100
学生	人数	3133	1515	852	5500
	百分比（%）	57.0	27.5	15.5	100

本表只计算住校生的数据。在接受问卷调查的7421名家长中，有3163名表示有孩子住校，占42.6%，缺失值为353；接受问卷调查的学生共11990名，住校生为5722名，占47.7%，缺失值为610。

路远的走读生需要家长每日接送，天气好的时候还可以，但遇到刮风下雨下雪，则相当艰难；有的家长担心孩子在学校吃不好，还要给孩子送午饭，耽误了家长的正常工作；有的学校则包车接送或几个家长联合起来租车接送，对于农村家庭来说，费用也不低，如湖北省石首市桃花山镇初级中学就采取了包车接送的方式，具体标准是200元/生/学期。

学生在学校寄宿增加了家庭的教育开支。由于学生住宿而增加的教育开支至少包括住宿费、生活费和交通费等。对于经济状况较好的家庭，这笔费用还可以承受，但对于贫困家庭，这笔钱可能成为决定学生是否继续上学的关键因素。

例如，湖北省钟祥市农村寄宿小学的收费标准为25元/生/学期，每天的生活费用在4—5元，再加上生活用品，一年的最低费用为1000元左右；石首市农村小学一年的寄宿费用也差不多在1000元左右，但石首市团山寺小学全托的费用则达2600元/生/年，半托的是1600元/生/年。同时，部分寄宿制学校的建设还需要家长集资。

广西壮族自治区的学校收取的住宿费相对要低一些，一般都是小学每个学期40元，初中每个学期50元。对于生活费来说，虽然大部分学生都是从家里带米和咸菜，不发生现金支出，但是学生一般要在学校住一个星期才能回家，因此每个学生每周准备几块钱的零花钱是非常必要的。规模小的学校撤销以后，学生要到更远的地方去上学，这往往意味着交通费的开支。百色市那坡县平孟乡呈长方形，乡政府驻地和九年一贯制学校设在长方形的另一端，因此一部分学生距离学校很远。最远的学生距离学校有50多公里路，需要转三次车才可以到学校，转三次车要花费8元钱。这对贫困地区家庭构成了较重的经济负担。

尽管对一些贫困生政府实施了"两免一补"（免杂费、课本费、补助寄宿生生活费）政策，但在一些地方这一政策的落实并不理想。

在陕西省调研时，该省石泉县后柳镇前丰村一位学生家长在访谈中表示，当地学校"两免一补"的面比较窄，学生如何筛选也不甚透明。学校在分名额时头痛，家长也有抱怨。这位家长在旁边无人的情况下说，村里干部将"两免一补"的名额都私分了，他本来在村里算穷的，但硬将他划到富裕组，从而无法享受一补。他愿意孩子在本村上学，因为花费少，家里也有照应。如果到中心小学上学，一个礼拜5天一个学生多花销30元生活费，到镇上租房子一个月要60元，村里人均年收入才700—800元，村民们负担起来有困难，如果不外出打工的话无力负担孩子上学的费用。南郑县马家沟村一位村民也认为撤校不好，山区都特别穷，去外面上学费用太高，高台小学1年的费用要1000多元，初中要5000元左右；好多家里觉得困难，希望孩子继续读书却又无能为力。村里教学点老师教得也好，家长没啥意见。孩子上学困难的家庭占三分之二，尤其是初中（住宿、吃饭，还有别的钱）。她不愿意让孩子住宿，但是没办法，希望孩子上学。孩子在外面身体不好，不放心，因为正是长身体的时候。在本村上学的话，家长可以辅导、交流。

云南省临沧市沧源县是一个国家级贫困县，当地农民大都靠种地为生，基本上没有其它的现金收入。有的学校的寄宿生在校吃饭，一个月只交10元生活费，但很多家庭每个月拿这10元钱都困难，就只能欠着，不能催，学校一催，学生就说回家拿，这一走就再也不回来了，学校的九年义务教育就完不成。事实上，被撤掉学校或教学点的地区又往往是交通最不方便、经济最落后、人口最分散的地方，寄宿费用的难以承担也同样是寄宿生面临的直接和最现实的困难。

学校布局调整还加重了学生的生活压力。由于学校寄宿条件艰苦，而且年龄很小就在学校寄宿，很多学生遇到了生活自理问题。有的孩子在学校不愿意自己洗衣服，就把一个星期穿过的衣服都攒着带回家，家里人只好再给他买新的，一个并不富裕的山区家庭很难有多余的钱来承担这些"意料之外"的开支。再以夜晚上厕所为例，调查发现，只有很少的农村学校在学生宿舍内修建了厕所，绝大多数学校的厕所都与学生宿舍有一段距离，学生晚上上厕所极其不便,而且还有的孩子会尿床,增加了老师许多额外的负担。

在广西壮族自治区龙胜县瓢里乡大云小学调研时,该校的粟校长指着晾在走廊的一条毯子对我们说:"昨天晚上又有一个孩子尿床了。"更严重的是,粟校长告诉我们,几乎每年都会发生孩子将大便拉在床上的事情。前几天学校的一个女生晚上拉肚子,她不敢一个人上厕所,又不好意思让同学陪她去,结果就出现了那样的事情。粟校长认为这样的事情将严重影响学生的身心发展,"说不定学生一辈子都会忘不了这样的事情,你想想对她的影响有多大啊"。

此外,在考虑农村学生因住校而增加的教育成本时,还必须考虑"机会成本"这个因素。舒尔茨将机会成本界定为学生因为上学而放弃的收入。在讨论城市和发达地区中小学阶段的教育成本时,没有必要考虑机会成本,但是在贫困农村地区,机会成本是一个绝对不能忽视的因素。因为孩子在校住宿而无法参加诸如放牛、喂鸡、养羊、照看弟妹等家庭劳动,这种劳动因为可以增加家庭收入而构成机会成本。农村中存在大量诸如放牛、养羊、喂鸡等劳动强度不大、适合未成年人参与的劳动机会,而且农村家庭往往有两个或更多的孩子,年龄大的孩子需要照顾较小的孩子,因此,考虑农村家庭的教育成本不能忽略农村学生的机会成本。从价值上看,这些机会成本可能微不足道,但是对于那些贫困家庭而言,这些收入是非常重要的。舒尔茨在考察贫困地区的教育成本时曾经指出,儿童的机会成本"在其父母的心目中……不是无足轻重的"[①]。我国学者黄宗智也指出:"这一点资金对于处于生存型农业的小农来

---

① [美]西奥多·W. 舒尔茨著,曹延亭译:《教育的经济价值》,吉林人民出版社1982年版,第50页。

说，具有极高的'边际效应'。"① 因此，相对于直接成本，机会成本可能在更大程度上决定着学生或家长的教育选择。这些地区家庭收入低，所以每个劳动力对维持家庭的运转都十分重要。

在广西壮族自治区隆林县，陪同我们调研的林老师不断指着路上放羊或放牛的少年说："看，这些都是辍学的孩子，他们已经是家里的重要劳动力了。"在荔浦县，杜莫镇龙珠小学的廖校长也认为，家长们反对学生住校的主要原因之一，就是"学生住校，就不能帮助家里做农活了"。

从调查情况来看，农村中小学布局调整的确给部分家庭带来了较重的经济负担，也使得不少贫困家庭的学生小小年纪就体会到了生活的艰辛和压力，这个问题如果不能得到很好的解决，将对今后的布局调整和九年制义务教育的巩固与提高造成极大的消极影响。

综上所述，我国农村中小学布局调整既取得了显著的成效，但也存在着这样或那样的问题。因此，在充分肯定农村中小学布局调整成效的同时，对布局调整过程中出现的这样或那样的问题采取相应的对策是当务之急。

---

① 黄宗智：《中国农村的过密化与现代化：规范认识危机及出路》，上海社会科学院出版社1992年版，第8页。

第 七 章

农村中小学布局调整存在问题的原因及对策建议

通过对中西部地区农村中小学布局调整的绩效评估，不难发现，农村中小学布局调整既取得了明显成效，又存在着这样或那样的问题。而这些问题如果得不到妥善解决，必然会影响到农村中小学的合理布局，必须引起社会的广泛关注和重视。

一　农村中小学布局调整存在问题的原因

农村中小学布局调整过程中存在着这样或那样的问题，其原因是相当复杂的，既有经济社会发展差距的影响，又有历史形成的体制、机制等方面的原因，必须进行系统的研究，方能得出正确的结论，采取行之有效的应对策略。

1. 缺乏科学合理的规划

农村中小学布局调整是一项复杂系统的工程，要使布局调整能够顺利实施，必须制定科学的规划，但由于农村中小学布局调整主要是政府行为，而政府强调布局调整追求的是效益和质量的提高。因此，政府在布局调整过程中始终居于主导地位，这样一来，在一些地区布局调整就变成了从上到下的政府行为，缺乏科学合理的规划。

据我们了解，目前各地布局调整规划方案都是以教育部、财政部的相关文件为依据，并参照国内同类地区的做法先后出台的。如广西壮族自治区"十五"期间中小学布局调整规划方案就是依据教育部、财政部的有关文件精神，并在考虑该区义务教育的现状及未来发展趋势的基础上制定的。方案规定交通不便的地区，边远贫困的山区农村，原则上将服务半径不到1.5公里，学生数少于40人，不足4个年级的小学和三年级以上的班级或教学点撤并，但同时要求，在加大对边远贫困地区农村小学或教学点的撤并力度的同时，加快中心校及规模较大的村小和寄宿制学校的建设，并允许保留少数因民族语言不通或路况特别差的一些校点；而对于交通较好的地区和平原地区的教学点则按服务半径为2公里的要求全部予以撤并。而初中的布局调整则充分考虑城镇化进程，尽可能满足城镇化进程中城镇人口增长对初中办学的需要，对人口不超过4万的乡镇，原则上不再建第二所初中，实施"普九"目标的县要对乡镇初中进行撤并和整合，原则上3万人口办1所初中，对规模小于12个班、条件差、效益低、潜力小的初中，也要做好撤并的准备。经过调整，力争于2005年在70%左右的乡镇中心校和规模较大的村完小建设标准化、规范化的寄宿制学校，使义务教育阶段的现有小学数量减少15%左右，教学点数量减少60%以上。力争通过布局调整、实现办学规模和办学条件、办学效益增长的目标要求。

应当说，农村中小学布局调整应该重点考虑学校规模、服务范围、服务人口等因素，这是毫无疑义的，但对老百姓的心理感情、经济承受能力、自然条件等也不能忽视。实际上老百姓的经济贫困是影响布局调整顺利实施，特别是寄宿制学校的创建和发展的最根本原因之一。然而，一些地方在布局调整过程中，对农民的经济贫困与布局调整的关系，特别是老百姓的人均纯收入达到何种程度才可承受寄宿上学的经济负担等往往未予考虑。此外，不少地方在布局调整过程中还忽视农村地区所特有的一些人文因素，因此，在布局调整过程中常常会受到一些来自非经济及地理环境因素方面的干扰。如在一些地方虽有相对较好的自然、交通条件，农民的生活较富有，并且对教育也比较重视，乐于送子女上学，按布局调整规划，许多规模小、布局过于分散、办学效率不高的校点应当尽快撤并。但实际上，影响布局调整顺利推进的并不仅仅是农民的生活富不富裕，对教育重不重视，其中，老百姓的感情因素起着非常重要的作用。如由村民自己筹资，经过千辛万苦建起来的村小，往往属于当地文化体系的重要组成部分，是当地的标志性建筑，因此常常作为一任或几任村干部树立在村民心中的一座丰碑，他们常常以此为荣，现要将其停办或撤并，从心理感情上难以接受。再如有的村与村之间矛盾较深，布局调整过程中无论是把甲村的学校撤并到乙村，还是把乙村的学校合并到甲村，两方的村民在心理上都无法接受。这就是为什么在布局调整过程中，不少地方多次出现为了保住本村的学校而集体不上学，甚至上访告状等事件的重要原因。为了照顾村民的感情，尽管可以在几个相邻的村落之间新建校，但为此增加的建校投资则是政府和地方所无法承担的。

此外，不少边远贫困地区地广人稀，地形复杂，信息闭塞，交通不便，经济落后，农民贫困面大，贫困程度深，居民总体素质低。因此，布局调整应始终坚持公平优先兼顾效率，因地制宜、实事求是，就近入学的基本原则。然而，一些地方政府对此却缺乏全面和深刻的认识，将调整仅仅理解为效率的提高和"撤并"或"减少"农村中小学，将农村中小学布局调整的目标错误地等同于在一定年限内（甚至短期内）撤并一大批农村中小学，因而导致在一些地方政府为揽政绩，不顾客观实际，层层加码，一味追求撤并的数量与速度，以求超额完成任务。如西南某县，在一次介绍布局调整的经验时谈到："两年来，我县顺利撤并小学 261 所、初中 15 所，从而提前三年完成农村中小学布局调整的'十五'规划。"[①] 其实，类似的介绍在我们对 6 省区的调研过程中也是屡见不鲜。然而，在这些地方政府引以为荣的"政绩"背后，却是边远贫困地区的学生和家长为此付出的艰苦代价。

由于缺乏科学合理的规划而使布局调整在一些地方遇到困难，特别是边远贫困地区，有相当一部分的中小学无法按照政府的规划方案进行布局调整，其中的原因尽管很复杂，但整体布局调整规划方案中所忽视的边远贫困地区的经济贫困、复杂地理环境及民族传统文化则是其中的重要因素。如学生住地与学校之间的距离指标实行"一刀切"，使同一直线距离下的山区少年儿童的上学行路难成为布局调整过程中的突出难题，没有就老百姓送子女上寄宿制学校的经济负担与其生产生活水平的相关数据进行充分论证，就盲目兴办寄宿制学校，使边远贫困地区农村少年儿童住宿面临经济困难等。这些都与各地整体布局调整方案缺乏科学合理的规划论证有着密切的关系。

2. 缺乏相应的政策保障机制

新一轮农村中小学布局调整是 20 世纪 90 年代开始启动，21 世纪初明确提出并逐步实施的。布局调整对以往的分散型办学来说是一大进步，其政策制定的目的是要实现教育资源的优化配置，提高教育质量和办学效益，从整体来看无疑是正确的，是发展的趋势。但布局调整的顺利实施需要一定的政策保障机制，特别是经费保障机制来支撑，才能保证其积极效应的发挥。但是，目前政府的资金投入远没有达到布局调整规划的要求。因此，由资金投入不足而引发的问题，如布局调整过程中予以保留的农村

[①] 宋洲：《农村中小学布局调整之痒》，《时代潮》2004 年 4 月 2 日。

中小学的基础设施不足问题、寄宿制学校贫困生的生活负担问题、寄宿制学校建设和管理费用问题等已成为当前农村中小学布局调整过程中各种矛盾的集合点。

导致农村中小学布局调整缺乏资金保障的原因又是多方面的，其中的根本原因是义务教育责任的基层化。长期以来，我国义务教育财政管理体制一直是低重心、分散型的，在承认和接受各种差别的前提下，实行分级管理。以县为主的管理体制，其实质是责任基层化。责任基层化，结果必然导致一些经济欠发达地区县市拼命压缩农村中小学教育经费。由于经济发展不平衡，我国相当一部分县（市），特别是中西部以农业为主的县（市）长期存在财政能力薄弱的问题。当前我国教育经费支出在县级财政中占有较大份额，农村教育支出已经成为欠发达地区县（市）的沉重负担。许多县级财政甚至被称为"教育财政"，其教育事业费的支出已经超过行政管理经费支出，成为财政支出中的大头。在这种情况下，为了紧缩财政开支，一些县（市）政府不得不打教育的主意，削减和压缩教育经费也就成为一种理所当然的选择。

当然，国家可以通过财政转移支付、专项拨款等政策加大对农村特别是边远贫困地区农村中小学布局调整的支持，但是，这些资金的分配和使用都是有条件的。

第一，中央和省的专项拨款需要地方资金予以配套。

以农村中小学布局调整主要资金来源的"国家贫困地区义务教育工程"和"中小学危房改造工程"为例，可以说，这两项工程是布局调整过程中国家投入最多、规模最大、贫困地区中小学校受益面最广的教育扶贫工程，但这两项工程都要求各地要按相应比例进行配套，一般是中部地区按1:1，西部各省按0.5:1进行配套，各省与项目县、乡也要进行资金配套，并且层层要签订配套资金承诺书。如果配套资金无法落实，中央和省的专项拨款就无法到位。而越是贫困的县、乡、村、校,其配套资金的筹集就越困难。于是这些地方的应对办法就是采用包工头垫资、拆东墙补西墙,压缩基建面积等办法来弥补因配套资金不到位而出现的建设难题。其中的拆东墙补西墙,主要是采取挪用生活用房如学生宿舍、浴室、食堂及师资培训、桌椅、图书、仪器设备等相关资金建教学楼,从而造成贫困地区农村中小学在布局调整之后普遍存在因生活用房的不足、简陋及桌椅配套的空缺而无法满足被撤并学校学生入学的需求,不少学校还出现新的教学楼已建成几年,但仅仅因为没有配套的桌椅板凳而一直空着无法上课,需要开展的师资培训项目也只好搁置或降低水平完成。这就导致下述情况的产生,如被撤并学校的学生,每天要花大量时间在路上奔走却无法在新学校享受到条件更好的教育;有些甚至因住宿条件太差,不得不几个人挤在一张床上,没有地方洗澡,没有人做饭导致逃学、失学,为此,老百姓议论纷纷,强烈要求恢复原来的教学点。而这样的问题,越是在贫困、交通不便的地方就越突出。

第二,中央和省的专项资金分配不合理。

调查发现,布局调整过程中有关专项资金的分配,各地一般是根据项目县社会经济发展和教育发展状况,并考虑人口数、危房状况、生均校舍、人均财政收入、农民人均纯收入、义务教育普及程度、地域特点、办学条件基础及规划目标等各方面因素,按照因素的权重,运用计算机建立模型,计算出分配给各项目县的中央专款、省级配套资金额度。

一般来讲,这样的资金分配方法确实能避免人为因素的干扰,消除随意性,确保资金分配的公平、合理。但调研中发现,由于缺乏充分的调查,不少项目资金的分配过程就是自下而上的材料申报过程;而在材料申报的过程中,有些乡、村、校为了得到资金、多拿资金而在申报材料上弄虚作假,如把新建不久的学校用房当作已使用几十年的危房、张冠李戴地把甲校的危房当作乙校的危房上报、把农家的危房当作学校的危房上报，等等。而规划资金的决策层由于人手少、时间紧、工作量大，根本无法对每一项申报材料进行调查、核实，因此对其中的失真材料就缺乏了解和洞悉，这样，无论运用什么手段模拟计算出的资金分配去向、额度等都很难做到公平、合理，一些特别贫困、最需要教育扶贫的乡、村、校，则因为他们的贫穷、落后、闭塞及在当地政治生活中的弱势地位，从而一开始便失去了递送申报材料的机会，而有机会上报资料的乡、村、校，又因为他们在人事、文化及信息管道等方面的巨大差异，同样也面临着在因素分析面前的某种不公平和不合理。

在调研中，一些县乡教育行政人员，特别是教育行政部门的主要负责人反映最强烈的就是，他们唯恐因为自己的工作疏忽，或信息不灵，或措施不当，致使本县或本乡该拿到的教育经费而无法拿到，一些特别边远的乡、村、校，他们则往往因为信息的阻塞或政府的疏忽而连呈送材料的机会都被错过。

这样一来，一些县、乡主管教育的行政官员，为了能够在自己的任期内多拿一点教育经费，不仅想方设法寻找机会接近上级教育主管部门，以便有机会可以表达他们的意愿，或增加管道获取有关经费项目的信息，以便寻求合理的、有把握的途径递交他们的项目申请报告，争取得到更多的项目经费；而有些县乡主管教育的行政官员或由于不擅长拉关系，或由于地处偏远、信息不灵等种种原因，则没有机会或很少有机会接触上级教育主管部门，这样他们就很难争取到项目经费。而实际上这些地区的布局调整恰恰是最需要经费支持的。

第三，办学条件的恶化得不到及时反映。

由于农村中小学布局调整是一项由上到下的政策推进工程，从中央至省、自治区到县、乡的各级政府都须层层制定中小学布局调整规划,并有相应的奖惩措施,在这种情况下,无法按照有关文件在规定时间内撤并学校的一些乡村,只好编造数字上报。结果不少边远贫困山区的农村中小学,在上级政府的统计资料中已经被撤并,而事实上这些学校还依然存在,只是原来的公办教育变成了没有编制、没有工资、没有文凭的代课教师,原来多多少少还可以分得教育资源一杯羹的艰苦办学变成了连粉笔、三角板也难以为继的苦苦支撑办学,而且这种状况还因为长期被掩盖而使上级政府及外界很难知晓,长期下去,边远贫困山区农村的教育落后状况无疑将会进一步加大。

3. 布局调整遭遇教师危机

农村中小学合理布局的目的是通过合理配置教育资源,实现教育资源利用效率和教育质量的提高,而教育质量提升的关键在于师资条件的改善。学校布局调整不仅是对教育有形物质资源的整合,更重要的是学校人力资源的整合,它对农村中小学布局调整能否顺利推进具有决定性的意义。但从调研情况看,目前农村中小学教师队伍建设尽管已取得了较好的效果,但还远远不适应布局调整后农村教育发展的需要。

第一,优秀教师大量减少和流失。

由于农村中小学教师工资水平低,并且存在不能按时发放的现象,严重影响了农村教师队伍的稳定与工作积极性,造成农村优秀教师大量减少和流失。以湖北省英山县一中为例,1992年以前该校教师有3个武汉大学和15个华中师范大学的毕业生。1992年以后,仅有1位华中师范大学的毕业生因某种原因回到了一中。1992年以前,之所以有名牌大学的毕业生到英山当教师,是由于当时大学毕业生分配制度鼓励甚至在一定程度上是强制来自农村和贫困地区的毕业生回家乡工作。在这种分配制度下,英山的教师队伍中才得以拥有名校的毕业生。随着大学毕业生就业制度的改革和城乡差别的扩大,英山再也没有来自重点高校的毕业生了。现在英山一中毕业于名牌学校的教师基本上都到了退休年龄,照此下去,如不采取措施,像英山这样一些偏远落后地区很难再有名牌学校的毕业生从教了。一方面名牌学校的毕业生不愿意到边远贫困地区当教师,另一方面当地培养的优秀教师又不断流失。因此,现在在一些农村地区,学校都不敢让老师去参加学科竞赛,只要获了奖,出了名,要么被县城的学校挖走,要么自己找门路调走。这种反向流动,造成城乡教师分布失衡,农村中小学教师越来越紧张,城镇的教师越来越富余,几乎成为农村中小学布局调整后的一种普遍现象。

第二,教师年龄老化现象严重。

调查发现,农村中小学教师队伍严重老化是一种普遍现象,并且学段越低,学校越偏远,老化的程度越严重。据湖北省英山县教育局师训科提供的资料表明,英山县小学教师平均年龄已达51.2岁。一些偏远的小学,教师年龄老化的问题更为严重。如该县河畈小学有13位教师,平均年龄现已超过55岁。在课题组所调查的不少地方几乎普遍存在教师年龄老化的现象,因此,各地将这种现象概括为"爷爷奶奶教小学,大伯大妈教初中,大哥大姐教高中"。之所以出现这种现象,主要原因在于农村中小学师资队伍缺乏年轻教师的补充。由于计划生育政策的顺利实施和城镇化的不断推进,农村中小学学生数量的减少,学校布局进行了重新调整,一些规模较小的学校被撤销或成为教学点,中心学校的规模不断扩大,学校布局由分散走向集中对教师的需求也下降了。由于对教师的需求在不断下降,再加上不少县由于财力不足,难以支付教师工资,长期处于有编不补的状态,所以多年来一直没有新教师补充到农村中小学教师队伍中来。一个多年来没有新人加入的职业群体,必然会不可避免地导致平均年龄的老化。

第三,教师数量和学科结构不能满足需要。

第七章 农村中小学布局调整存在问题的原因及对策建议

农村地区的中小学由于地域广、校点多、规模小,所有学生按区域分散在不同学校上学,所以相同数量的城乡学生在农村就读的学校数要多于城镇,所需要的教师应多于城镇。但按照目前的编制标准,农村小学、初中师生比为1:18和1:23,城市则为1:13.5和1:19。农村中小学的师生比明显高于城市中小学。在调研过程中,绝大部分地区的教育管理者和中小学教师都反映农村中小学教师编制过紧。

农村中小学教师不仅数量上短缺,而且还存在着严重的结构性短缺,缺编主要学科为英语、音乐、体育、美术、计算机等。就"目前您所在学校主要缺乏哪些科目教师?"的问卷分析可以看出,约57.7%的老师认为学校缺乏信息技术课老师,57%的老师认为学校缺英语老师,54.7%的老师认为学校缺乏音、体、美老师。而这些学科对农村中小学教育的发展来说具有重要意义。与此同时,农村中小学还突出表现为骨干教师和学科带头人严重短缺的问题。无论是骨干教师还是学科带头人,几乎都分布在城市学校,个别会在城镇学校,乡村中小学几乎没有,即使有也很快会被城镇学校挖走。

第四,专职生活教师普遍缺乏。

农村中小学布局调整之后,寄宿制学校大量增加,也导致教师编制不足。农村中小学实行寄宿制之后,由于学校缺少甚至没有专职生活教师、保安人员的编制,导致农村教师除了教学任务之外,还要承担学生的生活管理、学校的治安工作。有的学校,男教师兼职当保安,负责巡逻护校;女教师兼职当保姆,照顾学生起居。教师大都从早上6点开始工作,直到晚上孩子入睡才能休息,普遍感到工作压力过大。并且,一旦寄宿生生病,学校教师承担的责任就更大了。

综上所述,农村中小学布局调整遇到这样或那样的问题,其中的原因固然很多,但缺乏科学合理的规划和相应的政策保障机制,以及农村教师队伍建设满足不了布局调整后农村中小学教育发展的需要,不能不说是根本的原因。

二 合理实施农村中小学布局调整的对策思路

农村中小学布局调整不是一个静止的过程,而是一个动态的过程。农村中小学布局是否合理,不仅关系到教育资源的合理配置,而且直接涉及广大农村中小学学生、家长和教师的切身利益,关系到农村教育能否健康顺利发展。因此,必须采取切实可行的措施,解决农村中小学布局调整过程中出现的问题,确保农村中小学布局调整顺利进行和农村教育的健康发展。

1. 科学制定农村中小学布局调整规划

农村中小学布局调整规划,是指国家、地区为农村中小学合理布局而作出的带有全局性、长远性和根本性的谋划与决策。农村中小学布局调整规划的制定和执行必须严肃、准确和科学。当前我国正处于人口变动的社会历史时期,人口增长的速度和城乡人口分布较以往有很大的不同,因此准确预测学龄人口变动趋势是科学制定农村中小学布局调整规划的前提。

根据国家统计局公布的1%人口抽样调查结果,2005年11月1日我国总人口为130628万。2000—2005年期间人口年均增长0.63%,我国人口已进入了低速增长阶段。按照这样一个趋势,在21世纪初的20—30年里中国人口就会由增长转为负增长,人口峰值不会超过14亿。[1] 但是各地区人口总量分布格局将有所变化,我国人口向东部和城市聚集的趋势明显,人口密度由东向西逐渐递减。2005年中国仍有农村人口74471万,占全

---

[1] 段成荣:《新世纪之初的中国人口变化》,《人口研究》2006年第3期。

国总人口的 57.11%，全国流动人口为 14735 万，而且中国目前只是刚刚进入城镇化的中期阶段，因此，城镇化依然是未来中国经济社会发展的主要趋势。

另据统计，2006 年，中国城镇人口已达 5.77 亿，城镇化水平达到了 43.92%。目前，中国农村富余劳动力高达 1.5 亿人。未来 20—30 年期间，每年将有 1500 万—1800 万人陆续移居城市。数据显示，目前中国共有 661 个城市，其中 32 个特大城市，43 个大城市，192 个中等城市，400 多个小城市，2 万多个建制镇。2015 年中国城镇人口将突破 8 亿。①

由此可见，未来农村学生数即学龄人口数量是动态的、不断发展的。如果不对这些生源进行科学的预测，就不能很好地掌握学龄人口的现状和发展趋势，就有可能造成农村中小学教育布局的不合理，导致教育人力资源、物力资源的比例失调，无效投入增多，教育成本增加，因此，如何科学制定农村中小学布局调整规划，便成为搞好农村中小学合理布局不容忽视的问题。而要科学制定农村中小学布局调整规划，总结新中国成立以来农村中小学布局的历史经验，结合我国国情，加强教育人口预测是至关重要的。如 20 世纪 90 年代后期，各地农村均出现建楼热，当妇女生育水平变动引起的学龄人口入学高峰退出小学阶段后，各地为"普九"新建的校舍开始大量闲置，造成教育资源的巨大浪费，其教训是深刻的。教育的对象是人，而人的发展有其自身的规律性，农村中小学布局调整规划要充分考虑人口发展的特点和趋势，否则，就可能出现决策失误，导致农村中小学布局的不合理，因此，只有加强教育人口预测，了解社会的教育需求量，农村中小学教育合理布局才会有依据。

进行教育人口预测，通常有两种方法：年级升级比例法

---

① 建设部：《2015 年城镇人口将突破 8 亿》，《楚天都市报》2007 年 8 月 3 日。

(Grade Progression Ration, GPR) 和队列构成法 (Cohort Component Method, CCM)。① 两种方法各有优点, 实践中可将二者结合使用。

GPR 法是根据低年级在校人数及各年级升学（级）率预测未来在校生人数，其优点是能估算各年级在校人数。但它对基期数据的要求比较高：一是要有对基期各教育阶段的各年级在校人数的把握；二是要对未来各年最低教育阶段最低年级（小学一年级）适龄人口进行推算；三是要对未来各年级升学率进行调整。该方法一般对于短期的预测（5—10 年）比较合适。

CCM 法事先确定预测期各教育阶段年龄队列人口变动的影响因素（出生、死亡、迁移），以此预测未来各教育阶段适龄人口，再预测各教育阶段入学率，在此基础上预测各教育阶段的在校生人数。该方法的优点是计算量相对较小，而且由于各年级可能的误差一定程度相互抵消，总误差较小，比较适合中长期预测。

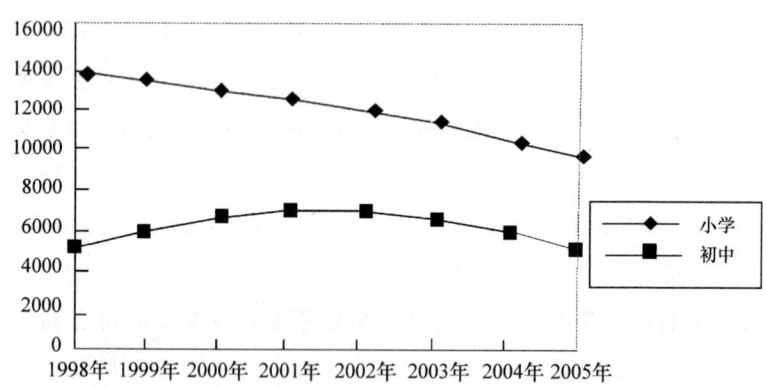

图 7.1　1998—2005 年义务教育阶段学生数（单位：万人）

资料来源：根据教育部《1998—2005 年全国教育事业发展统计公报》资料整理所得。

---

① 石人炳：《人口变动对教育的影响》，中国经济出版社 2005 年版，第 202 页。

近几年我国义务教育学生总数呈逐渐减少的趋势（如图7.1所示），1998年小学在校生为13953.80万人，2005年为108640.7万人，共减少3089.73万人。1998年初中学生数为5449.73万人，至2003年增加到6690.83万人，随后学生数开始减少，2005年为6214.94万人。

从现有的预测分析来看，我国未来义务教育学龄人口和在校生数呈下降趋势。据段成荣等人预测，21世纪上半叶，我国小学适龄人口规模将会较大幅度减少，2050年小学适龄人口数将减少到1.02亿人，相对2000年减少幅度为24%。[①] 小学适龄人口的变化可以具体划分为以下几个阶段：

2000年到2011年，小学适龄人口数持续下降，从2000年的12945万人降低到2011年的11199万人，减少幅度达16%；2012年到2020年，小学适龄数持续上升，从2011年的11199万人增加到2020年的12151万人；增加幅度达8%以上，2021年到2038年，小学适龄人口数持续减少，从2020年的12151万人减少到2038年的10380万人，减少幅度达15%；2040年以后，小学适龄人口规模基本保持稳定，人数大致稳定在1.04亿人。

2050年初中适龄人口数将降低至5257万人，降低幅度达26%。初中适龄人口的变动过程可以分为以下几个阶段：

2002年到2016年，初中适龄人口持续下降，人数由2001年的7068万人减少到2016年的5567万人，减少幅度达21%；2017年到2025年，初中适龄人口持续上升，人数由2016年的5567万人增加到2025年的6100万人，增加近10%；2026年到2042年，初中适龄人口数持续减少，人数由2025年的6100万

---

① 段成荣、杨书章、高书国：《21世纪上半叶我国各级学校适龄人口数量变动趋势分析》，《人口与经济》2000年第4期。

人减少到 2042 年的 5170 万人；2043 年以后，初中适龄人口数保持稳定并略有回升。

根据石人炳的预测，我国小学在校生在未来的 15 年内不断减少，2010 年减少到 10498.79 万人，2014 年进一步减少到 99743.9 万人，达到低谷，然后逐年有所回升，到 2020 年上升到 10502.83 万人。初中在校生总的趋势是减少，2010 年、2020 年分别为 5955.45 万人和 5287.38 万人。

义务教育阶段学龄人口的减少为我国全面、高水平地普及九年制义务教育创造了条件。在校生的减少对我国全面、高水平地普及九年义务教育而言是十分有利的。学龄人口减少为提高生均教育经费、改善办学条件、提高师资队伍素质等创造了条件，而所有这些是有利于教育质量提高的。从以上预测分析可以看出，我国未来义务教育学龄儿童总数不断减少，这主要表现在：小学和初中阶段适龄人口总数会大幅度下降，农村义务教育阶段学生数继续减少，同时，由于人口流动和城镇化程度的提高，城镇小学阶段学生数将有所增加。因此，21 世纪上半叶，我国义务教育阶段农村学校与城镇学校面临的教育需求压力有所不同，确定中小学布局调整规划的重点也不一样。

对农村学校而言，其布局的调整要考虑两个问题：一是便于学生入学，二是有利于提高教育投资的利用效率。但现实生活中，这二者似乎存在着矛盾：从学生入学的方便考虑学校越分散越好；从提高投资效率看，学校应具有一定的规模，过小的学校应当撤并。这样，农村中小学布局调整往往便会遇到经典的公共政策目标的权衡问题，即公平与效率该如何取舍。在公平与效率之间，义务教育阶段应是在公平优先基础上兼顾效率。学校布局调整必须在公平与效率之间寻求一种动态的平衡。义务教育阶段强调公平优先，虽然可能会产生某种效率上的问题，但义务教育是一项基本人权，就有助于增进社会福利和促进社会公平而言，这种效率的损失也是值得的。具体而言，在贫困地区和地理环境复杂的区域，农村中小学布局应采取分散与集中相结合的办法，考虑儿童的自理能力和安全问题，小学适当分散办学，学生就近入学，优先保障学生的入学权利，初中则追求适度规模。在办学体制上，鼓励社会力量办学，满足人口分散地的教育需求；在办学形式上采取寄宿制，即在保证学校适度规模前提下，确保学生都能上学。因此，农村中小学布局调整应兼顾教育公平和效率，避免两者的失衡。

2. 切实保证边远贫困地区的孩子能够公平地享受优质教育

在现代社会，由于教育特别是高质量、高层次的教育能够提高人们的劳动能力，改变人们的社会地位，带来各种经济和非经济收益。广大农民已不再满足子女有学可上，他们希望子女通过教育来改变社会身份，即使付出更多的经济代价也愿意将子女送到城镇读书，接受优质教育。农村中小学布局调整后，由于政府加强了乡镇中心学校和县城学校的建设，这些学校的教学质量、教学设施和教学环境都比原来分散在下面村屯的教学点要好得多，促使更多的家长愿意把孩子送到城镇的学校就读。如内蒙古自治区武川县第一小学在老城区，现有学生900多人，其中一半以上是农村学生；第二小学现有学生1912人，其中城市户口只有400多人，其余全是农村户口。这就在提高教育资源利用效率的同时，增加了边远农村地区孩子享有优质教育的机会。所以在对6省区的调研中，超过78%的教育行政管理人员和接近50%的农村中小学教师认为，农村中小学布局调整大大提高了边远农村地区的基础教育水平。此外，51.9%的家长认为，布局调整后孩子的学习成绩提高了。这说明农村孩子要接受优质教育是普遍的共识，布局调整后，只要学校教学质量高，无论是学生家长还是教师，都愿意也能够尽可能地克服困难，配合政府开展工作。

但问题是，由于我国广大农村的自然环境、社会条件、人口分布千差万别，情况各异，特别是偏僻的山村、海岛、渔村、边陲、牧区……村庄稀疏、居民居住分散，再加上交通不便，信息闭塞，经济落后，为方便低年级学生就近入学，至今仍保留相当多的小规模学校和教学点，如何保证这些小规模学校和教学点的质量，是农村中小学布局调整后迫切需要解决的问题。

据统计，截至2004年全国农村的教学点数量仍高达98096个，约占全国教学点总数的96.64%，占全国小学学校总数的24.89%（见表7.1）。我们所调查的6省区的情况同样印证了这一点（见表7.2），特别是西部地区的云南、广西、内蒙古等省区不仅教学点数量庞大，且教学点数量占农村学校的比例分别为96.54%、103.24%和52.93%。可见，无论从绝对数量还是从相对数量来看，农村教学点的数量都是很大的，这是因为教学点是适应偏远农村特殊需要的，有其必然性。这不仅在我国是这样，在世界各国尤其是各国农村地区教育发展中小规模学校和教学点都是极为重要的组织形式。如印度的单一教师学校数量庞大，特别是地处偏远、人口分散的农村地区。单一教师学校的比例在农村为31%，城市为6%。[1] 马来西亚曾对偏远地区的小规模学校进行过合并，但由于农村人口分布点的限制，小规模学校在农村仍大量存在。1990年规模在150人以下的小学占小学总数的37%，但只占学生总数的8.5%。同年，小规模学校的平均班规模为15.5人，生师比为12:1。[2] 这些学校的效益较低显

---

[1] 王英杰等：《亚洲发展中国家的义务教育》，人民教育出版社2003年版，第58页。

[2] 同上书，第216页。

而易见，因此政府提倡在小规模学校实行复式教学或实行二部制。泰国农村人口占80%，且居住分散，造成一半以上的小学学生不足200人，近7.6%的小学只有一至四年级。泰国政府在适当合并小规模学校的同时，为解决学生上学远上学难的问题，采取了极富创意的措施——向五、六年级学生出借自行车。即使是发达国家，在现代化的进程中和农村交通网络发达之前，其教育体系也在很大程度上依赖于小型农村小学和教学点。如美国曾经有成千上万个一师一校的小学，至今仍有463个这样的学校。① 由于分散的教学点在广大农村地区将长期存在，世界各国都在采取一切措施使教育制度适合农村人口需要，如"在古巴，为小的农村学校设立巡回教学。在沙特阿拉伯，教师携带教学设备乘坐直升机来回教课，而在阿拉伯利比亚民众国，则大规模地使用预制的流动教室，以便利边远地区的教学"②。

表7.1　　全国城市、县镇、农村教学点的数量　　（单位：个）

	城市	县镇	农村
总数	771	2641	98096
教育部门和集体办	734	2578	95948
社会力量办	19	44	1807
其它部门办	18	19	343

资料来源：根据教育部《2004年中国教育统计年鉴》资料整理所得。

---

① 石人炳：《国外关于学校布局调整的研究及启示》，《比较教育研究》2004年第12期。

② ［瑞士］查尔斯·赫梅尔：《今日的教育为了明日的世界——为国际教育局写的研究报告》，中国对外翻译出版公司1983年版，第148页。

表 7.2　6 省（区）农村小学校数、教学点数及班级数

省区	学校数（所）	教学点数（个）	教学点学校的比例（％）	班级数（个）	复式班（个）	复式班所占比例（％）
云南	18321	17688	96.54	130570	10704	8.20
广西	13703	14147	103.24*	127973	8252	6.45
内蒙古	5649	2990	52.93	40470	2217	5.48
陕西	21677	1761	8.12	107714	11918	11.06
湖北	11733	2363	20.14	83306	2849	3.42
河南	31116	4103	13.19	218268	2489	1.14

资料来源：根据教育部《2004 年中国教育统计年鉴》资料整理所得。

* 个别省份之所以教学点占学校的比例超过了 100％，是因为有些农村乡镇在中心学校统一管理下设置了几个教学点。

由此可见，学校布局调整并不意味着完全消除小规模学校和"教学点"这种办学形式，中心学校与分散的教学点都是实施义务教育的重要组织形式，在布局调整的过程中要正确处理小规模的村办小学、教学点与相对集中的中心小学之间的关系，不能采取一种非此即彼的做法，完全抛弃分散的教学点，更不能认为教学点和复式教学就是过时的、被淘汰的办学模式。考虑到未来学龄人口的波动与学生入学的实际困难，对我国广大的农村地区，尤其是学生居住较为分散的地区而言，村小和教学点这种办学模式是有效的。因此，正如胡锦涛总书记在 2007 年两会上与广西全国人大代表莫文珍对话时所说的那样："现在，一些地方适龄孩子少了，对教学点作相应的调整是必要的。但是，我们办学一定要从农村、山区的实际出发，一定要真正为孩子们着想，科学安排教学点。该撤并的教学点，一定要撤并；不该撤并的，哪怕学生再少，也要保留下来，并想办法把教学点办好，这样才能保证孩子们上好学。"①

---

① 郭苏：《教育达标背后的困局》，《小康》2007 年第 6 期。

现在的问题是怎样把农村村小和教学点办好,让偏远农村地区的孩子在布局调整后享受到较好的教育,针对当前农村村小和教学点存在的问题,我们认为,关键是要做好以下几方面的工作:

第一,正确认识农村村小和教学点的作用,慎重对待村小和教学点的撤留问题。

从当前及今后一段时间来看,在偏远农村地区,村小和教学点仍然是一种有效的教学组织形式。从教育教学方面看,村小和教学点学校班级规模小,教师容易根据学生的特点因材施教,对学生的辅导时间会相应增多,有利于教学活动的顺利开展。从学生生活方面讲,村小和教学点确实有助于解决学生上学难的问题。偏远农村学生大多家庭贫困,他们最关心的是自己的上学成本问题,就近入学能节省相当数量的交通费和食宿费。因此,村小和教学点"为改善山区、边远地区儿童接受基础教育困难的状况提供了条件"[1]。所以,在对待村小和教学点的撤留问题上,不能根据单一的标准来判定其去留,如很多地方根据村小和教学点服务半径、人口、学校规模等数量标准来决定什么样的村小和教学点要撤销,这是不合理的,判定村小和教学点的撤留不能搞模式化、标准化,主要应考虑这样几个因素:位于偏远地区、山区学生转到其它学校上学确实不方便的不能撤;中心校或完小如果不能解决学生的寄宿问题,其所辖的村小或教学点不能撤;对于村民和家长都不同意撤销的村小和教学点,应遵从群众的意愿不能强行撤并。

第二,理顺关系,对保留下来的村小和教学点给予适当支持。

---

[1] 吕晓红:《复式教学在义务教育中的地位及前景》,《教育评论》1999 年第 3 期。

农村义务教育新机制实行以后，农村学校维持运转主要靠上级政府下拨的公用经费和免除学生杂费资金。这部分资金下拨到地方由县财政和教育局计财科管理，地方行政部门根据县城内各个中心学校的规模、学生数等进行再分配，把资金划拨给各中心学校统一管理，其下属的完小、初小和教学点所需经费还要由中心校进行分配。现在的问题在于，村小和教学点所需经费由中心校掌握，而中心校运转经费短缺，双方在争取经费方面形成博弈。中心学校在经费方面具有支配权，为了本校的建设和发展势必忽视村小和教学点的建设甚至起阻碍作用，所以，有必要在此基础上对当前的投入和管理机制进行改革，比如，制定投入标准要求中心校对保留下来的村小和教学点予以支持，建立强有力的监督机制或问责制保证中心校对村小和教学点的投入；如有可能，可将村小和教学点的经费由县级教育行政部门统一管理，专款专用，因为目前在中西部偏远农村地区仍有大量的村小和教学点，这些村小和教学点在当地发挥着举足轻重的作用，但由于资金短缺、办学条件落后，很多村小和教学点办学相当困难，由此带来的后果就是偏远山区的孩子上学难甚至导致辍学，所以通过完善投入机制，从资金上支持村小和教学点的建设是重要的。

第三，加强师资队伍建设，提高村小和教学点的教育质量。

由于农村教育经费短缺、师生比的限制以及缺乏有效的教师流动机制，农村教师整体上结构性短缺，老龄化问题严重，这些问题不可避免地波及到村小和教学点，而且目前村小和教学点教师数量少、年龄老化、知识陈旧，处于青黄不接的状态。因此，要改善村小和教学点的师资状况，首先，要适当放宽农村中小学教师编制，因为村小和教学点数量少是客观事实，几个或十几个学生需要2—3位教师是合理的也是必需的。为此，应合理制定和落实农村中小学编制。根据农村居住特点和人口发展预测，合理规划学校布点。山湖库区要因地制宜，以乡镇为单位，按照国家的有关要求,在村庄比较密集、人口较多的地方设点办学,在此基础上,适度放宽农村中小学教师编制标准。其次,对进入村小和教学点工作的优秀青年教师实施优惠政策,如岗位津贴、评聘调配优先等,且必须及时兑现以形成长效机制。再次,实行教师走教,在我国很多偏远农村地区,教师走教是解决部分学科师资不足问题的重要途径之一。对于我国很多偏远农村地区的学校而言,英语、音乐、美术、信息技术等课程的老师都非常缺乏。但是,这些课程在我国当前中小学(尤其是小学)的课程体系中所占的比重并不大,如果每所学校都配备专业的英语、音乐和美术老师,对于大部分偏远农村地区学校而言是不必要的。所以,教师走教是解决偏远农村地区短缺科目教师数量不足问题的重要途径。如我们在内蒙古自治区四子王旗调研时了解到,该旗2004年乡镇合并时,三元井、库伦图、朝克文都三个乡合并成库伦图乡,三个乡的中心小学也合并成了库伦图总校。但是,朝克文都保留了6个教学点,由于交通不便,没有公路,学生无法到库伦图总校读书。现在每个教学点平均只有40多名学生,每个年级7—8名学生。每个教学点都配备了4—5名教师。这些教学点都开设了英语课,但是教学点的老师年龄偏大且没有英语基础,因此给这些教学点的学生开英语课是一个非常大的问题。库伦图总校的领导在考虑之后,为这6个教学点配备了3名英语教师,每名英语教师负责两个教学点的教学。英语教师在两所学校之间走教,从而较好地解决了教学点的英语教学问题。当然,对于走教的教师,要对其提供相应的补贴,使其待遇与付出成正比。

3. 大力加强农村中小学师资队伍建设

中国教育的根本问题是农村教育问题,农村教育问题的关键是教师问题。没有一支数量充足和素质优良的教师队伍,就谈不上农村教育的发展。经过布局调整，农村中小学教师虽相对集中，但从现状来看，其整体水平远远不能适应农村教育发展的需要。因此，可以说优化教师队伍，提高教师素质，是巩固农村中小学布局调整成果的根本所在。为此：

第一，建立农村中小学教师保障制度。

众所周知，农村学校教师紧缺，特别是边远山区学校教师严重不足，这些学校的教师工作量特别大，任务繁重，每天工作时间很长。一些村小或教学点的教师要包一个班甚至两个班，所有的课程都是一个人任教，每天在学校从早忙到晚，回家还要批改作业。但目前给学校教师定编制都是按学生人数定，农村中小学人数少，这样教师编制就少，而学校开设的课程并不少。政府及教育主管部门对农村中小学教师在编制方面应制定特殊政策进行倾斜，让农村教师也有充裕的时间研究教材教法。

在农村中小学教师编制管理制度上，按照国办发［2001］74号文件规定，各地应尽快落实在城乡中小学教师统一编制标准基础上，根据义务教育均衡发展的要求，充分考虑农村的实际情况，对农村、边远、少数民族集中、教学点分散或成班率低的地区，在编制标准上适当倾斜，增加农村义务教育教师编制，完善编制动态管理和定期调整制度，切实解决部分农村地区教师"有编不补"，对现有代课教师积极稳妥做好清退工作。进一步完善贫困地区中小学教师工资保障制度。根据国家关于中小学教师收入分配制度改革精神，按照核定的编制标准和工资标准，将教师工资全额纳入财政预算，按时足额发放。地方政府要对区域内城乡间、学校间教师工资实行统一标准，逐步缩小教师收入差别。

第二，建立农村中小学教师激励制度。

按《教师法》规定，在待遇上建立面向农村、边远和艰苦地区中小学教师优惠制度。可参照国家对农林、卫生等行业的优惠政策，设立农村、边远和艰苦地区中小学教师特殊津贴制度，以吸引和稳定教师在该地区任教。目前的当务之急是，鉴于农村地区中小学骨干教师流失问题严重，政府和教育主管部门应尽快出台骨干教师的优待政策，解决待遇低的问题。按县、市骨干教师级别和学校边远程度，每月分别向骨干教师足额发放骨干教师等级津贴和交通费用补助，使农村骨干教师的工资收入比城镇同等的骨干教师高，从而使他们在农村安心工作，不再向往城里学校，确保农村教师队伍稳定。

第三，建立教师定期交流轮岗制度。

交流重点是由城市向农村、由强校向弱校、由超编校向缺编校定期流动。在部分地区已经探索的基础上，可进一步探索建立一定数量的流动编制以保障教师流动任教；按照《国务院关于进一步加强农村教育工作的决定》尽快建立城镇教师到农村任教服务期制度，并以此作为教师职务晋升和评优的重要条件；鼓励城镇教师到农村支教，鼓励他们当中的优秀者去最艰苦的地区工作；对支教教师给予必要的交通、食宿等补贴。此外，可根据需要推行政府购买教师岗位，让新补充教师先到最需要的农村学校工作；实施大学毕业生服务农村教育和大学毕业生青年志愿者行动计划，鼓励大学毕业生到基层、到农村任教、支教；推进高等学校留校青年教师、各级党政机关新进公务员到农村学校支教服务行动。

第四，完善农村中小学教师管理与培训制度。

要抓住我国中小学教师供求关系正在发生变化和农村中小学布局调整的契机，加大农村中小学人事制度改革，优化、调整农村教师队伍结构。要按照"凡进必考"原则，实行新任教师公开招聘制度和教师资格认定制度，严把新聘教师入口关，杜绝不具备教师资格的人员进入教师队伍。在当前要充分利用近些年高校毕业生充裕的有利时机，力争经过若干年的努力，使农村小学教师大专学历占主导地位，初中教师本科学历成为主体，同时应通过扩大实施农村中小学教师教育硕士培养计划等多种方式，为农村学校补充一批具有较高素质、较高学历的青年教师。为了实现这一目标，省级教育行政部门应采取相关措施，对达到一定年龄而教学效果普遍认为比较差的教师，工资适当上浮，实行强制性退休。对于新进教师一律实行聘任制，从正式聘任之日起，其养老保险、失业保险、医疗保险等社会保险由聘用部门统一购买，所需资金由县级财政单列，金额纳入财政预算，经济比较困难的县所需经费可由中央和省级财政负担，县级财政负责实施。彻底打破教师职业的终身制，这种灵活的用人机制有利于教师队伍的管理，同时也在一定程度上保障了教师队伍的质量，从根本上解决中西部广大农村地区中小学教师"有编难补"的问题，巩固布局调整的成果，提高基础教育的质量。

第五，改善农村中小学的教学与生活条件。

要想让教师在农村学校任教，必须保障其教学与生活条件。一些农村地区学校教师生活条件十分艰苦。大部分学校无宿舍、无食堂，外地教师均寄住在由教室改建成的集体宿舍中，生活配套设施缺乏，教师吃饭洗澡十分不便。要稳定农村教师队伍，政府和教育主管部门就必须着重改善农村教师的生活条件。如兴建教工宿舍，完善用水、用电和娱乐等生活配套设施，使教师有个良好舒适的生活环境。此外，还应大力改善农村中小学的办学条件，如添置计算机、建立多媒体教室和语言室等，缩小农村中小学与城市中小学的差距，这也将极大地提高教师教学的积极性，有助于稳定农村教师队伍。

4. 千方百计加大对农村贫困地区学生资助的力度

2005年12月，国务院印发了《关于深化农村义务教育经费保障机制改革的通知》，自此，一项中国教育史上惠及人口最多的改革自西而东在神州大地上迅速推进。2007年春季新学期，继我国西部和中部试点地区义务教育阶段免交学杂费后，中东部地区农村中小学生也开始享受这一政策,至此,沿袭千年的历史在这里画上了一个圆满的句号。从此,农村孩子上学不交费。这是一项被认为在中国教育史上具有里程碑意义的改革。2007年财政部、教育部《关于调整完善农村义务教育经费保障机制改革有关政策的通知》对农村义务教育经费保障机制又进行了进一步的调整和完善,具体内容包括:第一,进一步落实农村义务教育阶段家庭经济困难寄宿生的生活费补助政策,从2007年秋季学期起,小学生每生每天补助2元,初中生每生每天补助3元,学生每年在校天数均按250天计算。享受寄宿生生活费补助的家庭经济困难学生的比例,由省级财政、教育部门根据当地实际情况确定。中央财政对中西部地区落实基本标准所需资金按照50%的比例给予奖励性补助。中西部地区地方财政应承担的50%部分,由省级财政统筹落实。中西部地区可在中央确定的基本标准的基础上,根据实际情况调高标准。调高标准所需资金,由地方财政负责解决。第二,向全国农村义务教育阶段学生免费提供教科书,提高中央财政免费教科书补助标准,推进教科书循环使用工作。从2007年秋季学期开始,向全国农村义务教育阶段学生免费提供国家课程的教科书,所需资金由中央财政承担。从2008年春季学期开始,免费提供地方课程的教科书,所需资金由地方财政承担。第三,提高中西部地区部分省份农村义务教育阶段中小学的生均公用经费基本标准,提前落实基准定额。从2007年开始,对中西部地区农村义务教育阶段中小学的生均公用经费基本标准,小学低于150元或初中低于250元的省份,分别提高到150元和250元(其县镇标准相应达到180元和280元)。2008年,中央出台农村义务教育阶段中小学公用经费基准定额,分两年将基准定额落实到位,2008年和2009年,每年落实公用经费基本标准与基准定额差额的50%。第四,适当提高中西部地区农村义务教育阶段中小学校舍维修改造测算单价标准。从2007年起,提高中西部地区农村义务教育阶段中小学校舍维修改造测算单价标准，中部地区每平方米由 300 元提高到 400 元，西部地区每平方米由 400 元提高到 500 元。在此基础上，对校舍维修改造成本较高的高寒等地区，进一步提高测算单价标准。

但是，即使如此，根据我们的调查，农村地区仍然有数量不少的学生完成九年义务教育面临着经费困难。这是因为，现在所免除的教育费用在整个家庭教育开支中仅占一部分。据我们了解，现在一个农村中小学生如果住校每年的教育开支大约是 1500—2000 元，① 而实行新机制后免除学杂费每个小学生年均减

---

① 当然，要准确地弄清农村家庭的教育开支是很困难的，幸运的是课题组的王一涛博士曾在湖北省英山县支教一年，与当地学生和家长建立了良好的私人关系，他从一位学生家长手中获得了一份家庭消费的详细记录，从中可以较为准确地了解农民家庭教育开支情况。该县三河中学初三学生小胡的母亲有记账的习惯。她较详细地记录了 2005 年 2 月 16 日（阴历 2005 年正月初八）至 2006 年 1 月 24 日（阴历 2005 年腊月二十五）一年内家庭的开支情况，经整理，教育开支情况如下：

2 月 18 日：学费 400 元；6 月 12 日：书费 78 元；6 月 13 日：生活费 5 元；6 月 22 日：生活费 6 元；7 月 22 日：补课费 70 元；9 月 1 日：学费和生活费 515 元；9 月 11 日：学费 100 元和零花钱 10 元，共计 110 元；9 月 19 日：零花钱 13 元；10 月 1 日：书钱 80 元；10 月 23 日：订报纸和零花钱 22 元；10 月 30 日：零花钱 10 元；11 月 7 日：生活费 5 元；11 月 13 日：生活费 5 元；11 月 21 日：书费 10 元，生活费 5 元，共计 15 元；11 月 27 日：生活费 10 元；12 月 4 日：生活费 10 元；12 月 11 日：生活费 5 元；12 月 14 日：补习外语费 100 元；12 月 18 日：生活费 6 元；1 月 3 日：生活费 25 元；1 月 8 日：开支 7 元；1 月 16 日：生活费 4 元。

以上共计 1501 元，占该家庭一年总消费支出 5896.8 元的 25.5%。

这里需要说明的是：第一，小胡妈妈所说的学费，实际上是指学校在学期之初一次性收取的各项费用的总和，包括学杂费、课本费、住宿费、搭伙费、信息技术费和保险费等各项费用。因为是一次性交清的，所以小胡的妈妈并不详细区分这些费用的名目，统统将之称为"学费"。其实，据我们调查，不仅小胡的母亲如此，几乎所有的农民都将学校收取的不同种类的费用统称为"学费"。第二，教育开支包括了小胡上学期间的零花钱（这些钱主要用来在食堂买菜），严格地说，这些钱不应该归为"教育开支"之列。但是，如果学生不在学校读书就可以避免这方面的开支，因此，将这部分开支看作孩子上学的费用是必要的。第三，小胡每个星期回家一次，每次回家妈妈都会给一定的生活费和零花钱，但在小胡妈妈的开支清单上只记录了部分星期给的零花钱。如果将所有的生活开支计算在内，按他妈妈的估算，小胡每年的教育开支在 2000 元左右。第四，小胡的家，按他妈妈的估计，收入和消费在当地属于中等水平。所以小胡的教育支出基本代表了中西部一些贫困地区农村寄宿生的消费水平，是可信的，我们对 6 省区的调查也大致印证了这一点。

负 140—180 元，初中生为 180—230 元；同时享受免费教科书政策的，平均每年每个小学生减负 210—250 元，初中生减负 320—370 元；如果同时享受寄宿生生活费补助的，平均每年每个小学生减负 510—550 元，初中生减负 620—670 元。照此计算，家庭每年还要负担近 1000 元的教育支出。对于农村富裕家庭来讲，负担这笔开支是没有问题的，但对于贫困家庭而言，仍然是较重的负担。因此，针对边远贫困地区和少数民族地区农民家庭贫困的现实与农村中小学布局调整后部分家长负担加重的实际情况，我们认为，随着义务教育新机制在我国广大农村地区的全面推进，应进一步加大对农村贫困学生资助的力度，对这些学生从实行全免学杂费和教科书费过渡到"义务教育全免费"，即不仅应当完全免收学杂费和教科书费，而且还应免费给这些学生提供伙食、校服、交通补助等，以解决义务教育阶段农村贫困家庭学生面临的经费困难问题，确保贫困家庭子女上得起学。

从现象上看，贫困是农村贫困地区的孩子能否及时就学、继续学业的问题。从根本上讲，是贫困家庭的孩子能否享受教育权，关系到教育为什么人的问题。对于布局调整后农村义务教育阶段家庭经济困难贫困生基本生活费的补助，当前亟须解决的问题，一是标准测定问题，即何为贫困生，由于标准不明确，在一些地方往往出现该享受生活补助的学生没有得到补助，而不该享受生活补助的学生却得到了补助，这是极不合理的。因此，必须合理确定贫困生的标准，使确需资助的学生真正能够得到资助。二是补助范围问题，据不完全统计，中西部地区农村义务教育阶段寄宿生已经接近 2800 万人。由于财力困难等原因，一些地区补助范围偏小，比例偏低。建议将中西部地区国家级贫困县及少数民族聚居区农村义务教育阶段家庭经济困难寄宿生基本生活费的补助提高到 100%，其它地区分两步走，即在"十一五"期间提高到 50%，在"十二五"期间提高到 100%。三是补助标准问题。尽管从 2007 年秋季学期起，国家已较大幅度提高了农村义务教育阶段家庭经济困难贫困生基本生活费的补助额度，农村现在大多数贫困地区中小学寄宿生的生活补助是每天 2—3 元钱，这是难以满足正处在生长发育期的中小学生的生活需要的，建议各地在中央确定的基本标准的基础上，根据当地实际情况和物价上涨情况调高补助标准，以满足贫困生的最低生活需要，调高标准所需资金，由地方财政负责解决。四是增加透明度，防止少数人暗箱操作，杜绝各种不正之风，让真正需要生活补助的贫困生享受到补助，感受到政府和社会的关爱。

在寄宿生生活补助上，以往的政策是由省、市、县三级政府出资解决。应当肯定，这种分担机制有其合理的一面。它体现了新机制中确立的根据农村义务教育经费支出的不同内容，建立中央和地方分项目按比例分担的原则。但与此同时，应当看到，我国地域辽阔，各地经济发展严重不均衡，将寄宿生的生活补助，完全交由省、市、县三级政府出资解决，实际上等于默许了经济发展不平衡这种差异对贫困生资助的不利影响和制约，其结果，只能使贫困生的生活补助取决于各地区的经济发展水平，取决于地方政府的财政收入状况。由于各地区的经济发展是不平衡的，存在着一定甚至是比较悬殊的差距，那么在完全由省、市、县承担寄宿生生活补助的机制下，不可避免地会出现一些经济贫困地区无力承担寄宿生生活补助的情况，加之越是贫困地区，需要补助的寄宿生就越多，这些地方政府负担就越重。这样一来，学校要么拿不到，要么不能按时拿到补助的情况就会发生。针对这种情况，中央决定，从 2007 年秋季学期起，中央财政对中西部地区落实基本标准所需资金按照 50% 的比例给予奖励性补助。中西部地区地方财政应承担的 50% 部分，由省级财政统筹落实。在中西部一些贫困地区将寄宿生的补助金由省级财政统筹解决是较为妥当的。这是因为，第一，从这些地区的实际情况来看，寄宿生占的比重较高，需要补助的人多，而绝大多数市县级政府，其所拥有的财力，是不具备承担包括寄宿生补助在内的全部义务教育职能条件的，因而寄宿生的生活补助不宜完全由市县基层政府承担；第二，以人均财力标准，这些地区省级财力远远高于市县基层政府，让省级政府承担农村义务教育阶段寄宿生生活补助，不会对省级财政构成太大的压力；第三，省级政府管辖范围内的市县级政府数量不算太多，长期以来，大多数省市级以下的政府间财政关系也都直接到市县，有比较可靠的信息和预算基础，从具体操作与管理的角度来讲，让经济不发达的中西部地区省级政府承担农村义务教育阶段贫困寄宿生的生活补助也具备可行性。当然，由于我国各地经济发展极不平衡，对贫困生的资助决不要搞一刀切。比如，一些经济较发达的省份，市县财力雄厚，加之越是经济发达地区，贫困生的比重越小，由市县财政全额解决贫困生的资助问题，也有可能比由省级财政解决更好。

按照美国著名经济学家、诺贝尔奖获得者弗里德曼教授的观点，政府的职能主要有四：一是提供国防和外交；二是提供公共产品；三是弥补市场失灵；四是为社会弱势群体提供基本保障。义务教育属于公共产品，应当由政府提供。公民有义务把学龄子女送到学校去接受教育，政府更有义务担负义务教育的全部费用。特别是对于老、少、边、山、穷地区，经济基础薄弱，地方财政十分拮据，老百姓的生活十分困难，对这样的地区，不仅应当完全免收学生的学杂费，而且还应免费给学生提供教科书、伙食、校服、交通补助费等。

通过政府公共财政来解决布局调整后义务教育阶段贫困家庭学生面临的经费困难问题，成本较为低廉，这是因为从全国范围来看，义务教育阶段学生面临经费困难问题的发生率已经非常之小。由于我国经济的快速发展，大部分地区义务教育阶段学生面临经费困难的问题已基本不存在，即使在经济欠发达的地区，学生因家庭贫困而完不成义务教育的现象也非常少见。只是在那些经济最为落后的边远贫困地区这一问题才较为突出。但是，相对于我国目前的经济发展水平而言，解决这一问题并不是一个十分困难的问题。

5. 切实加强农村寄宿制学校建设

农村中小学布局调整后，学生上学路程太远已经成为一个突出的问题。从各地的经验来看，要解决这一问题，保证农村中小学布局调整顺利实施，搞好农村寄宿制学校建设不失为一种好的选择。寄宿制学校既可以解决布局调整后农村中小学生上学路程远、学习和安全得不到保障的问题，还可以增强师生、同学之间的交往，提高农村中小学生的生活自理能力和与人合作的能力，对于他们的成长无疑具有积极的作用。因此，在当前中小学布局调整过程中，要结合"农村中小学危房改造工程"、"国家贫困地区义务教育工程"等项目的实施，在有条件且必要的地方改扩建一批农村中小学寄宿制学校，同时加强对寄宿制学校教学、生活、安全方面的管理，以充分发挥学校教育的主体作用，帮助农村孩子克服农村中小学布局调整后面临的各种困难。为此：

第一，加大对农村寄宿制学校建设的投入力度。

由于社会经济发展相对落后，中西部地区绝大多数农村县市政府财政困难，难以承担寄宿制学校的财政投入，因此，各级政府应制定农村寄宿制学校建设标准，加大对寄宿制学校建设投入的力度，按比例给农村寄宿制学校建设提供经费支持，给寄宿制学校建设在用地及收费等各方面实行减免等优惠政策，为寄宿制学校建设创造条件，使确需寄宿的农村中学生能进入具备基本办学条件的寄宿制学校学习。

第二，适当放宽农村寄宿制学校教师的编制。

根据中小学生（主要是小学低年级学生）年龄小、生活自理能力差的特点,应按一定比例(小学低年级最好按1:30—1:40的比例)给寄宿制学校配备专门的生活教师和适当数量的后勤人员,并对生活教师和其他相关后勤人员的素质提出相应要求。生活教师的职责不仅仅是照顾孩子的饮食起居,还应树立"保教结合"意识,身体力行、言传身教,担负起对孩子的教养责任。学校其他相关后勤人员也应从"服务育人"的宗旨出发,注重自身品德修养,克服不良生活、卫生习惯,给孩子一个好的行为榜样。

第三,千方百计改善农村寄宿制学校的条件。

农村寄宿制学校要在政府的支持下,大力完善学校的基础设施建设,要从最基本的改水、建厕、建食堂和澡堂等工作做起,搞好基本生活设施配套建设,切实保障学生和教师的基本生活。具体来讲,一是要改善学生住宿条件,使床铺结实,有安全保障,住得舒心。同时,要配备相应数量的浴室、洗衣池,保证学生能吃得上饭,有水喝,有热水洗澡。二是要配置一定数量的课桌椅、图书、实验设备和体育器械等,满足学生学习、生活和运动的需要,让学生学得开心、玩得开心,得到全面发展,以吸引村民将他们的孩子寄宿在学校,从而加强对农村中小学寄宿生的管护。

第四,加强寄宿制学校的日常管理。

学校要依据法律法规制定各种规章制度,作为学校日常管理的重要依据。在学生日常管理上,一是要安排教师全天值班。寄宿生全天都在学校里生活,课余时间多,学生一起玩耍,容易发生安全事故,必须安排教师值班。二是要建立陪护制度。生活指导教师应与寄宿生同睡,并负责处理突发事件,与家长电话联系等,保证学生夜间住宿安全。尤其应对寄宿制学校的女生加强监护管理,防止和杜绝她们的人身遭受侵害。三是强化卫生管理。要严格卫生制度,防止流行性疾病发生,配好学校医务人员。制定寄宿生常见疾病和流行性疾病预防措施，加强寝室卫生管理，保持寝室通风，地面干燥。四是办好食堂。学校食堂要办好伙食，注意营养搭配，保证成长发育中孩子的营养健康。学校管理者也应把寄宿制作为切实服务于学生、服务于农民家庭的办学形式，而应严禁通过收取过高的住宿搭伙费，或采取统一配发生活用具的方式来增加学生及家庭的负担。寄宿制学校对许多贫困家庭来说，无疑增加了上学成本和经济负担，因此，学校绝不能把寄宿制当成勤工俭学的途径，通过不合理收取寄宿费去弥补学校经费的困难，更不允许将学生的寄宿费挪作他用，从而降低寄宿生的生活标准。五是要定期排查安全隐患。对校内外环境定时检查，及时排除隐患。同时还要对学生进行安全知识教育，提高他们的安全意识。

第五，开展丰富多彩的有益身心的活动。

学校应从寄宿的特点出发，开展丰富多彩的活动来满足寄宿生的需要。一是晚自习除了完成当天的作业外，可组织学生看电视、读书看报、下棋、进行各种体育比赛等；二是可以根据学生的爱好特长，由专门的教师对学生进行特长培养，如组织艺术团、科普活动小组、各种兴趣小组等；三是开展主题班会、联谊会、道德法制讲座等活动，让寄宿生充分感受到来自学校大家庭的温暖。为此，学校应提供更多适合儿童的图书、报纸杂志等读物，并且增加儿童的体育娱乐设施，增添儿童精神上的慰藉及生活上的乐趣。

第六，重视寄宿生的心理咨询与辅导。

建立寄宿生心理发展档案，设立"心理健康咨询室"，安排有经验的教师担任心理医生，及时发现和诊治寄宿生出现的心理健康问题，帮助他们解决心理上的困惑。

总之，农村中小学布局调整，既是涉及教育资源能否合理配置和农村中小学布局是否合理的问题，又是关涉农村义务教育发展和质量提高的问题，如果不采取有效措施解决布局调整中出现的这样或那样的问题，其问题将会变得更加复杂，解决的难度将会更大。这些问题的解决是一个系统工程，但只要各级政府高度重视，社会各方共同努力，从一点一滴做起，问题就不难解决。

第八章

农村中小学合理布局的设计

实施农村中小学布局调整是贯彻科教兴国战略，巩固"普九"成果，优化教育资源配置，提高办学效益的重要措施。通过调整农村中小学布局，合理配置教育资源，减少中小学数量，扩大校均规模，提高教学质量和教育投资效益，逐步实现学校布局合理，教育结构优化和学校用人机制健全，经费使用高效的目标，进而促进农村地区基础教育的均衡发展。为此，必须对农村中小学布局进行统筹规划和合理设计。

一 农村中小学合理布局的基本原则

农村中小学布局调整在国家层面上是具有战略性和全局性的政策导向，但由于我国各地区的具体情况千差万别，该政策又具有在不同环境、条件下的局部性和相对性，因而如何既能把握该政策在国家层面上的战略性和全局性，又能把握其在不同环境、条件下的局部性和相对性，即如何正确处理集中办学与分散办学、兼顾公平与效率、重点支持集中办学又适当照顾分散的校点，搞好区域内经济发达地区与边远贫困地区学校建设的关系等，便构成了农村中小学合理布局必须遵循的基本原则。

1. 坚持"集中办学与分散办学"并举的原则

集中办学与分散办学是农村中小学惯有的办学模式。一般来讲，集中办学有助于形成规模效益，实现教育资源的合理配置和提高教育资源的利用效率；分散办学则有助于方便学生就近入学，解决学生上学难的问题，防止学生因上学路程远而导致失学和辍学问题的产生。

从6省区样本县市的调查情况来看，目前各地农村具体所采用的布局调整模式大多数是撤点并校，在交通不便的地方建立寄宿制学校。在这一办学模式的指导下，一些成班率不足、校均人数未达标的校点很快便被撤并。的确，从目前来看，在一些山区、交通不便地区建立寄宿制学校，将离校远的孩子统一安排在学校住读，由学校进行统一管理，无疑是解决因布局调整导致学生上学难问题的较好途径。但与此同时，由于经费投入不足，大部分农村中小学缺乏寄宿条件，甚至根本没有将寄宿制纳入中小学的发展规划之中。即使是住校，一般条件都较差，从我们所调查的几十所农村寄宿制学校的情况来看，基本上是两个学生挤在一个铺位，一张高低床睡4个学生，一间宿舍住几十个学生。此外，由于编制的限制，农村中小学对于寄宿学生一般都没有配备专门的生活教师，住校生的管理基本上是由任课教师和班主任负责。而这些任课教师和班主任往往又是义务服务，没有额外的津贴补助，有的教师每天从早上5点钟一直要工作到晚上10点多钟。由于学校的寄宿条件较差，管理不到位等造成一些孩子，特别是低年级学生生活不能自理，因而上学难的问题无法得到根本解决。其中的原因固然很多，但办学模式上没有能够做到因地制宜、灵活有效，不能不说是一个重要原因。

布局调整前的分散型办学模式固然有其不合理的地方，但在方便群众就近入学方面确实有它的长处。比如教学点的学生，在他们的学前班及小学低年级阶段，由于是在本村本乡的教学点接受启蒙教育，在这一阶段，他们白天在学校上学，学校的老师和同学全是乡里乡亲的，因此，学校虽破败不堪，但乡情温暖，不受歧视，放学后又与父母兄弟姐妹相处，生活虽苦，但亲情融融，这样，教学点就能在亲情上最大程度地满足他们身心发展的需要。但教学点的师资、设备、教学方法等又不如中心校，这样，由教学点转入中心校就读的学生就面临经济因素以外的两大问题：

一是学校离家远了，需要寄宿，原来学校和家庭一体化的学习生活环境没有了，与父母亲人朝夕相处的亲情依靠没有了，而所有这些儿童身心发展极需的情感缺失又无法在集中办学的校园里找到替代，于是不少学生便在情感上陷入无依无靠的困境，这是被撤并学校的学生最难跨越的心理危机。调查发现，不少教育行政管理人员、学校校长和教师反映，一些由教学点并入中心校的学生都存在不同程度的亲情饥渴，晚上哭着找父母是常有的事，而半夜逃跑回家或干脆逃学也是常有的事。如课题组在湖北省英山县河畈小学调研时，问一些高年级学生第一次在校住宿的感受如何，很多女生都说"第一天在学校住宿时都哭了"。该校有几位岩村的学生，住宿的第一天竟然在漆黑的夜晚结伴回到了15里路远的家里。

二是教学点的教学质量普遍比中心校差，这样，由教学点并到中心校的学生要在学习上赶上中心校学生必须经过较长一段时间的艰苦努力才能见效，可从教学点并入的学生并不一定明白这一道理。于是，有些原来在教学点成绩不错的学生在进入中心校后便因成绩不如其他同学而产生挫折感、自卑感。

基于上述原因，在农村中小学布局调整过程中，各地区根据自己所处的地理环境、学龄人口特点、经济状况等，既坚持扩大规模又方便边远地区学生上学，既坚持追求预期的办学效益又保证学龄儿童都能上学，这确实是各地进行布局调整的最大难点之一。而这个难点事实上就是分散与集中、效益与公平之间的平衡问题。过去的分散型办学是一个教师管一个教学点，一个教学点少的只有几个学生，结果教与学的活力无法显现，当然不利于学生的学习，也不利于农村基础教育的发展。但如果集中办学的模式只有走读和寄宿两种，则容易使一些年龄幼小的学生不得不推迟上学的年龄，或把一些因交不起寄宿费的学生拒之于中小学的大门之外，这样不利于农村基础教育的发展。因此，因地制宜，实事求是，正确处理集中办学与分散办学的关系，则是农村中小学合理布局必须遵循的基本原则。

2. 坚持"公平优先兼顾效率"的原则

公平与效率是一个经典的公共政策目标的权衡问题。农村中小学布局调整尽管不是解决教育公平与效率的唯一途径，但公平与效率是政府推进布局调整在政策选择上的主要依据或追求目标。因此，农村中小学布局调整必然涉及公平与效率问题。

当然，严格地说，公平与效率并不是一对哲学意义的范畴，与公平相对的是非公平，与效率相对的是非效率，虽然公平与效率并不构成一对范畴，但是在经济学领域中两者之间都存在相互影响和相互制约的关系，有着较为密切的内在联系。一般认为效率是指"资源的有效使用和有效配置"，"在经济领域内，任何资源总是有限的，不同的资源只是有限供给的程度不一而已。如何使用和配置各种有限的资源，使用得当、配置得当，有限的资源可以发挥更大的作用；反之，使用不得当，有限的资源只能发挥较小的作用，甚至可能产生副作用。这就是高效率与低效率的区别"[①]。而公平"主要是指如何处理经济活动中的各种经济利

[①] 厉以宁：《经济学的伦理问题》，生活·读书·新知三联书店1995年版，第2页。

益关系,其实质是合理的分配原则"①。经济领域内公平与效率的矛盾主要表现在制定经济政策时把何者放在更优先的位置上,即公平优先还是效率优先。

教育领域内的效率与经济领域内的效率在含义上没有太大的差别,教育领域内的效率从本质上讲是指"资源配置的结果要使效率最大化,即教育资源配置要形成一定的优势结构"②。如果有限的教育资源配置得当,使用得当,就能发挥更大的作用,具体表现为:用有限的教育资源获得教育规模与教育质量的较大发展,如果有限的教育资源使用不得当,配置不合理,就只能发挥较小的作用,具体体现为投入一定的资源却不能使教育规模得到扩大和使教育质量得到提高。但教育领域内的公平与经济领域内的公平在含义上有一定差别。瑞典著名教育学家胡森(Torsten Husen)认为,教育公平主要是指教育机会均等,包括教育起点的平等、教育过程的平等和教育结果的平等。而要实现教育机会均等,教育资源在各参与分配者之间就应"以大体均等的占有量加以分配,即教育资源在各级各类教育之间、各学校之间、地区之间以及不同受教育者个人之间,按照与其规模和需求相对应的数量加以分配"③。由此可见,教育公平主要包括教育权利平等和机会均等两个方面,教育权利平等主要是指法律上要保证每个公民都享有同等的受教育权利,教育机会均等是指能力相同的儿童,不论其性别、种族、地域,都有相等的接受教育的机会,与此相对应,在同等条件下受到不平等的待遇就叫不公平。

---

① 余源培、荆忠:《寻找新的学苑——经济哲学成为新的学科生长点》,上海社会科学院出版社 2001 年版,第 151 页。

② 王善迈主编:《教育经济学简明教程》,高等教育出版社 2002 年版,第 172 页。

③ 同上。

农村中小学布局调整的一个重要目的，就是要实现教育资源的合理配置，提高教育资源的利用效率。这从总体上来看，应该说是正确的，因为与农村中小学布局调整相结合的撤点并校工作对经济条件好、交通便利的村镇具有积极的意义，主要表现在教育资源的集中和优化，不仅提高了教育资源的利用效率，同时，为农村学生接受更好的教育提供了条件。但由于各地经济社会发展的不平衡性及农村社会贫富分化的加剧，经济条件比较好的地区和经济条件比较好的家庭，他们有能力投资教育，对教育的需求有更高的目标，对教育有更自由的选择空间，因此，当布局调整的决策有利于他们子女教育发展的时候，这些地区和家庭有能力在财力、物力上给予积极的支持，这对于促进农村教育的发展，缩小区域之间、城乡之间、学校之间教育的差距无疑具有积极的意义。但由于布局调整后保留的学校或新建的学校大多位于经济基础较好、教育较发达、交通较便利的地区，这就必然出现在效率目标的追求下对公平的牺牲。这表现在那些最薄弱、最分散、最不经济的校点被撤并后，所有的学生被集中到条件稍好的学校就读，这对他们来说，可以增加接受优质教育的机会，但前提是边远地区的孩子、贫困生能上得起学、留得住，然后才能谈得上接受好的教育，否则，只能是一句空话。

调查发现，边远地区、贫困山区的孩子恰恰因为上学难和留不住而失去或不能更好地接受优质教育。而上学难和留不住的根本原因就是前面所提的路途远、经济困难等。尽管农村学生辍学和失学是常有的事情，但调查发现，农村中小学布局调整确实加大了边远地区、贫困山区孩子辍学和失学的风险，使政府有限的教育资源在效率的作用下而失去可以保证每个学龄儿童都能上学的公平性。

此外，政府把大部分经费投入到交通便利、办学条件较好的学校，肯定会对边远贫困地区农村教育发展不利，这对于边远贫困地区的农村居民来说是不公平的，由这种不公平所带来的负面影响将是巨大的、潜在的。如加大了边远贫困地区农村中小学与城镇中小学办学条件的差距，使这些地区的孩子不但享受不到布局调整后的成果，相反，因办学条件的差距进一步拉大，甚至进一步恶化，因而，在未来的岁月中，撇开他们是否能上高中、大学不说，仅就这一点就无法让他们与城镇的孩子处于同等的地位进行竞争，而在经济与教育的互动关系越来越密切，人力资本在一定程度上决定人们收入水平的今天，这无疑是边远贫困地区孩子的不幸。

以上种种问题，其影响将是潜在的、长期的，有些负面影响目前还只见端倪，因此，要确实让布局调整的政策造福于民，就不能让边远贫困地区的孩子作出政策性的牺牲，而解决的根本办法就是国家在实施这一政策的过程中，必须制定相应的财政补贴政策，资助因布局调整而在教育上受到损失的边远贫困地区的孩子，让他们不因布局调整而失去受教育的机会和使受教育的条件进一步恶化。只有这样，才有利于教育的均衡发展，保证边远贫困地区的孩子都能公平接受教育。因此，农村中小学布局调整必须坚持公平优先兼顾效率的原则。

3. 坚持"重点支持集中办学又适当照顾分散校点"的原则

通过布局调整，各地的农村基础教育发生了不同程度的变化。总体情况是，教育资源得到了优化配置，学校的布局结构趋于合理，办学条件得到改善，办学效益得到提高，各阶段的教育得到协调发展。但应当看到，由于教育资源本身具有整体性和不可分割性，即使学校规模再小，也因其教育功能的需求而必须投入相应的资源，这样，投入的资源会因为学校规模小而未能获得充分的利用，这是我国实施布局调整的重要原因之所在。但如何使教育资源得到合理配置，使有限的教育资源能够依据其教育功能的特性和需求而得到有效利用，不是布局调整所能完全解决的。而本课题的调查证明，农村中小学布局调整在局部地区并不能使教育资源得到合理配置，相反，布局调整前分散型办学造成的教育资源浪费在布局调整后集中资源办学的过程中同样不可避免。这是因为：

第一，布局调整的时机如果把握不好，就会出现教育资源匮乏与闲置并存的结构性浪费。

将分散的、规模过小的中小学和教学点逐步撤并，把分散在这些校点的教育资源进行优化重组和合理配置，使师资和生源相对集中，扩大办学规模，提高办学效益，是农村中小学布局调整的宗旨，也是今后农村中小学教育发展的趋势。但是教育资源的合理配置，学校网点的重新布局需要较多的经费投入，新建学校不用说，即使是布局调整予以保留的学校，也必须增加教学、办公、学生活动场地、学生宿舍、学生食堂等建设，否则就无法满足从其它校点集中过来的学生的学习和生活需要。调查发现，有些县、乡政府和教育行政部门对布局调整由理想蓝图变成真正现实所必备的人力、物力、资金等硬件条件估计不足，在基本办学条件尚不具备的前提下，便急忙把周边的一些校点撤并，结果，周边学校有的教育资源如学校校舍、运动场等因无法搬迁而被闲置和毁坏，被政府定为集中办学的中心校却因基础设施不完备而无法容纳更多的师生。这样，一方面是被撤并学校原有教育资源的废弃和浪费，而另一方面则是集中办学的学校人满为患，从而造成新的校点在学习、生活、管理上的混乱，这当然会引发村民对布局调整的不满，严重的甚至造成学生的失学和辍学。

第二，集中与分散的关系如果处理不好，就会出现教育资源在教学点与集中办学学校之间的重复性浪费。

在有些边远地区，一些乡村的教学点被撤并后，由于一些儿童面临着失学和辍学，当地政府在权衡利弊之后，本着实事求是的态度自动恢复了一些不该撤并的教学点。此外，由于村民不放心让自己年幼的孩子到离家很远的中心学校上学，于是，他们有些宁愿让孩子失学在家也不把孩子送到邻村或集中办学的学校就读，或者自行聘请教师，利用布局调整后废弃的教学点办学。调研发现，由村民自行聘请教师在教学点给孩子上课，在布局调整后的一些地方并不是个别现象，这样，一方面造成中心校的生源严重不足，另一方面则是本该撤并的教学点无法撤并。可见，虽然从长远看，农村中小学布局调整确有它的长处和优势，但如果与村民的现实生活相差太远，则不但达不到提高教育资源利用效率的目的，相反还会带来教育资源的更大浪费，甚至还会带来大量学龄儿童的失学。

第三，新建校与保留校点如果处理不当，就会出现教育资源的过剩与紧张并存的供给性浪费。

在农村中小学布局调整过程中，有些县（市）、乡镇政府及教育主管部门由于没有对学校覆盖范围内的学龄人口、村民意愿、地理位置等进行充分的论证就急忙进行布局调整，结果新学校建成后，却长期无法按计划完成招生任务，使校舍长期处于空闲状态。而计划撤并的校点，由于群众不同意撤并，或者由于撤并引发大量学生失学、辍学而只好继续办学，结果造成集中办学的学校在教育资源闲置状态下仍不断得到政府经费的补充和支持，而计划撤并的校点，普遍存在教育经费不足的问题，如校舍维修费得不到补充而不得不让学生在漏风漏雨的危房中上课；因得不到政府的正常拨款，学校往往连粉笔也买不起，更不用说图书、仪器设备了；由于政府不再派遣公办教师前往这些学校任教，这些学校又不得不聘请一些文化程度低且不具备教师资格的人任教，结果造成这些学校的师资水平低下，教学质量不高，学生学业成绩受到影响，等等。由此可见，一方面是布局调整后集中办学的学校出现生源不足，校舍、师资、教学仪器设备等教育资源的过剩或浪费；另一方面计划撤并但由于各种原因不能撤并的校点因长期得不到教育经费的补充而办学效益日益低下，维持学校正常运转的基本物质条件日益匮乏。这种反差极大的教育资源配置方式，应引起各级政府及教育行政管理部门的关注。

总之，在农村中小学布局调整过程中，既要考虑教育资源适当的集中配置，同时又要兼顾边远贫困地区农村一些分散校点对教育资源的需求。因此，农村中小学合理布局，既要重点支持集中办学，又要适当兼顾分散校点的建设。

4. 坚持"区域内经济发达地区与边远贫困地区教育均衡发展"的原则

20世纪90年代以来，随着我国九年制义务教育的逐步普及，基础教育均衡发展已成为我国教育政策的重要内容。而这里所说的教育均衡发展，是指受教育者接受相同数量和质量的教育，其基础是教育资源配置的均衡，包括初中教育在内的义务教育阶段是教育均衡的重点。因此，在农村中小学布局调整过程中，如何使农村基础教育实现均衡发展，是布局调整面临的重大课题。从各地布局调整的实践来看，撤并一批过于分散的教学点，在交通不便、人口居住分散的地区建设一批寄宿制学校，把有限的农村教育资源集中到办学能力强的中心校，以中心学校带动分校，以强校合并弱校，是其布局调整工作的主导方针。经过撤点并校，各地农村基础教育是否实现了均衡；不同县域、乡域的不同学校之间、城乡之间的办学条件是否已相对均衡；边远贫困山区儿童、孤残儿童、贫困儿童、留守儿童等社会弱势群体是否获得与其他同龄人一样的受教育权利，等等，无疑是衡量和评价农村中小学布局是否合理的重要内容。

毫无疑问，农村中小学布局调整对促进区域（主要是县域、乡域）内的教育均衡发展具有积极作用，但是，我们在调查中也发现，在一些边远贫困地区，农村中小学布局调整不仅没有改善农村学校的条件，反而使部分校点办学条件恶化，不但无法缩小边远贫困地区农村与发达地区农村之间教育的差距，反而拉大了这种差距。

造成这种局面的主要原因是，主观愿望与实际情形相矛盾。主观上人们寄希望通过布局调整为所有边远贫困地区的孩子提供良好的办学条件和高质量的教育，但一个不容回避的现实是边远贫困地区义务教育目前只能在数量上予以保障，只能以完成基本的义务教育培养目标为限度，高质量教育的追求既受政府财力的制约，也与边远贫困地区老百姓脆弱的支付能力相悖。因此，边远贫困地区的教育供求矛盾与经济发达地区教育供求矛盾的区别在于：它不是优质教育资源的稀缺导致的教育不公，而是因绝对数量不足，教育活动最基本条件难以保障导致儿童受教育机会的缺失。因此，就边远贫困地区的农村而言，撤并过散过小的校点，扩大中心学校的规模，创办寄宿制学校，追求师生比例达到或接近国家标准等，都从理论上有利于边远贫困地区农村基础教育的发展，有利于提高这些地区的教育质量与教育水平。但是，如果没有一定的经费支撑，这种主观愿望与边远贫困地区农村的实际情形就难以相符，然而在布局调整过程中一些边远贫困地区却不顾当地的实际情况，仅凭主观愿望，一哄而起，在基本办学条件不具备的情况下，过早、过快地撤并一些还应暂时保留的校点，结果事与愿违，不但无法实现布局调整的预期目标，相反出现了与预想目标相反的结果。

当然，国家可以通过财政转移支付、专项拨款等途径加大对边远贫困地区教育的资助，但在集中资源办学的方针政策下，这些资金多数被投入到集中办学的中心校，而中心校以下的教学点往往变成了"被遗忘的角落",不仅高层政府的专门调查涉及不到这些校点,即使是本地的教育行政官员也很少甚至从没有到过这些地方。如湖北省英山县雷店镇五一中心小学下辖的一个教学点,离中心学校 15 公里左右,至今无法通车,全靠步行并要翻越一座山才能到达。该镇中心学校刘校长告诉我们,她每学期只在开学的时候去一次,其它工作只能依靠电话联系。其他各级党政官员、教育行政官员也就可想而知了。因此,政府的财政转移支付是很难惠及到这些地方的。

由于中小学教育是必须分散组织的社会事业,其管理权主要属于地方,因而地方经济的发展对农村中小学教育的发展及其布局,影响是很大的,如果地方区域经济比较发达,可提供的教育经费就相应充足,中小学教育的发展就有了根本保证,反之,中小学教育的发展就很难得到经费支持。同理,农村中小学布局调整是一项具有长远发展的战略决策,随着这一决策的实施,一批标准化、现代化的农村中小学诞生了,这对于区域内经济发达地区的农村孩子获取与城市孩子一样的教育,进而通过教育的途径缩小其城乡差别是具有重要意义的。但由于同一区域内边远落后地区与经济发达地区之间仍存在着较大的差距,在投资教育就意味着投资未来的今天,经济发达地区对教育的投资越大,他们获得的发展机会和潜力就越大,因此,他们的发展速度就会更快。而边远贫困地区,则由于地方财力和家庭支付能力的限制而无法承担因布局调整所导致教育财政支出和家庭教育消费支出的增加,这些地区教育的发展和农民子女接受优质教育的机会也将受到限制。长久下去,同一区域内边远落后地区与经济发达地区的教育差距会进一步拉大。因此,农村中小学布局调整必须兼顾到同一区域内经济发达地区与边远贫困地区的学校,协调好经济发达地区与边远贫困地区教育的发展。

二 农村中小学合理布局指标体系的构建

由于农村中小学布局调整能够形成规模效益,有利于教育资源的合理配置和提高教育资源的利用效率,因此,实施农村中小学布局调整是十分必要的。但由于我国农村中小学教育存在严重的不均衡现象,表现为县镇所在学校与乡村学校、乡镇中心学校与其它学校、教学点与非教学点在办学条件、教师水平、教育质量方面存在严重的不均衡,学校之间差异极为显著,要使农村中小学布局合理,除了应遵循上述原则外,还必须构建一套标准的指标体系。

1. 农村中小学规模决定因素的回归分析

通过前面对中西部地区农村中小学布局情况的描述性统计数据的分析,所得结果表明,对学校布局调整产生影响的因素较多,为了构建学校合理布局指标体系,需要采用一种方法从众多因素中抽取出少数几个关键变量,这几个变量对学校布局的影响最为重要,最具有代表性,可以作为学校合理布局的基础性指标。然后能够利用这几个指标计算学校合理布局的具体数值,从而能够对农村中小学布局是否合理作出评价和判断。

根据这一逻辑,本研究采用调查问卷之一的学校问卷数据,运用多元回归方法,对各因素的影响作用大小、方向进行了计算。以代表学校规模的学生人数为因变量,以学校的地理位置、类型、是否为寄宿制学校、学校服务范围、服务人口等变量作为自变量,通过绘制因变量对各种自变量的散点图(如图8.1所示)可以看出,因变量与自变量近似线性关系,因而回归方程可以采用线性方程。

多元线性回归方程的各自变量具体包括:

a. 学校服务范围；

b. 学校服务人口；

c. 学校类别，分为小学、初中、九年一贯制学校、高中四类，以小学为参照类；

d. 学校地理位置，分为山区、丘陵、平原、牧区四类，以山区为参照类；

e. 是否为寄宿制学校，分为寄宿制学校、走读学校、寄宿走读混合制学校三类，以走读学校为参照类。

其中 c、d、e 类自变量设置为虚拟变量。

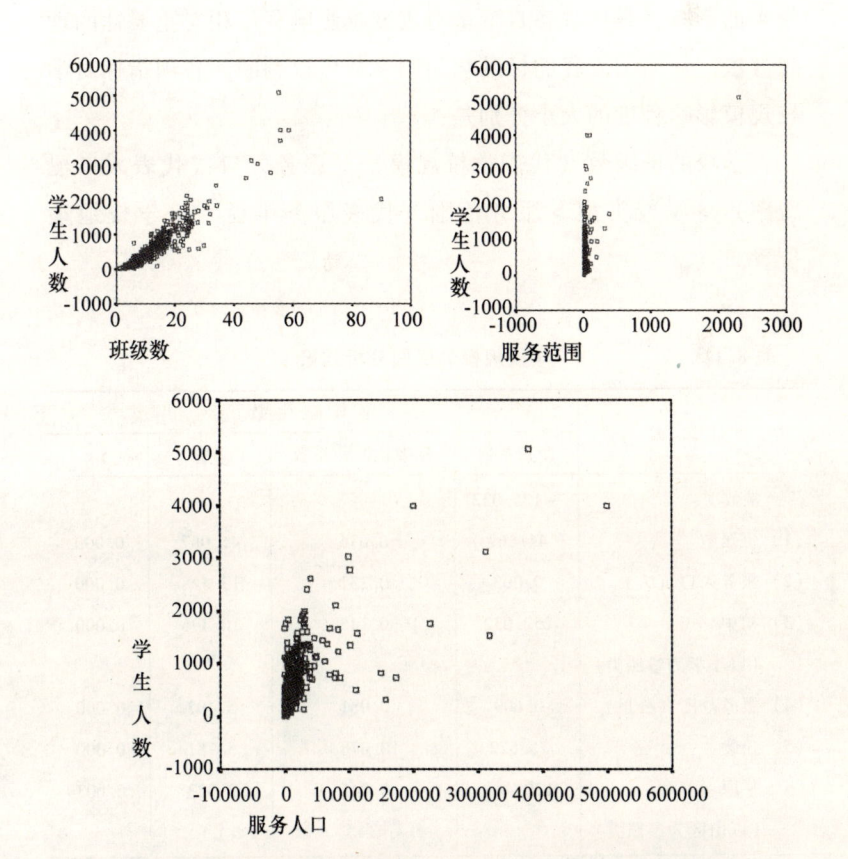

图 8.1 学校学生人数与班级数、服务人口、服务范围的散点图

利用原始数据，采用逐步回归方法，SPSS13.0 软件的回归结果如表 8.1 所示，回归方程的复相关系数 R = 0.916，决定系数 R^2 = 0.840，F = 798.916，P = 0.000，由决定系数和方差分析结果来看回归方程高度显著。

学校类别中的九年一贯制学校、高中、牧区中小学、寄宿制学校等几类指标均没有通过 t 检验，故未进入回归方程。

由回归方程的回归系数和标准化回归系数都呈现正数可以判断进入回归方程的各变量对学校规模产生着正向影响。特别值得关注的是标准化回归系数，它消除了量纲不同和数量级的差异所带来的影响，是比较各自变量对因变量影响程度相对重要性的理想方法。从回归方程的标准化回归系数可以判断，各项指标对学校规模影响程度的大小分别是：

学校的班级数（代表学校规模）＞服务人口（代表人口覆盖率）＞学校类型＞服务范围（代表服务半径）＞学校地理位置。

表 8.1　　　　　学校规模的回归分析结果

自变量	学校学生数			
	回归系数	标准化回归系数	T 值	Sig
常数项	-125.032			
（1）班级数	44.667	0.676	41.087	0.000
（2）服务人口（人）	0.003	0.231	13.528	0.000
（3）初中	252.032	0.145	10.496	0.000
（以小学为参照类）				
（4）服务范围（公里）	0.609	0.081	5.407	0.000
（5）丘陵	75.522	0.078	5.781	0.000
平原	120.461	0.041	3.023	0.003
（以山区为参照类）				

R = 0.916　　R^2 = 0.840　　F = 798.916　　P = 0.000

由偏相关系数也可以判断两个变量之间的相关关系,通过对方程相关阵的计算得到学生人数与班级数的偏相关系数为 0.805,与服务人口的偏相关系数为 0.408,与初中的偏相关系数为 0.328,与服务范围的偏相关系数为 0.176。这也印证了通过标准化回归系数得出的结论。

综合以上描述性统计和回归分析的结果,获得的结论是决定某地学校分布情况的主要基础性指标是学校规模、服务人口、服务半径,而且影响力是递减的;学校类型(小学、初中等)、学校地理位置(山区、平原等)对学校布局也有显著性影响,学校是否实行寄宿制对学校布局有一定程度的影响,但它们三者是通过对三种基础性指标产生或正或负、或大或小的影响作用来体现的,是一种间接作用。此外,某地学校数量的多少也是由三种基础性指标决定的,呈现反比例变动关系,即学校规模、人口覆盖面、服务半径大则当地学校数量就少,反之,学校数量就多。因此就可以建立如下的学校合理布局指标体系:

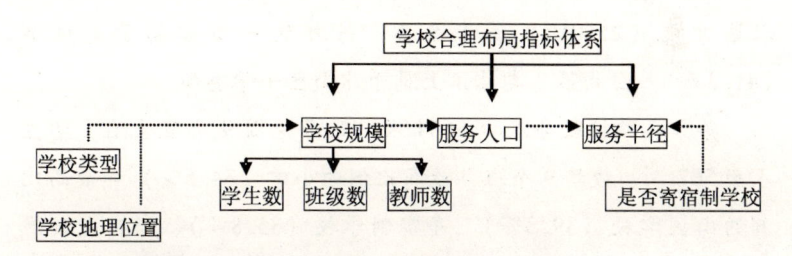

```
                    ┌─── 学校合理布局指标体系 ───┐
                    ↓              ↓              ↓
     ┌─────→  学校规模         服务人口        服务半径  ←─────┐
     |        ↓    ↓    ↓                                    |
学校类型    学生数  班级数  教师数                      是否寄宿制学校
     |
学校地理位置
```

注:示意图中的实线表示直接影响,虚线表示间接影响。

2. 农村中小学布局指标的二阶聚类分析

本研究认为要确定合理学校布局指标需要对所有样本学校数据进行分类分析,以期简化现实情形,更好地认识学校布局调整的规律。本研究所采用的具体分类方法为聚类分析(Cluster Analysis)方法中的二阶聚类(Two step Cluster)分析,聚类分析是应用最广泛的分类技术，它把性质相近的个体归为一类，使得同一类中的个体具有高度的同质性，不同类之间的个体具有高度的异质性。① 而聚类分析中的二阶聚类方法，具有几个合乎需要而又不同于传统聚类的计算技术：它可以处理标称变量和非标称变量，自动选择聚类的个数，产生聚类解中的聚类标准信息以及描述统计量等。② 二阶聚类的结果如表8.2所示，图8.2是根据表8.2的数据所做的示意图，能够更形象地说明各类别的归属。

二阶聚类分析将所有学校样本分成了6类：

第1类学校服务人口3396人，服务范围4公里左右，学生人数258人，校均8个班左右，相当比例的小学（30.8%）和山区学校（35.2%）属于此类，最高比例的走读学校（51.7%）属于此类，因此第1类属于山区走读小学类型。

第2类学校服务人口4731人，服务范围4公里，学生人数282人，校均7个班左右，这一类主要由小学构成（24.4%），有最高比例的丘陵学校（52.6%）、平原学校（55.2%）和一些牧区学校（25.0%）属于此类，另外这一类都属于走读类（41.3%），因此第2类总体上属于非山区小学类型。

第3类学校服务人口6604人，服务范围9公里左右，学生人数307人，校均9个班，最高比例的小学（34.5%）和最高比例的山区学校（39.3%）、寄宿制学校（35.8%）、寄宿走读混合制学校（50.9%）（其实是寄宿学校的一种）属于此类，因此第3类总体上属于山区寄宿小学类型。

第4类学校服务人口16781人，服务范围20公里左右，学

---

① 郭志刚：《社会统计分析方法——SPSS软件应用》，中国人民大学出版社1999年版，第117页。

② 阮桂海：《数据统计与分析——SPSS应用教程》，北京大学出版社2005年版，第217页。

生人数742人，校均15个班，最高比例的初中（60.7%）和九年一贯制学校（88.2%）属于此类，这一类拥有次高比例的山区学校（20.8%）和极少数的丘陵、平原学校，因此第4类总体上属于山区初中类型。

第5类学校服务人口18748人，服务范围12公里左右，学生人数793人，校均14个班左右，次高比例的初中（32.8%）和少数高中（14.3%）、小学（9.6%）属于此类，次高比例的丘陵（41.2%）、平原（37.8%）的学校属于此类，寄宿制学校也在这一类中占有相当比例，因此第5类总体上属于丘陵平原初中类型。

第6类学校服务人口117514人，服务范围66公里左右，学生人数2132人，校均36个班左右，最高比例的高中（81.0%）和少数初中、九年一贯制学校属于此类，因此第6类总体上属于高中学校类型。

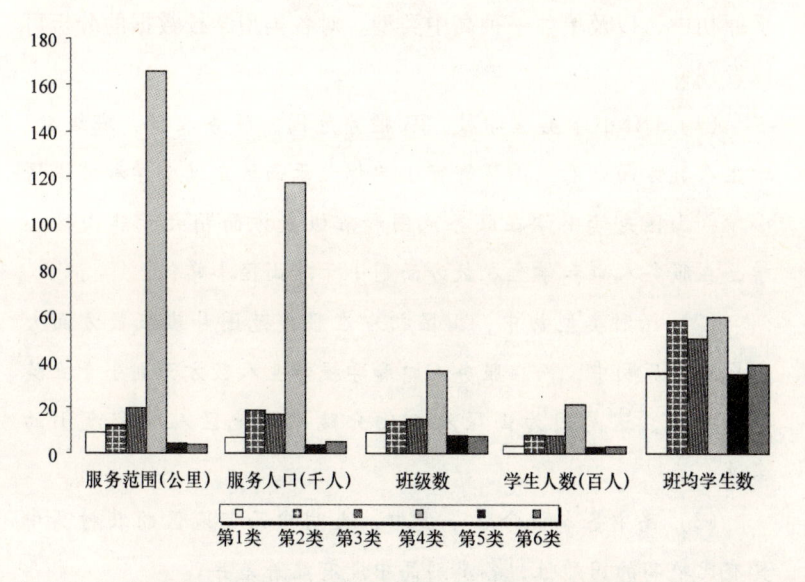

图8.2 学校布局评价数据的二阶聚类分析图示

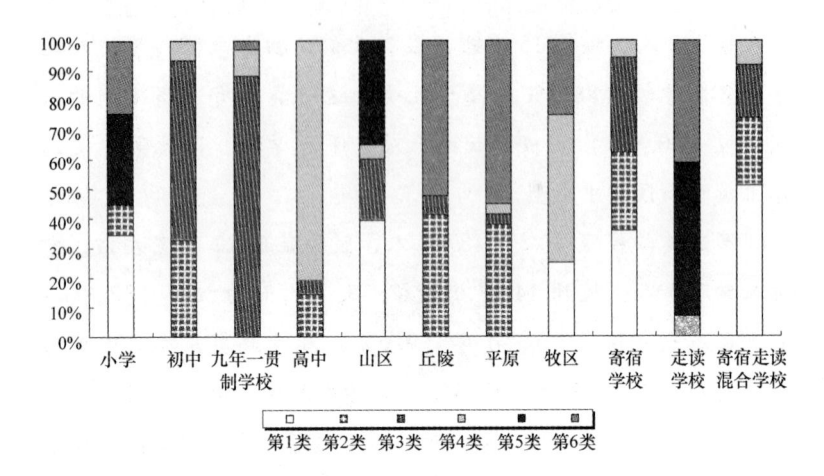

图 8.3 学校布局评价数据的二阶聚类分析图示

通过对以上二阶聚类结果的分析，可以看出中西部地区农村中小学明显被划分成六大类型，包括小学 3 类——山区寄宿小学、山区走读小学和非山区小学；初中两类——山区初中和丘陵平原初中，以及单独一种高中类型。对各类型学校数据的分析可以发现：

（1）3 种小学类型学校，从服务范围、服务人口、班级数、学生人数方面来看，山区寄宿小学都大于山区走读小学和非山区小学，山区走读小学在服务范围和班级数方面稍大于非山区小学，在服务人口和学生人数方面则小于非山区小学；

（2）两种类型初中，山区初中在服务范围和班级数方面大于丘陵平原初中，而在服务人口和学校学生人数方面则小于丘陵平原初中，这是因为山区人口比丘陵平原地区人口密度小的缘故；

（3）高中基本被分在一类中，表明中西部地区的农村高中具有比较高的同质性，各类别高中没有显著差异。

同时，参考各类学校布局情况的描述统计指标和课题组在 6

表 8.2　学校布局评价指标的二阶聚类分析

学校布局评价项目		第 3 类	第 5 类	第 4 类	第 6 类	第 1 类	第 2 类
服务范围(公里)		9(10.6)**	12(8.7)	20(30.2)	166(25.2)	4(5.3)	4(2.4)
服务人口(人)		6604(8877.5)	18748(16820.9)	16781(12533.0)	117514(129019.0)	3396(3910.6)	4731(3568.6)
学校班级数(个)		9(4.2)	14(6.0)	15(6.6)	36(20.1)	8(3.9)	7(2.9)
学校学生(人)		307(236.7)	793(553.3)	742(418.4)	2132(1567.0)	258(254.5)	282(225.1)
班均学生数*		35	58	50	59	34	39
学校类型***	小学	183(34.5%)	51(9.6%)	2(0.4%)	2(0.4%)	164(30.8%)	130(24.4%)
	初中	0(0.0%)	40(32.8%)	74(60.7%)	8(6.6%)	0(0.0%)	0(0.0%)
	九年一贯制学校	0(0.0%)	0(0.0%)	30(88.2%)	3(8.8%)	0(0.0%)	1(2.9%)
	高中	0(0.0%)	3(14.3%)	1(4.8%)	17(81.0%)	0(0.0%)	0(0.0%)
学校位置	山区	183(39.3%)	0(0.0%)	97(20.8%)	22(4.7%)	164(35.2%)	0(0.0%)
	丘陵	0(0.0%)	40(41.2%)	5(5.2%)	1(1.0%)	0(0.0%)	51(52.6%)
	平原	0(0.0%)	54(37.8%)	5(3.5%)	5(3.5%)	0(0.0%)	79(55.2%)
	牧区	1(25.0%)	0(0.0%)	0(0.0%)	2(50.0%)	0(0.0%)	1(25.0%)
寄宿否	寄宿学校	38(35.8%)	28(26.4%)	34(32.1%)	6(5.7%)	0(0.0%)	0(0.0%)
	走读学校	0(0.0%)	0(0.0%)	22(6.9%)	0(0.0%)	164(51.7%)	131(41.3%)
	混合学校	146(50.9%)	66(23.0%)	51(17.8%)	24(8.4%)	0(0.0%)	0(0.0%)

* 该项目并不是进入二阶聚类分析的变量，但由于在评价学校布局情况时该项目的数据比较重要，因此将该项目数据列入表中，其计算公式为：每班平均学生人数＝学校学生人数/学校班级数。
** 第 2—4 行括号内的数字为标准差。
*** 第 7—9 行括号内的数字表示该类型在样本总体中的比率。

省区农村调研所获得的信息，本研究认为聚类分析对中西部地区农村学校的分类是比较合理和可行的，所以在确定学校合理布局指标数值时同样采用上述分类方法。

3. 农村中小学布局的理想数值与实际数据的比较分析

本研究认为，为了确定学校合理布局指标，了解当前学校布局的实际数据是第一步，此外还需要参考教育行政部门、学校、家长和学生对理想学校布局指标的意见，综合各种渠道、各个方面的看法，才能尽可能科学、合理地构建学校合理布局指标体系。

本研究利用行政问卷、学校问卷、家长问卷三种问卷中有关数据整理归纳了各方对学校合理布局数值的判断，结果（见表8.3）显示：

表8.3 各方对学校合理布局的判断及与实际数据的比较

人员类别	小学服务半径（公里）	初中服务半径（公里）	高中服务半径（公里）	小学服务人口（人）	初中服务人口（人）	高中服务人口（人）	小学班级数（个）	初中班级数（个）	高中班级数（个）
教职工	4.8	15.3	36.2	6361	16254	116320	15.8	22.5	37.3
行政人员	4.6	10.4	26.3	3992	18757	74431	14.0	18.0	30.5
家长	2.5	6.15	13.2	—	—	—	—	—	—
实际数据	—	—	—	5168	27902	158116	8.2	16.7	32.6

人员类别	小学学生人数（人）	初中学生人数（人）	高中学生人数（人）	山区小学服务半径（公里）	山区小学服务村（个）	山区小学服务人口（人）	山区小学班级数（个）	山区小学学生人数（人）
教职工	460	887	1633	9.5	9.5	8469	17.4	453
行政人员	539	997	1888	10.0	—	3479	14.7	530
家长	—	—	—	—	—	—	—	—
实际数据	295	1020	2025	6.1	—	5062	8.2	228

(1) 就学校服务半径而言，教育行政部门、学校与家长之间的看法差别较大，家长认同的最大服务半径（即上学距离），不论哪一类学校都只有教育行政人员和学校教职工所认同的一半左右，表明家长更希望孩子能就近上学。

(2) 目前学校（除小学外）服务人口的实际数值大于教育行政部门和学校教职工认可的合理人口数量，小学的服务人口数值则大于教育行政部门所认可的人口数量而小于学校教职工所认可的人口数量。

(3) 关于学校合理班级数，呈现出学校教职工认同的合理班级数大于教育行政人员认同的合理班级数，而且大于实际班级数，显示出学校教职工普遍认为目前班级太少，班额过大，导致学校和教师负担较重。

(4) 学校学生人数方面，教育行政人员认同的合理学生数都大于学校教职工的看法，而实际的学生人数——小学人数明显小于教育行政人员和学校教职工认同的学生数量，初中和高中的实际学生人数则超过了教育行政人员和学校教职工认同的合理学生数量，表明初高中的学校规模普遍偏大，小学规模还有一定的扩大空间。

综合各方观点，本研究认为，农村中小学合理布局存在的最大争议是小学，小学又以山区小学为争议焦点。教育行政部门和学校认为需要扩大小学的规模，形成规模效益和提高教育资源利用效率，家长则希望就近入学，既能方便孩子上学，节省家庭经济支出，又能够使孩子获得更多家庭的关照，有利于孩子的身心健康。解决问题的办法似乎唯有实行小学寄宿制。前面的聚类分析数据表明，寄宿小学比走读小学的服务人口和服务半径扩大了将近一倍，因此，兴办寄宿制小学能够在一定程度上实现教育行政部门和学校扩大规模的目的，也能够使路远的孩子及时上学。但是，这样一来又令学生家庭负担加重，使孩子缺乏家庭关照。

本研究认为，寄宿制小学只适用于交通十分不便和上学路途过远的孩子，大多数小学生还是应该走读上学。特别要指出，在寄宿小学住宿的学生应该是小学高年级（四年级以上）的学生，小学低年级学生一般不应该住校，他们上学远的问题应该通过设教学点、初小等学校形式来解决。

对于中西部地区农村初、高中来说，学校规模基本已经达到和超过理想规模，不宜继续扩大。初、高中班额普遍偏大，应该适当增加班级数量，减少班级人数，减轻学校及教师较重的教学和管理负担，也有利于改善初、高中学生的学习条件和提高其生活质量。

三 农村中小学合理布局的具体设计

农村中小学合理布局不仅要遵循基本的原则和构建标准的指标体系，而且重要的是要进行具体设计。只有进行具体的设计，才能保证农村中小学布局的合理。但农村中小学的布局既受共性因素的影响，又有其各自的特殊性，这是由中小学教育自身的特点所决定的，因此进行农村中小学合理布局的具体设计，必须考虑农村中小学教育的特点。

1. 关于农村小学合理布局的设计

小学教育是基础教育的初级阶段，其教育的对象是6—12岁的儿童。儿童的年龄小，生活自理能力差，对家庭的依赖性较强，在心理发展方面还很脆弱，容易受环境、情绪的影响，自我控制能力还未形成。由于年龄小，身体正处在发育期，容易疲劳且受伤害。因此，小学生特别是低年级小学生，不宜过多采用寄宿制。为了普及义务教育，小学的设置要有利于儿童就近入学，因此小学的布点相对来说就多一些，其规模也随之受到限制。相对而言，小学比较分散，特别是边远山区更是如此。

考虑到小学教育对象年龄小、体弱、易疲劳，小学设置就不可能过分集中，一所小学的服务人口、覆盖区域也就不可能很大。而小学课程计划所规定的培养目标和学科设置，都是最基本的要求，教师可以兼任。而不需像中学那样要求教师专门化，因而在教师的利用上不像中学非要达到一定的规模不可，否则会造成人力资源的浪费。在教学实验仪器设备上亦如此，不会因学生少而造成巨大的教育资源的浪费，使生均成本上升。

当然，不同类型的学校，其覆盖范围、服务半径、服务人口、学校规模应该有所区别，不同地区（如县镇、平原、山区等）的小学布局设计也应该不一样。

(1) 不同类型小学的合理布局设计

根据以上分析，小学布局调整应在坚持学生就近入学的前提下，重点调整村小和教学点。要打破村村办学的"小而全"的办学模式，除交通十分不便的地区继续保留必要的低年级教学点外，应有计划、有步骤地撤并一些村小和教学点，积极推动村与村按学区联合办完全小学，发展乡镇示范性中心小学。平原和交通方便的地区，要尽可能扩大小学的规模，山区和其它交通不便的地区要积极创造条件，在考虑群众经济承受能力的前提下，兴办寄宿制小学。通过布局调整，平原地区小学的服务半径一般为2—2.5公里，最远不应超过3.5公里；在偏远贫困山区，服务半径原则上为1.5—2公里，最远不应超过3公里。具体来讲：

①山区走读小学，服务半径以1.5—2公里为宜，最远不应超过3公里；服务人口2500—5000人；学校规模为200—400人，班级规模30—40人为宜，每所学校设6—12个班。

②山区寄宿小学，重点服务对象应为小学高年级学生，其服务半径可适当扩大，以3—6公里为宜，最远不应超过6公里；服务人口为6500—12000人；学校规模360—600人，班级规模

30—40人为宜，每所学校设12—18个班。

③丘陵平原小学，服务半径一般为2—2.5公里，最远不应超过3.5公里；服务人口为5000—10000人；学校规模360—600人，班级规模30—40人为宜，每所学校设12—18个班；丘陵地区如实行寄宿制可参考山区寄宿小学的标准或以各指标的上限为准，平原地区人口相对稠密，人口居住较为集中，原则上不兴办寄宿制学校，但考虑到一些地方农民外出务工的较多，形成大量的"留守儿童"，为了这些孩子的健康成长，也可考虑兴办寄宿制学校。

④教学点或初小，在那些交通十分不便的偏远贫困地区保留一些教学点或初小是十分必要的，它对于保证九年制义务教育的全面实施，保证中西部地区农村孩子能够接受起码的教育发挥着不可替代的作用。并且我们在调查中观察到，教学点和初小也不完全是低质教育的代名词，不少教学点和初小的教育质量还是比较高的。只要有关部门切实重视和加以扶植，教学点或初小的教育质量是能够得到保障的。因此，教学点或初小的保留是十分必要的。具体来讲，当邻近的学校都覆盖不到，或者该地小学低年级学生上学距离超过3公里，上学时间超过50分钟时，应保留或设立教学点、初小等来解决学生上学的问题。教学点的规模一般保持在10—30人左右，如果人数不足可考虑隔年招生的方式来解决。

表8.4　　　　不同类型小学布局的规划和设计

学校类型	班级数量(个)	服务半径(公里)	服务人口(人)	学校规模(人)
山区走读小学	6—12	1.5—2	2500—5000	200—400
山区寄宿小学	12—18	3—6	6500—12000	360—600
丘陵平原小学	12—18	2—2.5	5000—10000	360—600

农村小学合理布局的设计首先依据的是聚类分析所获得的各类小学的实际数据，山区寄宿小学是 307 人，山区走读小学是 258 人，丘陵平原小学是 281 人，平均是 295 人。调查数据表明，学校教职工认为的小学合理规模大约是 460 人，教育行政人员认为的小学合理规模大约是 539 人。同时参考对学校规模相关研究成果，该研究认为小学最佳规模应该在 600—800 人。[①] 据此判断，目前小学的规模仍偏小，有扩大的余地。但必须考虑家长和学生的合理利益，以及今后一段时间学龄人口的下降和小班化教学的发展趋势，小学规模也不宜过于扩大，以增加 100—200 人为宜。因此，可以把山区走读小学设定为 200—400 人，山区寄宿小学设定为 300—600 人，丘陵平原小学设定为 360—600 人。根据现代教育发展规律和小班化教学发展趋势，小学的班级人数设定为每班 35 人左右比较理想。对服务人口的设定主要是根据聚类分析数据计算得到的学校服务人口与学校学生规模之间比例关系，即山区寄宿小学为 21∶1，山区走读小学为 13∶1，丘陵平原小学为 17∶1，然后根据学校合理规模把学校服务人口分别设定为 2500—5500 人、6500—12000 人、7000—13000 人。同时根据学校服务人口与服务距离的关系，并照顾学生上学的需要而设定了各类别小学的合理服务半径。

（2）不同地区小学的合理布局设计

由于我国地域辽阔，人口分布不均，经济发展不均衡，地域差异较大。因此，小学的布局，不同地区应有不同的要求。根据义务教育法的规定，为了使每一个儿童都有受教育的机会，方便儿童就近入学，小学的布局设计应充分考虑这些因素。为此，可将农村地区小学布局分为县镇（包括一些较大的县辖镇）小学、

[①] 申美云、张秀琴：《教育成本、规模效益与中小学布局结构调整研究》，《教育发展研究》2004 年第 12 期。

平原农村小学、山区农村小学三种类型来设计。

1) 县镇小学的合理布局设计

县镇（某些地方称为县级市）一般来说具有城市特征，但从历史上看，县一级行政区的出现就是以处理农村事务为职责的。在两千多年的朝代更替与治乱循环中，中国的县制基本保持稳定，长期担负着农村基层政权的职能，它是国家政权与农村社会保持关系的结合部和政治枢纽。也正因为如此，县制改革一直是现代农村改革的重点，所以县镇（市）应属于农村的范畴。然而，应当看到我国目前相当多的县镇和城市的区别不大，同城市一样，县镇的人口居住都较为集中，经济发展条件较好，交通便利，小学的布局主要应考虑人口因素。一般来说，县镇小学容易达到一定的规模，实现规模效益。

根据不同地区小学的最佳规模，可以计算出一所小学的服务人口。其公式为：

$$小学服务人口数 = \frac{最佳规模在校生数}{6—11 岁人口占总人口的比重} \quad (1)$$

以此公式可测算县镇一所小学的服务人口。如果一所县镇小学最佳规模为 24 个班，一个标准班为 40 人，根据第五次人口普查所揭示的一般人口结构，城镇 6—11 岁适龄儿童占该地区总人口的比例为 6.486%，那么

$$县镇小学服务人口数 = \frac{40 \times 24}{6.486\%} \approx 15000 （人）$$

即县镇一所小学的服务人口为 15000 人左右。换句话说，在县镇每 15000 人左右设置一所小学就是合理的。

2) 丘陵平原地区农村小学的合理布局设计

丘陵平原地区的农村虽然比边远山区人口分布集中些，密度大些，经济发展条件也要好些，但都没有县镇的人口稠密、经济发达和交通便利。因此，丘陵平原地区农村小学的布局既要考虑

到人口状况,也要考虑当地经济发展水平和交通条件,其规模一般不可能有县镇的小学那么大。

根据前面的分析结果,丘陵平原地区农村小学的最佳规模应是 12—18 个班,其服务人口可利用公式(1)来推算。

例如,设丘陵平原地区农村小学最佳规模为 12—18 个班,标准班人数为 40 人,如果按第五次人口普查所揭示的一般人口结构,农村地区 6—11 岁适龄儿童占农村地区人口比例为 8.468%,那么丘陵平原地区农村一所小学的服务人口约为:

$$最小值 = \frac{40 \times 12}{8.486\%} \approx 5600(人)$$

$$最大值 = \frac{40 \times 18}{8.486\%} \approx 8500(人)$$

即丘陵平原地区农村小学的服务人口约为 5600—8500 人。换句话说,在丘陵平原地区每 5600—8500 人设置一所小学就是合理的。

3)山区农村小学的合理布局设计

边远山区农村小学的布局,与县镇、丘陵平原农村小学的布局会有很大的不同,有其自身的特殊性。

在其它地区一般不宜设置学校时,在边远山区可以设,而且应该设置学校。边远山区因人口少、居住分散,人口密度小,学龄儿童相对较少,不能与平原地区比较,甚至也不能与丘陵地区比较。许多山区村落人口只有几百人,小学适龄人口仅几十人,甚至更少,初中生、高中生更是如此,而且一个村一个乡的地域跨度也比较大,在山区特别是边远的大山区,这种情况更普遍、更严重。由于交通条件限制,且小学生年小体弱,又不便于集中,在这种情况下,按常规不应该设置小学时,根据山区的特殊情况,也要设立小学,或设置教学点。

根据新修订的《中华人民共和国义务教育法》的规定:"义

务教育是国家统一实施的所有适龄儿童、少年必须接受的教育，是国家必须予以保障的公共事业。""各级人民政府及其有关部门应当履行《义务教育法》规定的各项职责，保障适龄儿童、少年接受义务教育的权利。"对山区来说，要发展经济，跟上现代文明的步伐，就必须给山区人民的后代以最基本的教育，为其提供受教育的机会。从国家政策到当地社会发展的需要，为了保障每一个山区适龄儿童的上学需要，在山区许多地方有必要设置小学，尽管这是在城镇、平原地区的农村所不允许的。

边远山区在没有达到设置学校条件时，由于政策要求和客观需要，可以设置普通中小学，但这同时决定了边远山区学校设置的另一个特点——许多学校，特别是小学规模很小，不可能达到最佳规模。此外，小学的办学条件和办学效益也不可能与平原地区农村学校作同等要求。因为在自然交通条件较好的平原地区，人口密度较大，且乡村居民居住相对集中，受教育的学龄人口相应也多且较集中，可以使学校达到一定的规模。而边远山区刚好相反，要边远山区的小学达到最佳规模是不现实的，也是不公平的。

边远山区学校设置后，其教学形式、方式也会有自己的特点。在人烟稀少、交通困难的大山区，可能根本不具备设置正规学校的条件，比如学龄儿童特别少，也许只有几个人。这种情况下，可以设置教学点，等到入学儿童年龄大一些后，在三、四年级可以再进入中心小学学习。不管是教学点，还是村小学，在教学组织形式上都可采用复式教学，甚至是多级复式教学。为了保证有较稳定的学生人数，还可以在入学年龄上放宽一些，使入学年龄提前1—2年，或是推迟1—2年。也可以采取隔年招生的办法，以保证有相当的学生在校学习。

由于以上两个特点，边远山区的小学布局就不可能不受到影响。由于在校学生数少，使学校的教育资源配置上出现许多不合理现象，使这些小学的教育资源使用效益受到影响。

边远山区小学的规模效益，还会受到当地经济发展条件的影响，对小学的教育投入有限，导致其效益水平不高。如教师的素质不高，教学仪器、图书资料等缺乏，使得教育质量不高，即教育成果不理想。特别是边远山区的教学点，教师的素质、知识水平与教学质量之间息息相关，这种相关程度远远大于城镇和平原的农村小学。比如，在教学点，往往只有一位教师，教师的素质便决定了整个教学点的教育过程和学生的学习质量；因为只有一位教师，教师自身的业务水平的提高也会因时间和条件的限制难以实现；如果这位教师生病了，那么教学点就只有停课。在一些学生人数较少的山区小学，也只有两三位教师，教师的水平直接决定着学校教育质量的好坏。它不像城镇、平原农村的小学那样，教师数量多，学校的教育质量取决于合格教师与不合格教师的比例，而不会受到一两位不合格教师的左右。

2. 关于农村初中合理布局的设计

普通初中的教育对象是 11—15 岁的少年，他们已经具备一定的知识和能力，生活自理能力逐渐增强，对家庭的依赖性减弱，身体也日益强壮。初中生完全可以实行寄宿制，初中的布局和设置可以适当集中，使之达到一定的规模。因此，初中的布局调整主要应当根据人口分布状况和地理条件相对集中。

此外，与小学相比，初中的课程门类增多，要求提高，特别是增加了物理、化学、生物等课程，这类课程要求学生在观察、实验的基础上，掌握并运用所学的知识解决简单的实际问题，培养观察能力、思维能力和一定的动手操作能力，以养成实事求是的科学态度。显然，学科的内容增多，难度加大以后，教师也不能像小学教师那样存在大量兼课现象。因此，在初中教师的配备上应尽可能专业化和分工明确化，这就需要初中达到一定的规模、布局相对集中，否则就不能完全实现初中的教学任务和目标，造成教育的低质量和低效率。此外，考虑到实验仪器设备的充分利用，也需要学校具备一定的规模，以提高教育资源的使用效率。

从当前及未来发展趋势来看，农村初中布局调整要充分考虑城镇化进程，以满足城镇人口增长对初中入学的需要。初中的布局调整主要是进一步扩大初中规模，加大对初中的基本建设投入，重点扶持规模较大、条件较好、质量较高的初中。按新的乡镇建设规划，原则上一个乡镇举办一所初中，人口特别多的地方可增办一所初中，人口稀少的地方由县按学区统筹布点，也可举办九年制学校。要有计划、有步骤地撤并规模小、质量低、效益差的初中，扩大乡镇所在地的初中办学规模，对于规模小于12个班、条件差、潜力小的初中，有条件的可进一步扩大规模，满足适龄少年高峰期入学需要；交通不便地区的农村初中要积极创造条件，实行寄宿制；对初中适龄人口下降较快的地区和没有发展潜力的初中，应逐步撤并。具体来讲：

（1）山区初中，服务半径以7.5—15公里为宜；服务人口为13000—22000人；学校规模600—900人，班级规模保持45人左右为宜，每所学校设12—18个班。考虑到山区初中有相当部分学生要寄宿，在条件允许的情况下，其服务范围和服务人口可相应扩大。

（2）丘陵平原初中，服务半径10公里左右为宜；丘陵初中服务人口20000—30000人，平原初中服务人口20000—40000人为宜；学校规模810—1200人，班级规模45人左右为宜，每所学校设18—27个班。同理，对寄宿制初中，其服务范围可相应扩大。

（3）九年一贯制学校，主要在人口稀少的地方设立，由小学和初中组合而成，其服务半径、服务范围、学校规模，可将小学与初中分开，分别参考小学和初中的有关数据确定。

表8.5　　　　　　农村初中布局的规划和设计

学校类型	班级数量（个）	服务半径（公里）	服务人口（人）	学校规模（人）
山区初中	12—18	7.5—15	13000—20000	600—900
丘陵初中	18—27	10公里左右	20000—30000	810—1200
平原初中	18—27	10公里左右	20000—30000	810—1200

　　农村初中合理布局指标确定的依据是根据聚类分析获得的各类初中的实际数据，山区初中为742人，丘陵平原初中为793人。调查问卷获得的数据表明，学校教职工认为，初中合理规模大约是887人，教育行政人员认为，初中合理规模大约是997人，参考本研究在6省区所了解的大多数人的意见以及其它相关研究获得的结论，认为目前的初中学校平均规模已经达到或超过理想规模，因此初中合理布局指标应该维持这一规模，有条件的地方甚至可以适当缩小规模。但考虑到初中大多实行寄宿制，因此把合理规模区间适度扩大，将山区初中设定为600—900人，丘陵平原初中设定为810—1200人，我们认为是适宜的。目前初中的平均班级规模已超过60人，绝大多数教师与学生认为班级规模过大，所以本研究认为初中班级规模定为45人左右比较适宜，并由此来设定学校人数和班级数。根据聚类分析数据计算的学校服务人口与学校学生规模之间存在的比例关系是：山区初中为24∶1，丘陵平原初中为23∶1，考虑到平原地区交通条件更便利，服务人口可以适当增加，由此设计的山区初中服务人口区间为13000—22000人，丘陵初中服务人口区间为20000—30000人，平原初中服务人口区间为20000—40000人。同时根据学校服务人口与服务范围的关系，并照顾学生上学的需要而设定了各类别初中的合理服务范围。

由于初中教育的特点和初中教育对象的特点，以及初中、高中的布点一般放在城镇的特点，初中的布局可以达到相当的或最佳的规模，城镇、平原农村和山区农村在初中布局上不像小学布局时的差距那样大，一般来说，平原农村和山区农村的初中不必单独考虑，因为学生可以寄宿，所以可适当集中布局。

那么，根据11—15岁的学龄人口比例及最佳初中规模，也可以得出一所初中的服务人口，用公式表示为：

$$一所初中的服务人口 = \frac{最佳规模在校生数}{11—15岁人口占总人口比重} \quad (2)$$

例如，设城镇初中最佳规模为24—36个班，标准班人数为45人，按照第五次人口普查所揭示的一般人口结构，城镇11—15岁初中学龄人口占城镇地区总人口的比例为3.877%，那么城镇地区一所初中的服务人口约为：

$$最小值 = \frac{45 \times 24}{3.877\%} \approx 28000（人）$$

$$最大值 = \frac{45 \times 36}{3.877\%} \approx 42000（人）$$

即城镇地区一所初中的服务人口约为28000—42000人，换句话说，当城镇人口为28000—42000人时，便可设置一所初中。考虑到不少县镇初中的班级规模和学校规模已大大超过45人和1600人，我们认为农村城镇初中的服务人口可适当扩大到30000—45000人。

同理，一所农村初中的服务人口可根据公式（2）来计算。但考虑到农村地区的人口密度要低于县镇的人口密度，因此，设农村地区一所初中的最佳规模为810—1300人（18—27个班，每班45人），根据第五次人口普查所揭示的一般人口结构，农村11—15岁初中学龄人口占农村地区总人口的比例为6%左右，那么，农村地区一所初中所服务的人口数约为：

$$最小值 = \frac{45 \times 18}{6\%} \approx 14000 （人）$$

$$最大值 = \frac{45 \times 27}{6\%} \approx 20000 （人）$$

即农村地区在人口为 14000—20000 人时，设置一所规模为 810—1300 人的初中便是合理的。根据我们对中西部地区的调查，农村初中生占总人口的比重正在逐渐下降，加之现时大量农村适龄学生随父母移居到城市，因此，我们认为农村初中服务人口可以适当扩大到 20000—30000 人，平原地区由于人口较为稠密，可适当扩大到 30000—40000 人。

3. 关于农村普通高中的合理布局设计

普通高中教育的对象是 15—17 岁左右的青少年，他们逐渐走向成熟，学习自觉性增强，参与社会生活的能力也在提高。目前普通高中不属于义务教育，普通高中不仅要在义务教育的基础上进一步提高学生的思想品德、科学文化、劳动技术和身体、心理素质，为他们今后的学习和工作打下良好的基础，还要根据高中毕业生将要进入高等学校和社会的特点，为学生"分流"或为个人特长、爱好的发展打下良好的基础。

普通高中的布局可以参照普通初中的布局，所不同的是，目前高中不是义务教育，可以适当收取学费，而且初中升高中的升学率正在逐年提高，普通高中布局一定要达到最佳规模，以提高教育资源的利用效率。

由于农村高中人口居住不集中而普遍实行寄宿制，因此城镇和农村普通高中规模设置差异不大，一般都设在经济较发达、交通便利的县镇，以保证实现最佳规模。所以普通高中布局调整，首先考虑的仍是人口，其次考虑的是初中升高中的升学率，一所普通高中的服务人口可用下面的公式求得：

一所普通高中的服务人口数

$$= \frac{\text{最佳规模在校生数}}{15-17\text{岁人口占总人口比重} \times \text{初中升普高的升学率}} \quad (3)$$

设最佳规模在校生人数为 1800—2100 人（36—42 个班，每班 50 人），其中农村初中毕业生升入普通高中的升学率为 40%（2005 年全国初中毕业生升入高中阶段学校的比例达到 69.7%），考虑今后一段时间内初中升入高中阶段的学校的比例预计会达到 80%，其中农村初中毕业生升入普通高中的比重达到 40%。根据第五次人口普查所揭示的一般人口结构，15—17 岁人口占总人口的比例为 6.34669%，那么，根据公式（3）计算出一所农村普通高中的服务人口数为：

农村普通高中服务人口数 $= \dfrac{1200 \to 1800}{6.34669\% \times 40\%} \approx 71000 \to 84000$（人）

即农村人口在 71000—84000 人时，设置一所普通高中是合理的。考虑到 2000 年第五次人口普查时高中年龄段人口正值高峰期，现时高中阶段学龄人口正逐步下降，我们认为，在农村地区按每 10 万人口设置一所普通高中是适宜的。

总之，农村中小学布局是否合理，涉及学校服务人口数量、学生上学距离、学校规模等诸多因素。从实际调研中，我们深深感到上述诸多因素又要受到其它许多因素的制约。以学校规模为例，它既要受人口数量、经济发展水平的制约，又要受交通情况、气候特点等诸多因素的影响。一般来讲，在人口密度大、交通便利、经济发达的城镇和平原地区，学校分布与学校规模之间并不存在矛盾。在这些地区，按人口分布密度设置学校，既有利于实现学生就近入学，又能保证适度的规模效益，只要合理规划，就能保证学校布局与学校规模统一，使教育资源得以充分利用。而在地广人稀、居住分散或经济落后、交通不便、自然条件差的山区及偏远地区，学校布局和学校规模之间，则出现了相互矛盾的状况。如果过分强调学校要有一定规模，则会因为受客观和主观因素的影响，无法保证所有适龄儿童入学，接受义务教育；但如果不考虑学校要有一定规模，则会造成教育资源浪费，而且影响教育教学质量的提高。因此，根据城镇、乡村或山区、平原等不同地域，根据人口、经济、交通等不同情况，从实际出发，采取灵活多样的办学模式，分散与集中办学相结合，正确处理学校布局、学校规模与就近入学的关系。在农村教育资源优化重组的过程中可按学区采用"中心小学＋片完小＋初小（教学点）"或"中心小学＋片完小"、"中心小学＋初小（教学点）"、"九年一贯制中学＋初小（教学点）"等模式。在区域面积大、人口密度小、地理环境复杂、交通不便的乡镇，推行"中心小学＋片完小＋初小（教学点）"的模式，采取联大并小，大幅度撤销完小，增设教学点，而增设教学点的目的就是解决边远山区儿童上学难的问题。

第九章

农村中小学合理布局设计的 GIS 检验

　　GIS 是地理信息系统（Geographic Information System）的简称，是测绘信息系统之一，属于空间信息系统，是为某种目标而建立，在计算机软件、硬件支持下，对有关空间数据按地理坐标或空间位置进行预处理、输入、存储、查询检索、运算、分析、显示、更新和提供应用、研究并处理各种空间实体及空间关系为主的技术系统，也是在计算机软硬设备和遥感技术、系统工程的支持下，按地理坐标或特定的地理范围，采集有关地理环境的各种信息，通过数量化、数据录入、信息存储、处理，用查询检索、显示制图、分析及综合评价的技术方法。"地理"在这里指"空间"，表述信息的空间位置和关系。国际上该系统始于20世纪60年代初期，70年代渐臻成熟，80年代更有所突破，主要服务于资源与环境领域，在区域管理、规划和科学决策中也得到广泛应用。

　　近年来，GIS 被越来越多地应用于教育领域。教育系统是一个非常复杂的系统，对教育管理问题进行决策具有许多不确定性，决策支持系统在解决不确定性问题时，展现了巨大的潜能。地理信息系统作为重要的信息处理技术，具有丰富的数据分析功能，尤其对地理数据的空间分析功能，可以在数据库中不同的数据之间建立关联，分析利用与地理位置相关的各种信息，迅速揭示数据之间的关系以及易被忽视的数据模式，并将分析数据信息可视化（即：使用电子地图，利用数据库中数据的空间关系，将数据信息通过各种专题图和统计图的制作，在地图上进行形象直观的分析），提供更好的决策支持和分析能力，帮助管理者进行直观、快速、有效的决策。[①]

学校布局，特别是农村中小学布局是 GIS 的一个典型应用领域，它可以根据区域地理环境的特点，综合考虑资源配置、人口因素、交通条件、地形特征、环境影响等因素，在区域范围内选择最佳位置，充分体现了 GIS 的空间分析功能。因此，事实上，GIS 近年来已经成为学校布局调整的一个主要工具。无论是在制定区域学校布局调整规划，还是在学校布局结构调整以后检验其合理性，为政府决策提供参考，地理信息系统都可以提供有力的支持。

为了验证农村中小学布局的规划和设计是否合理，在世界银行专家布鲁诺·帕罗林教授的帮助和指导下，我们利用 GIS 对内蒙古自治区武川县和湖北省钟祥市农村中小学布局调整进行了检验。因为武川和钟祥两个县市是农村中小学布局调整比较成功的县市，有较好的代表性。假设上述两个县市布局调整的标准与我们设计的标准大致吻合，那就证明我们的设计是符合农村实际的。

一 武川县农村中小学布局的 GIS 检验

武川县地处阴山山脉的大青山中段，平均海拔 1600 米，最高海拔 2200 米，最低海拔 500 米，属于丘陵地带，东西走向 150 公里，南北走向 66 公里。全县 4885 平方公里，人口 17.5 万人。

[①] 杨晓明：《基于 GIS 技术的教育决策支持系统设计》，《教育信息化》2001 年第 10 期。

属农业县，主要以种植业和养殖业为主。2002年撤乡并镇之前共有20个乡镇，123个行政村，968个自然村，撤乡并镇后现辖3个镇5个乡。随着计划生育政策的落实，与全国其它地区一样，武川县学龄人口也在持续下降。学生生源减少客观上需要进行布局调整以提高教育资源利用效率。2000年学校布局调整前，全县共有小学（含教学点）218所，初中23所；2006年布局调整后有完全小学14所，教学点43个，初中7所，初步形成了以乡镇中心学校和县城中小学为办学主体，以村小和教学点为辅的办学格局。截至2006年10月，全县共有中小学生19417人，其中在县城读书的学生为15600人，高达80.34%。其中，小学生9990人，有65%的学生在县城4所小学就读；30%的学生在乡镇所在地的中小学校就读，只有不到10%的学生分布在村小和教学点；初中生7660人，89.2%的学生在县城两所初中就读，在乡镇初中和九年一贯制中心校就读的仅有911人，约占初中生的10.8%。

图9.1至图9.10是利用GIS绘制的内蒙古自治区武川县有关布局调整的基本图表。

第九章 农村中小学合理布局设计的 GIS 检验

图 9.1 武川县在内蒙古自治区所处位置

248 中国中西部地区农村中小学合理布局结构研究

图9.2 武川县居民定居点分布图

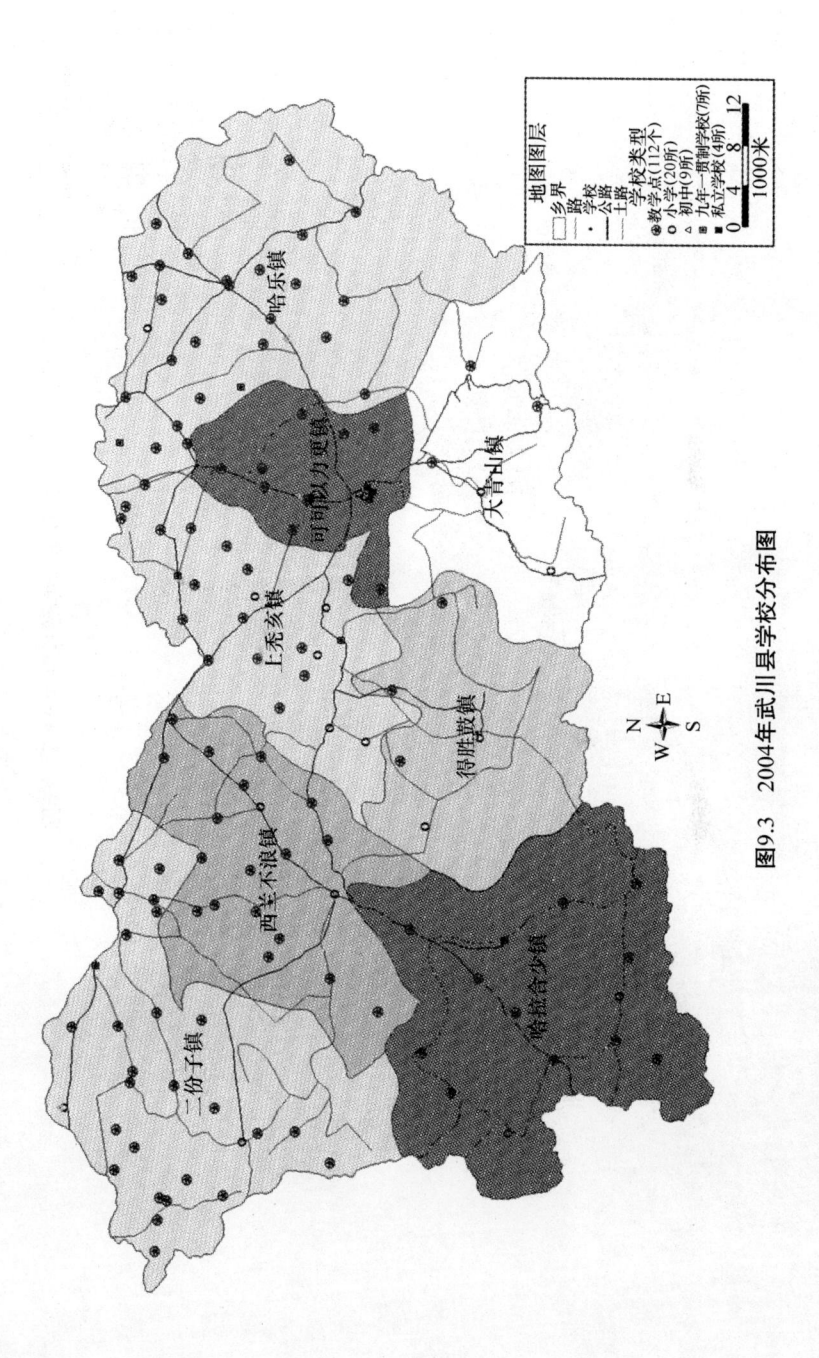

第九章 农村中小学合理布局设计的 GIS 检验 249

图9.3 2004年武川县学校分布图

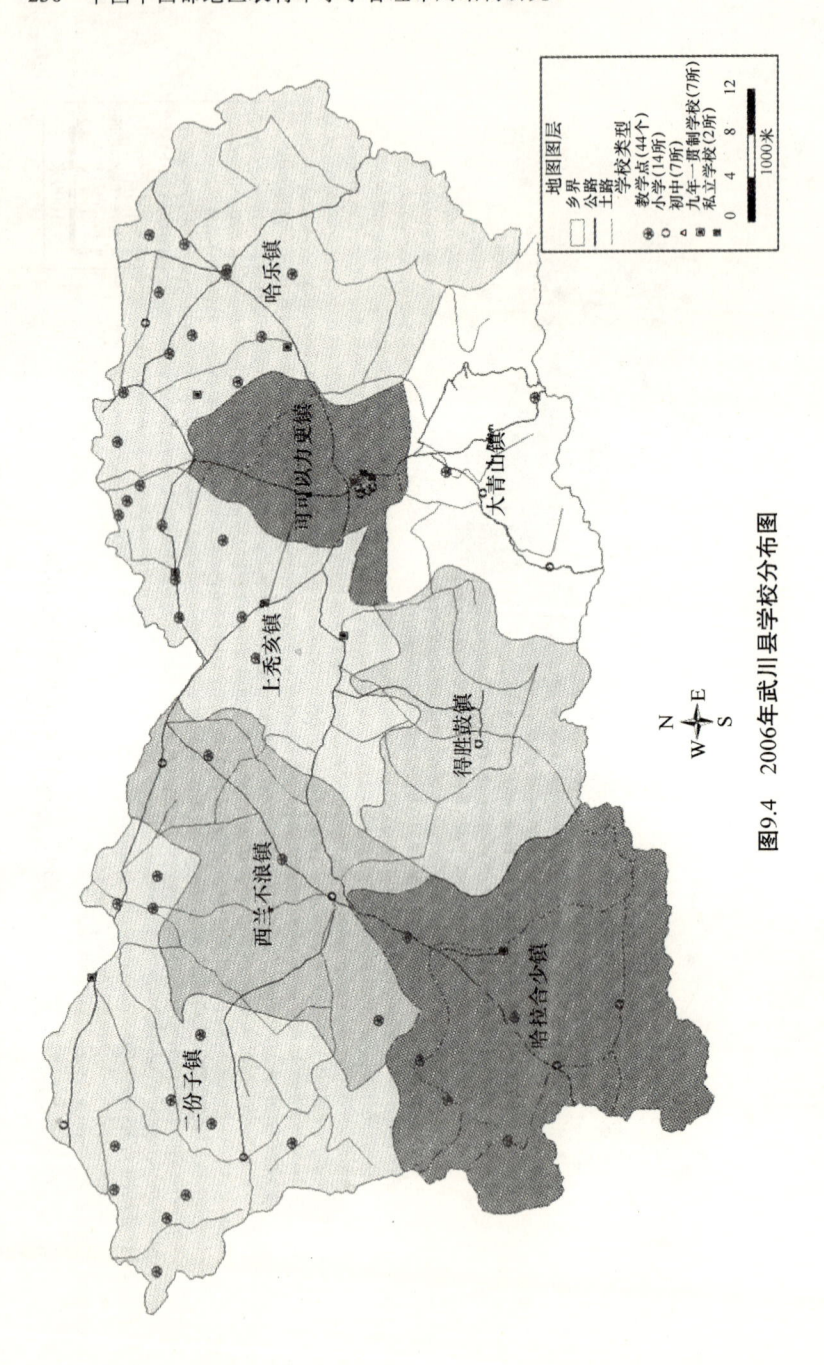

250　中国中西部地区农村中小学合理布局结构研究

图9.4　2006年武川县学校分布图

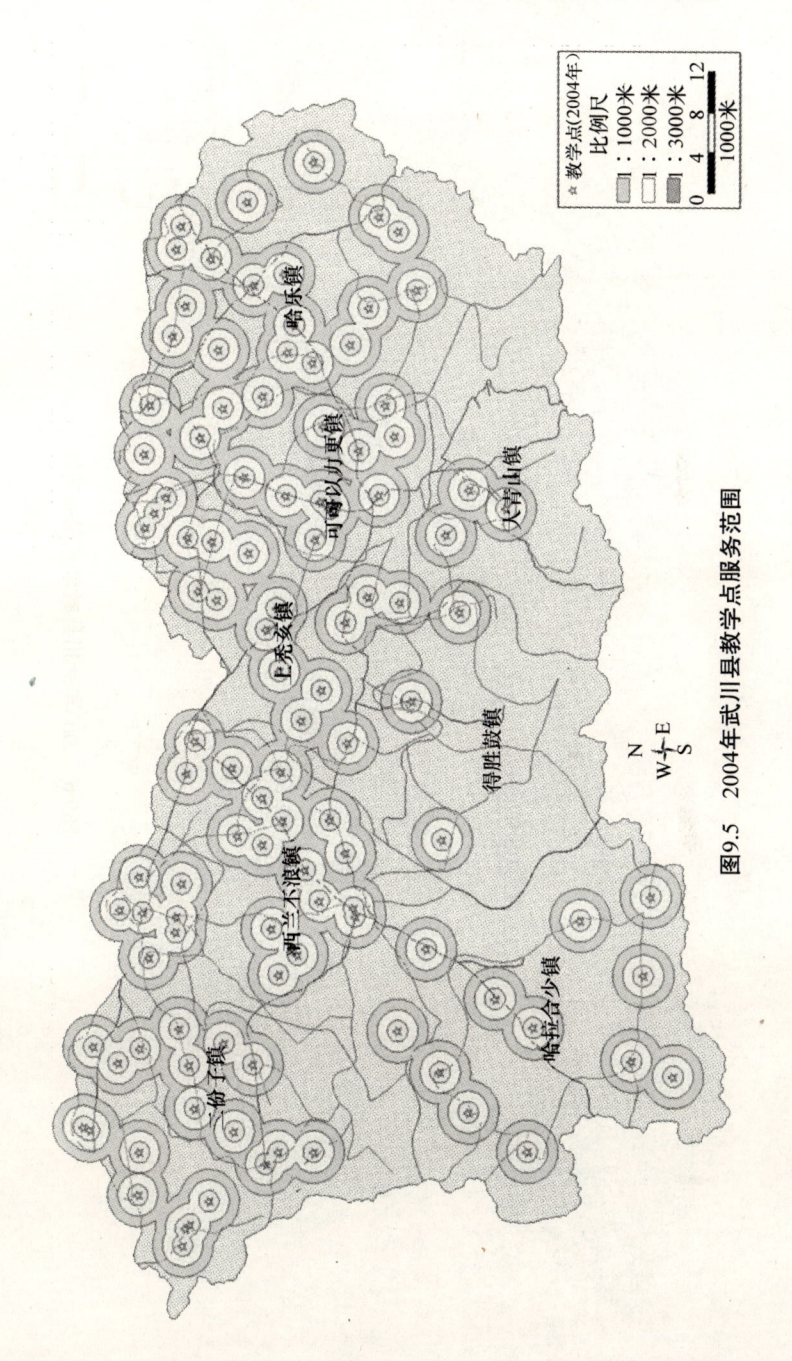

第九章 农村中小学合理布局设计的 GIS 检验 251

图9.5 2004年武川县教学点服务范围

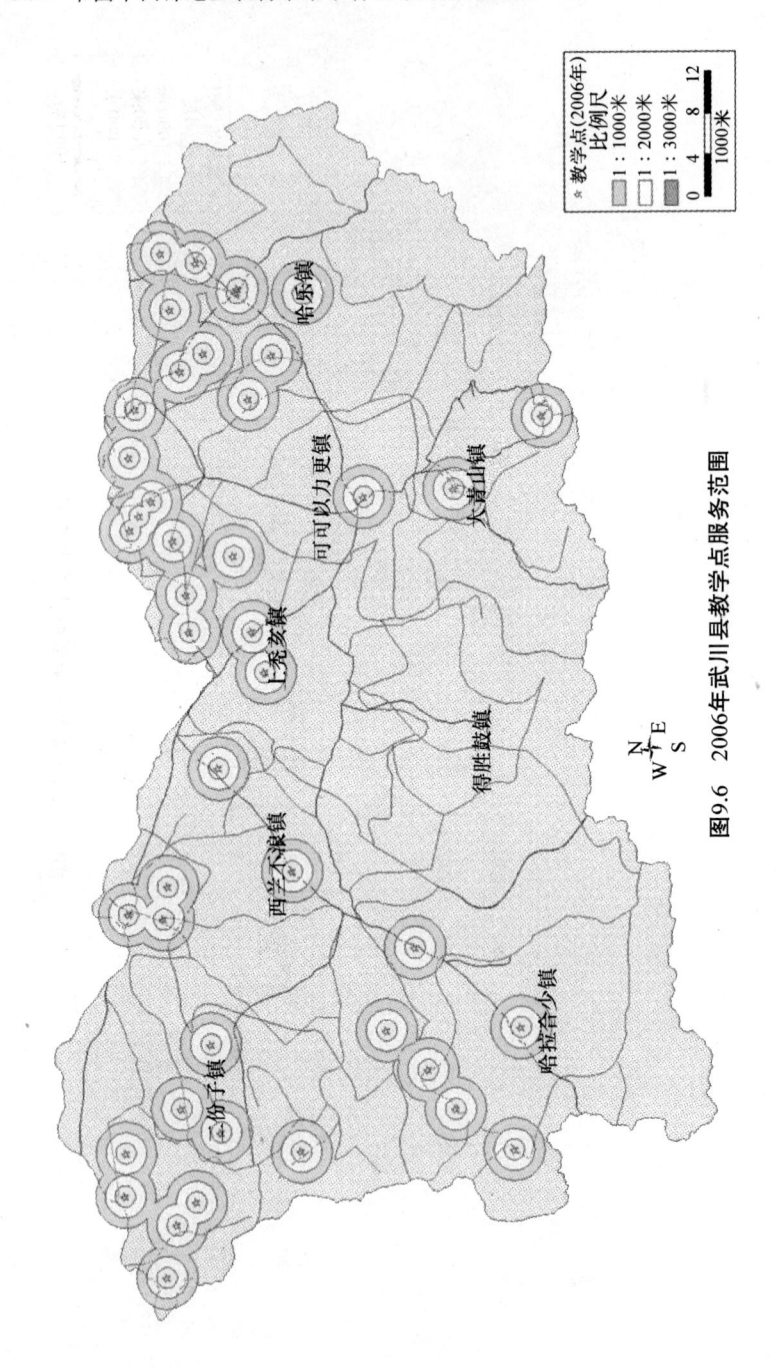

252　中国中西部地区农村中小学合理布局结构研究

图9.6　2006年武川县教学点服务范围

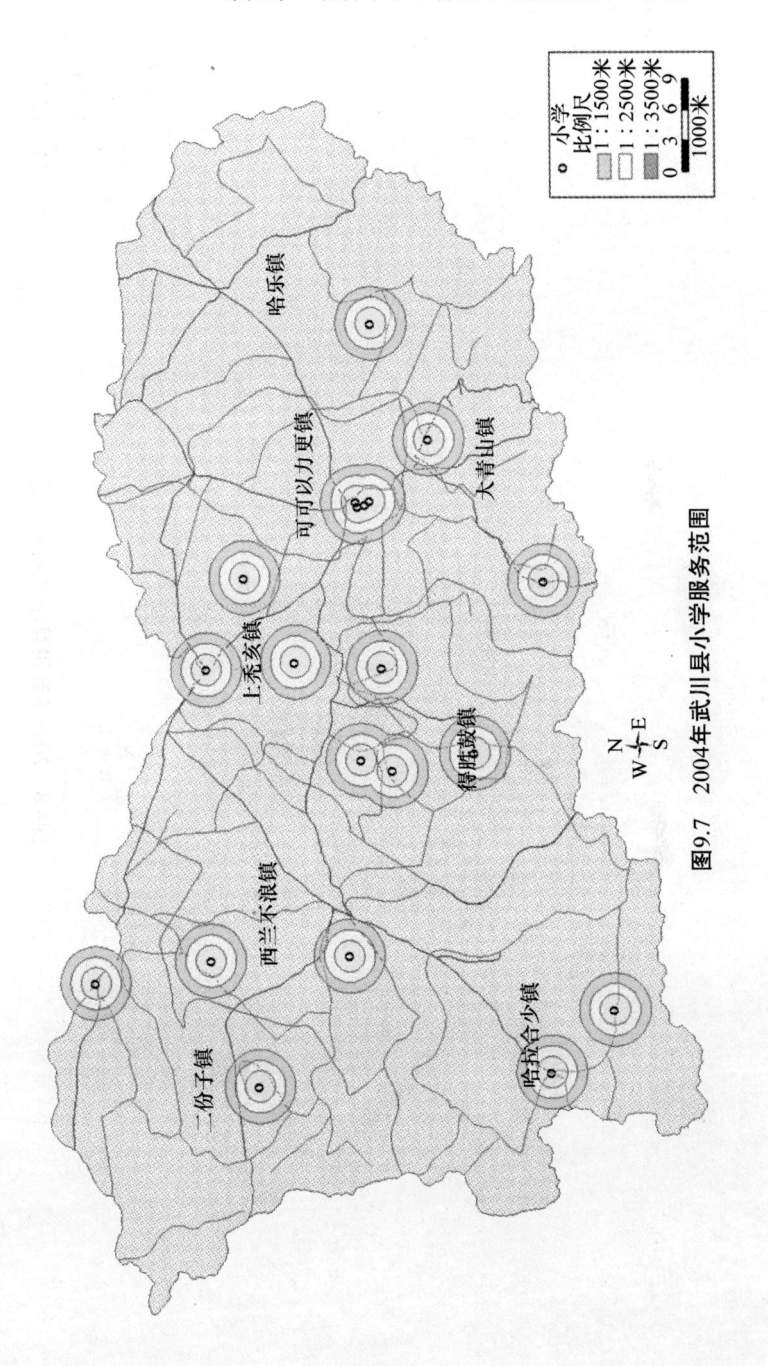

第九章 农村中小学合理布局设计的GIS检验 253

图9.7 2004年武川县小学服务范围

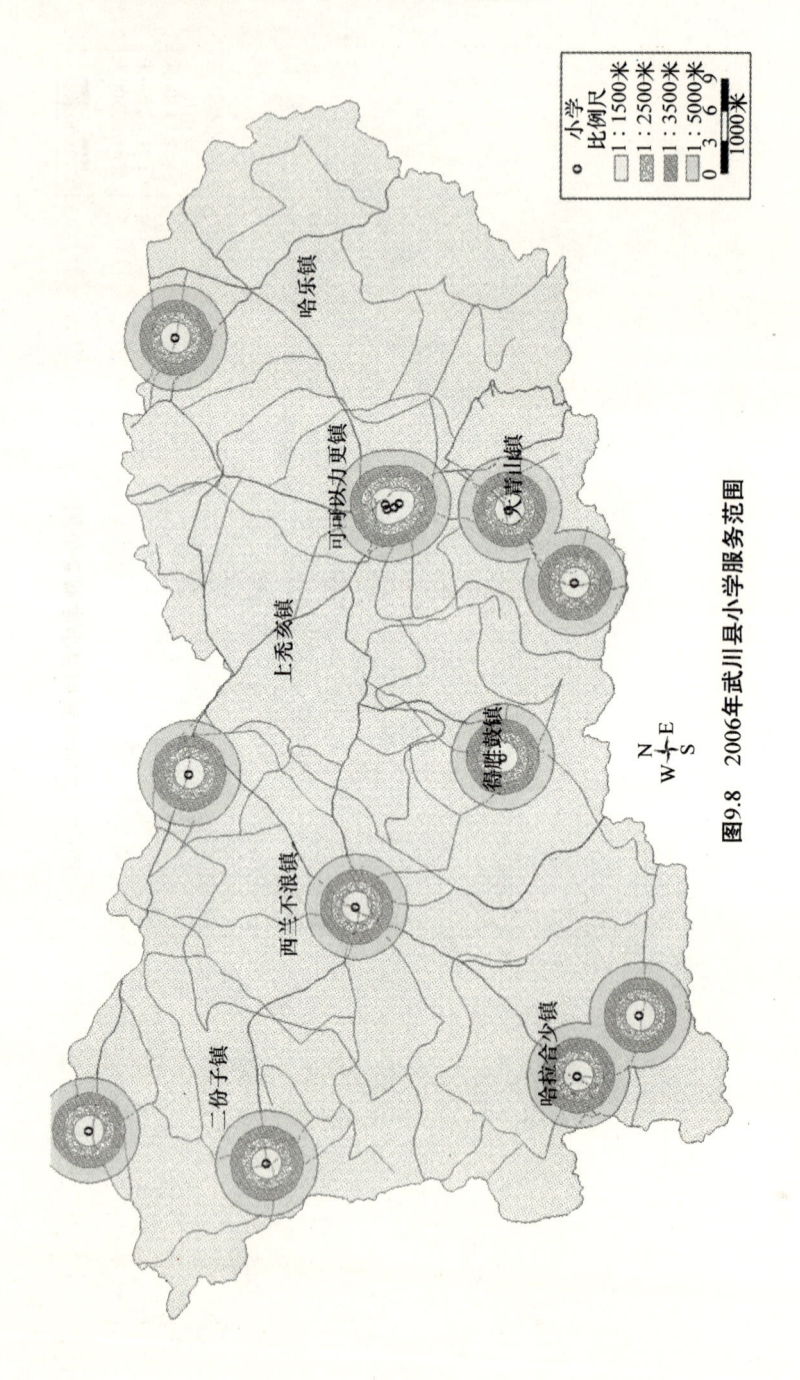

254　中国中西部地区农村中小学合理布局结构研究

图9.8　2006年武川县小学服务范围

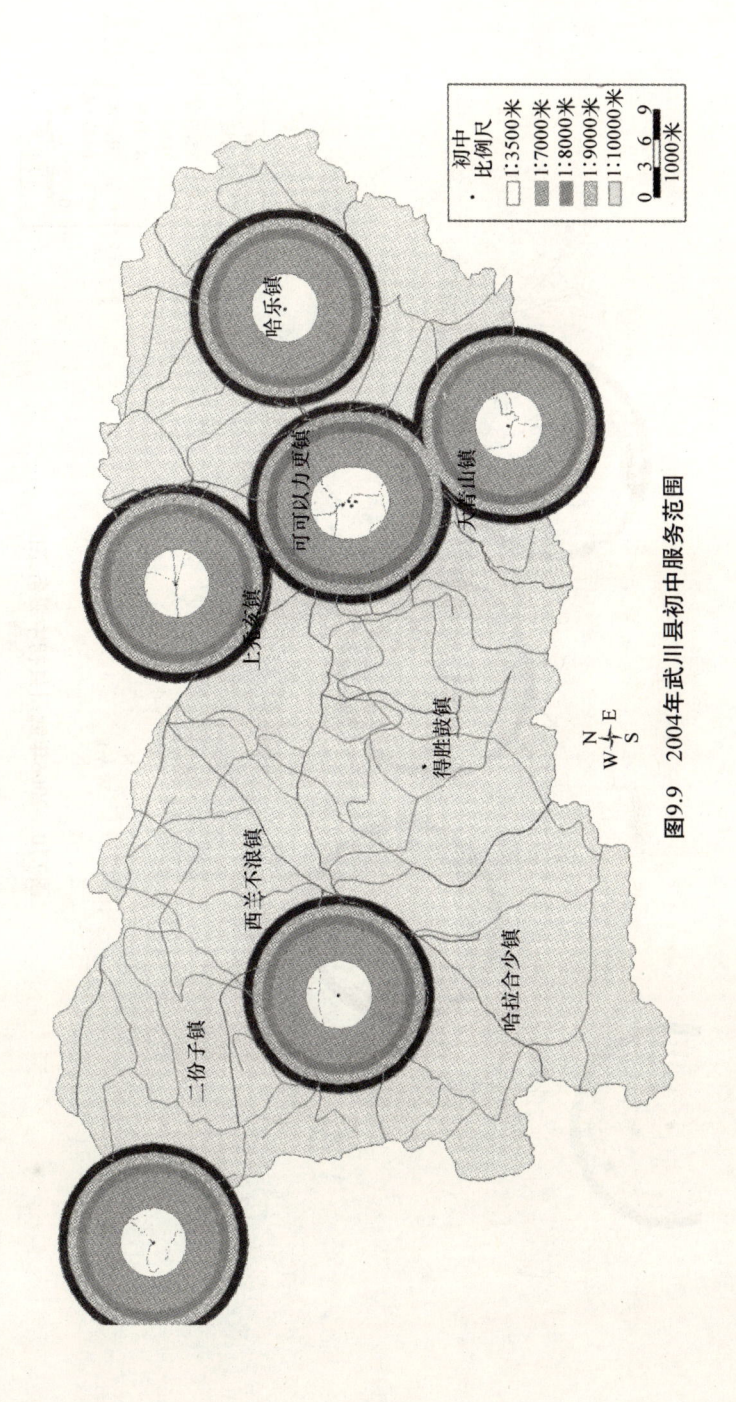

第九章 农村中小学合理布局设计的 GIS 检验 255

图9.9 2004年武川县初中服务范围

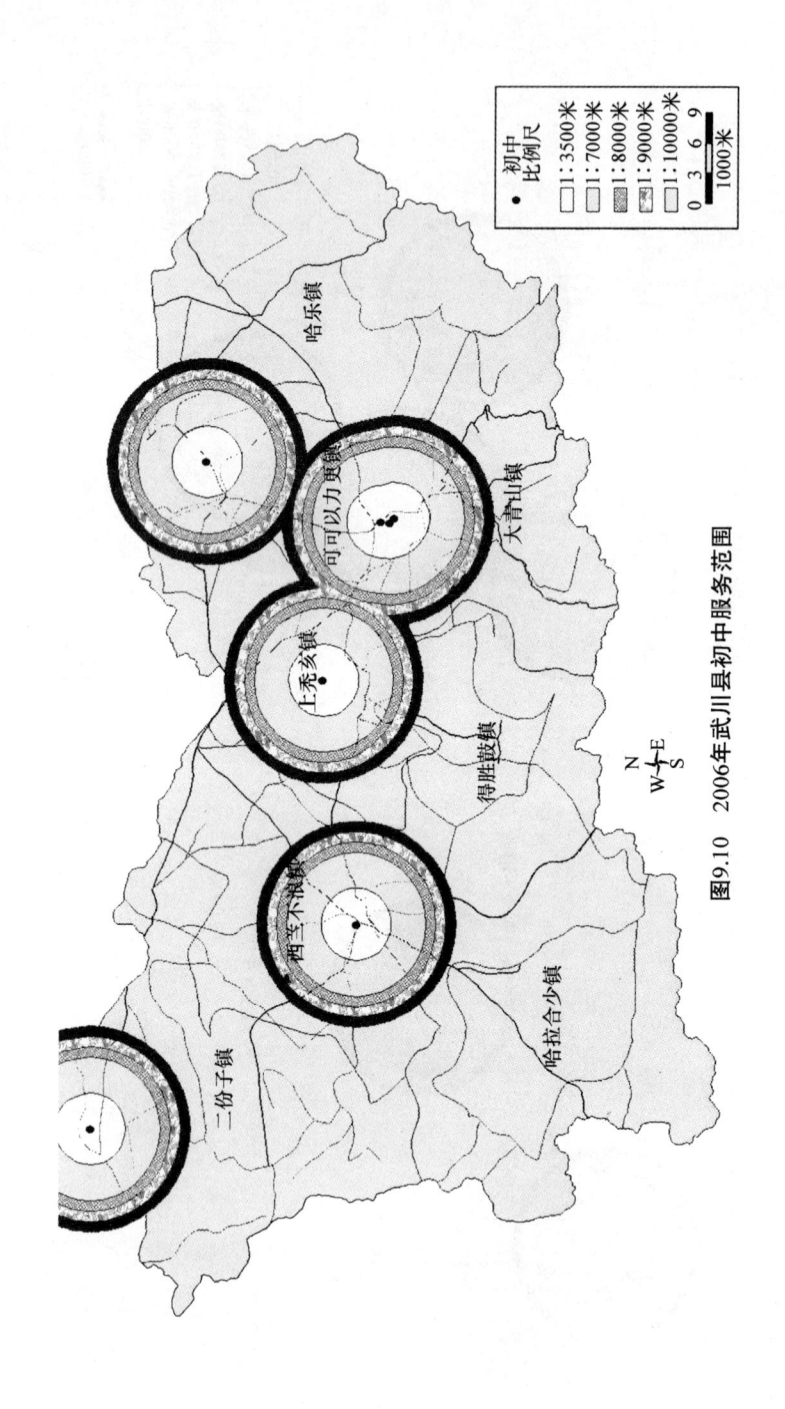

256 中国中西部地区农村中小学合理布局结构研究

图9.10 2006年武川县初中服务范围

图 9.1 至图 9.10 是利用 GIS 绘制的武川县居民定居分布图，2004 年与 2006 年学校分布图，2004 年与 2006 年该县教学点、小学、初中的分布图。利用 GIS 检验结果表明，经过布局调整该县的中小学不断向城镇集中，其教学点和小学的服务半径、服务人口均有较大规模扩大，尽管初中的服务人口有所减少，但该县小学和初中所服务的人口与我们对农村中小学合理布局标准的设计基本吻合（见表5.4），证明我们的设计是比较合乎农村实际的。

表 9.1　　GIS 分析的武川县各类学校平均服务人口　　（单位：人）

年份 学校类型	2004	2006
教学点	1544	3931
小学	7482	7800
初中	34195	30400

二　钟祥市农村中小学布局的 GIS 检验

钟祥市是湖北省辖县级市，位于湖北省中部，处于鄂中丘陵与江汉平原的过渡带上，中部和南部为汉江冲积平原，汉江两侧依次为丘陵和低山，总面积 4488 平方公里，其中丘陵、平原、山区的面积之比为 5∶3∶2，现辖 17 个乡（镇），2 个农场、3 个水库和 2 个开发区。现有总人口 103.1 万人，其中农村人口 72 万人。该市中小学布局调整从 20 世纪 90 年代初期就已开始，实际启动是与"普九"结合进行的。2000 年以前全市共有各级各类学校 428 所，而目前总共只有 268 所，其中普通高中 11 所（增加 7 所），职高（含中专、技校）6 所，特殊学校 1 所，九年一贯制学校 4 所，初中 42 所（增加 4 所），小学（含教学点）204 所（减少了 178 所）。全市现有小学生 62901 人，初中生 53030 人，高中生 22285 人，职高生 6116 人，特校生 124 人，共计 144456 人。预计 5 年后小学生将降到 43161 人，初中生将降到 28718 人。因此，现有中小学布局还会随着学生人数的减少而进行适当调整。

图 9.11 至图 9.22 是利用 GIS 绘制的湖北省钟祥市有关布局调整的基本图表。

表 9.2　　　　　钟祥市 2005 年学校基本数据

学校代码	学校名称	学生数	教师数	占地面积	建筑面积
420881001001	洋梓镇洋梓小学	617	50	16537	3706
420881001002	洋梓镇伍庙小学	641	33	18718	3479
420881001003	洋梓镇大桥小学	615	48	33336	3467
420881001004	洋梓镇花山小学	148	13	10005	2020
420881001005	洋梓镇汪李小学	274	27	25500	2088
420881001006	洋梓镇龙泉小学	489	38	18700	4820
420881001007	洋梓镇高台小学	93	10	13400	1692
420881001008	洋梓镇李庙小学	80	12	14000	1822
420881001009	洋梓镇直河小学	196	14	18000	1058
420881001010	洋梓镇郑庙小学	147	13	15000	1161
420881001031	钟祥市温峡小学	129	10	12800	1232
420881001060	洋梓镇富裕小学	321	30	30000	5694
420881002001	长寿镇长寿小学	1102	44	23980	3990
420881002002	长寿镇廖湾小学	116	10	8660	1358
420881002003	长寿镇清河小学	123	9	5625	1405
420881002006	长寿镇朱坡小学	177	11	13630	1694
420881002007	长寿镇黄ück小学	112	7	10000	1368
420881002008	长寿镇汪湾小学	131	8	9500	1127
420881002009	长寿镇曾坡小学	211	9	9860	1704
420881002010	长寿镇杨畈小学	207	13	10000	1456
420881002014	长寿镇汤林初小	99	6	6600	1072
420881003001	钟祥市丰乐镇小学	576	61	13320	5415
420881003002	钟祥市丰乐镇山河小学	270	14	10000	1456
420881003004	丰乐镇新湖小学	118	9	1994	1122
420881003006	钟祥市沈巷小学	184	11	15100	1620
420881003007	丰乐镇邢台小学	157	17	17342	1376
420881003009	丰乐镇安桥小学	381	16	25627	3598
420881003011	丰乐镇希望小学	867	58	20000	4050
420881003012	丰乐镇潘小学	330	15	30324	5264
420881003013	丰乐镇划湖小学	137	10	16940	1730

第九章 农村中小学合理布局设计的 GIS 检验　259

图9.11　钟祥市在湖北省所处的位置

图标符号
钟祥市村界

图 9.12　钟祥市村界图

第九章 农村中小学合理布局设计的 GIS 检验　261

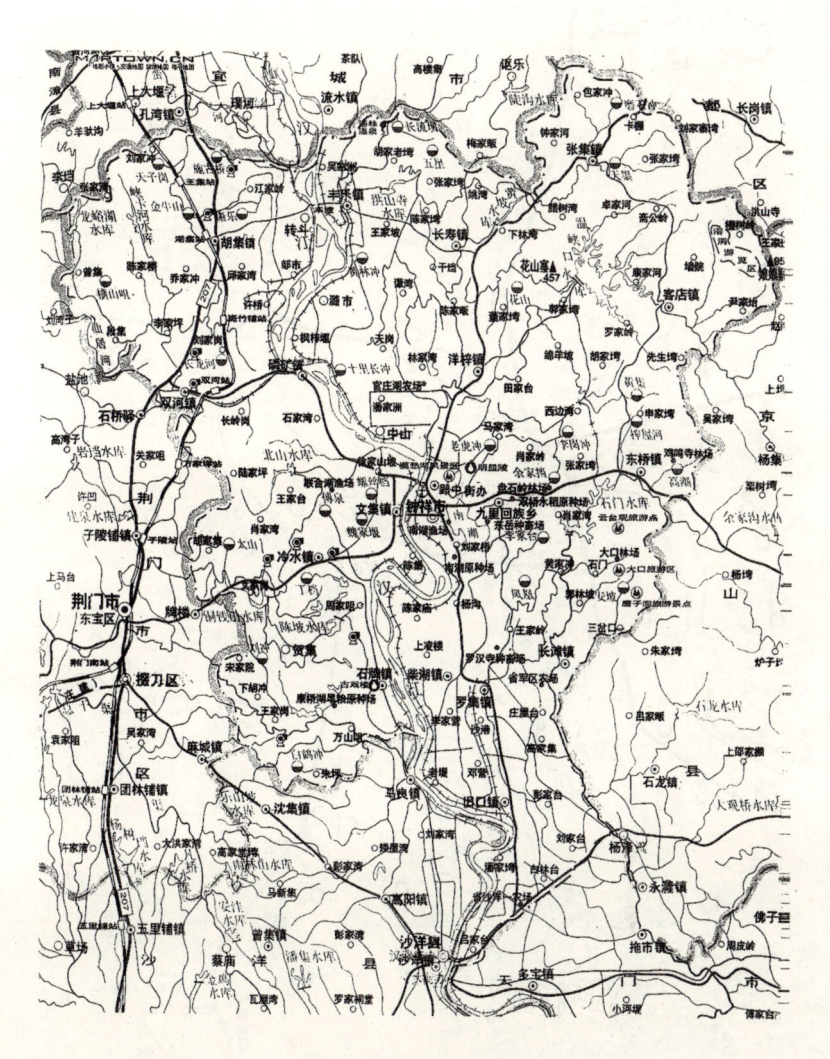

图 9.13　钟祥市交通图

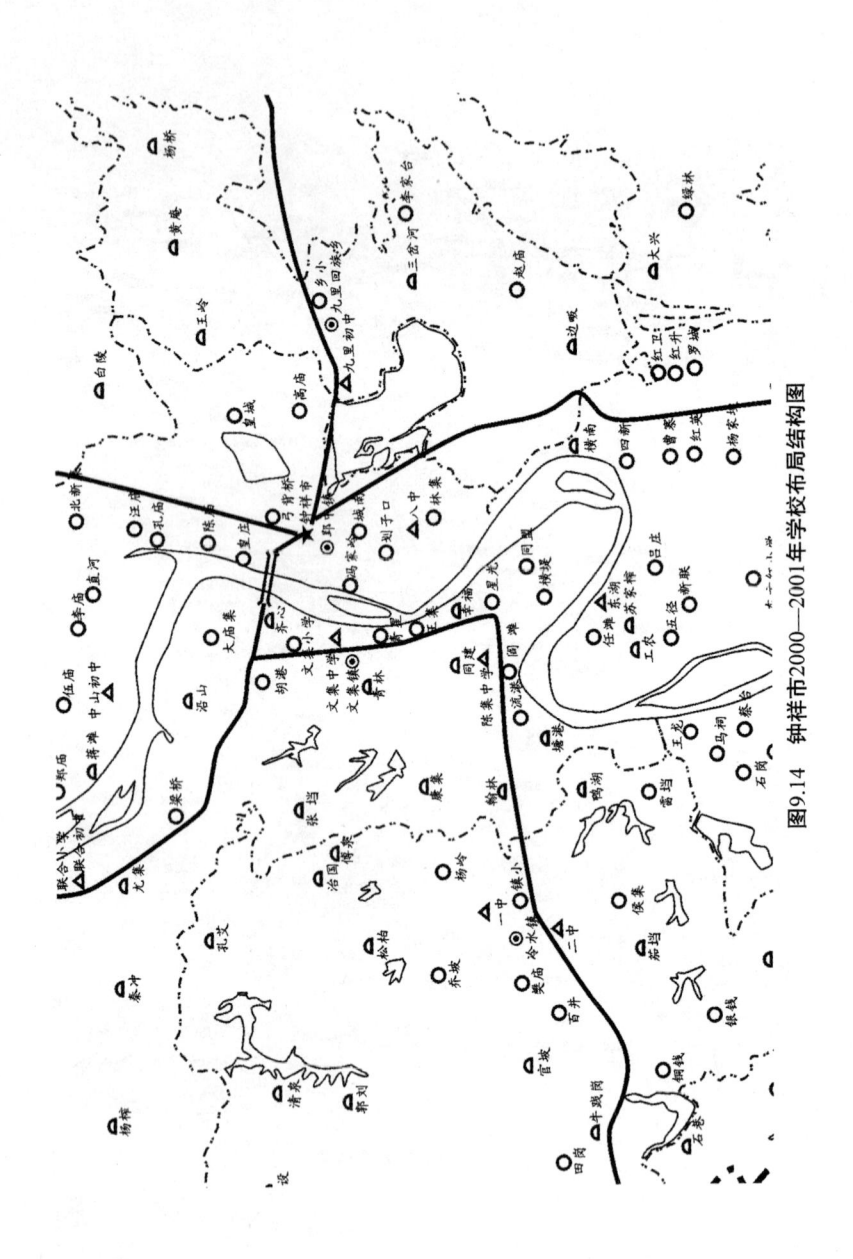

262 中国中西部地区农村中小学合理布局结构研究

图9.14 钟祥市2000—2001年学校布局结构图

第九章 农村中小学合理布局设计的 GIS 检验 263

图 9.15 钟祥市 2000—2001 年学校布局结构图

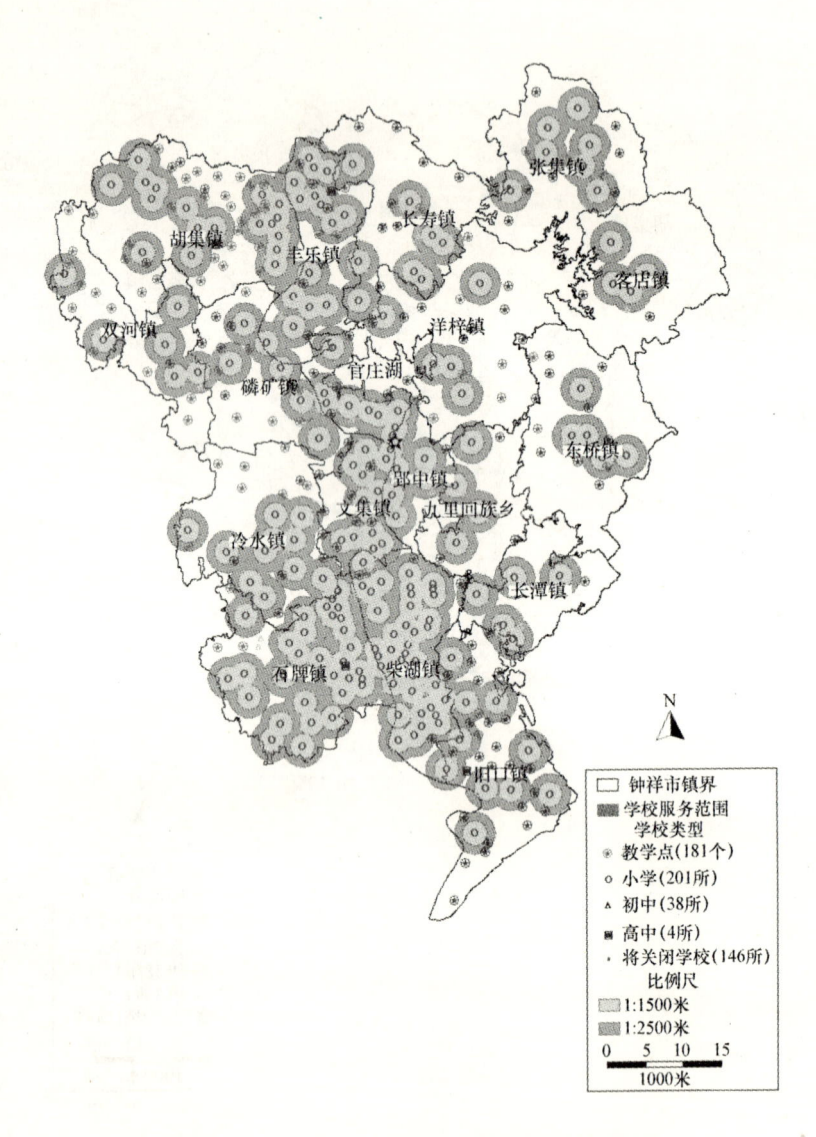

图 9.16 2000—2001 年钟祥市教学点服务范围

第九章　农村中小学合理布局设计的 GIS 检验　265

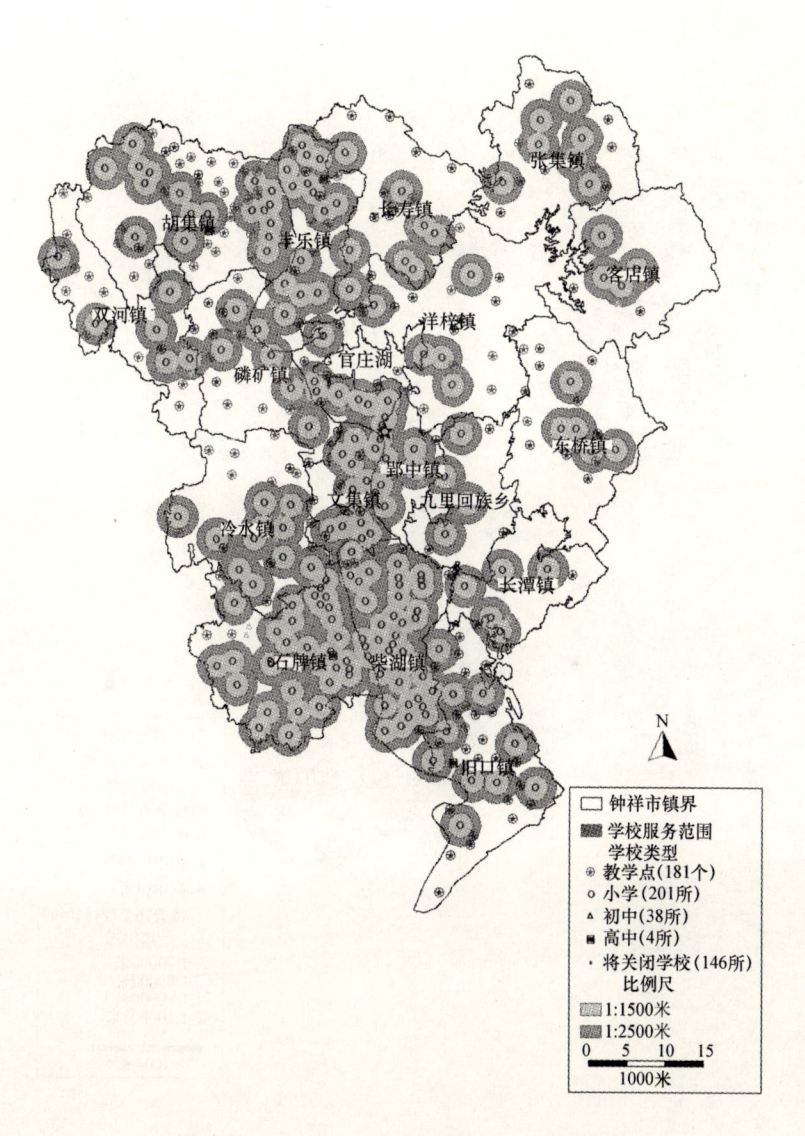

图 9.17　2000—2001 年钟祥市小学服务范围

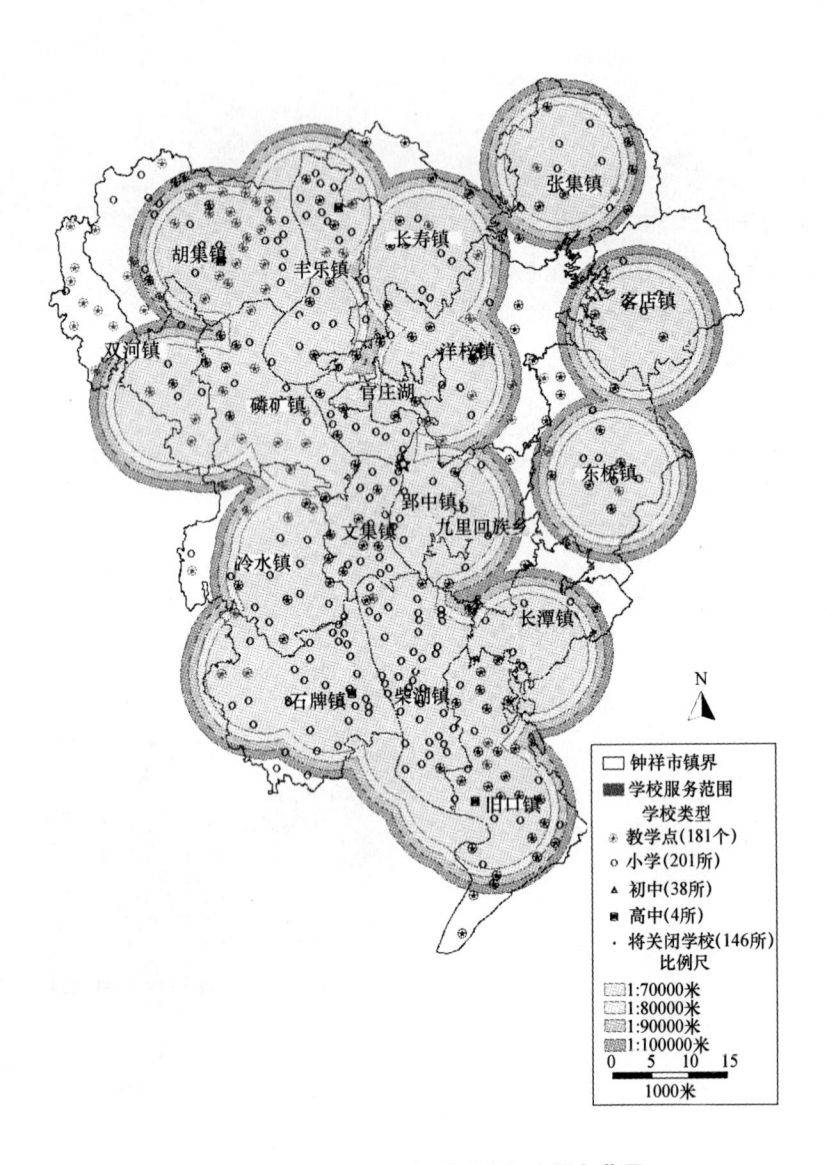

266　中国中西部地区农村中小学合理布局结构研究

图 9.18　2000—2001 年钟祥市初中服务范围

第九章 农村中小学合理布局设计的 GIS 检验 267

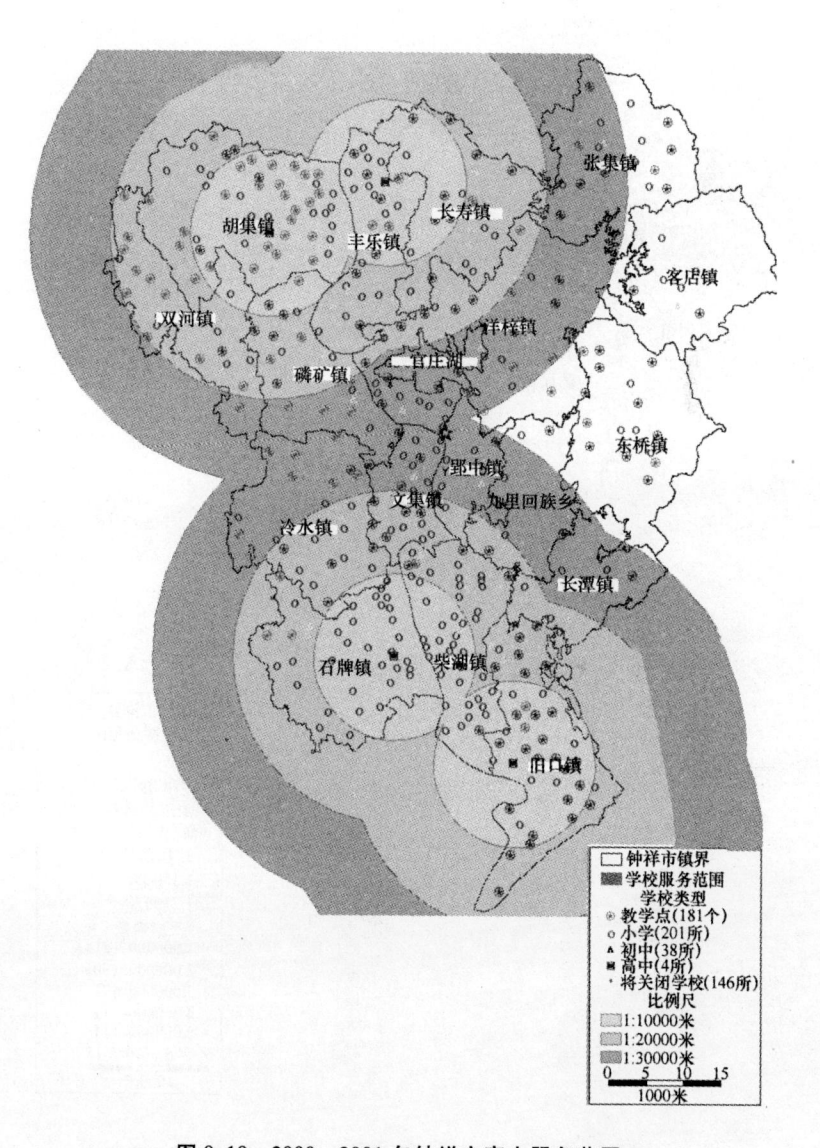

图 9.19 2000—2001 年钟祥市高中服务范围

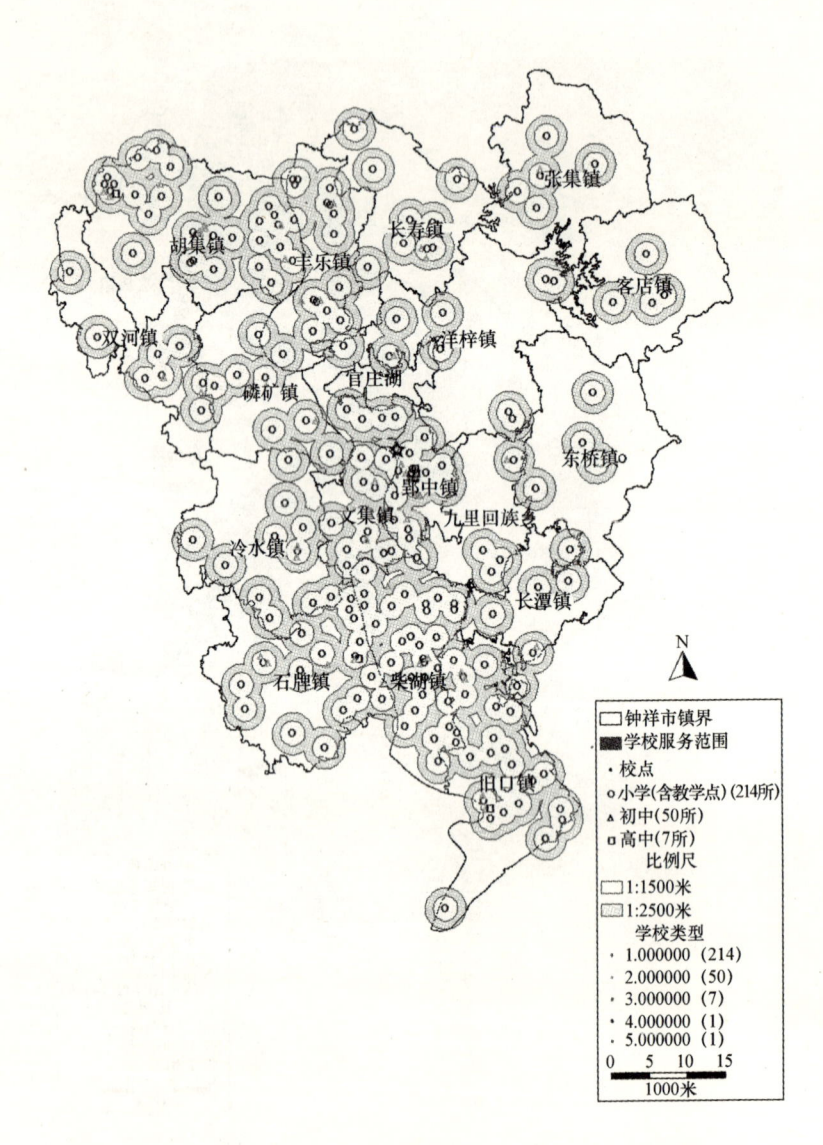

268　中国中西部地区农村中小学合理布局结构研究

图 9.20　2005—2006 年钟祥市小学（含教学点）服务范围

第九章 农村中小学合理布局设计的 GIS 检验　269

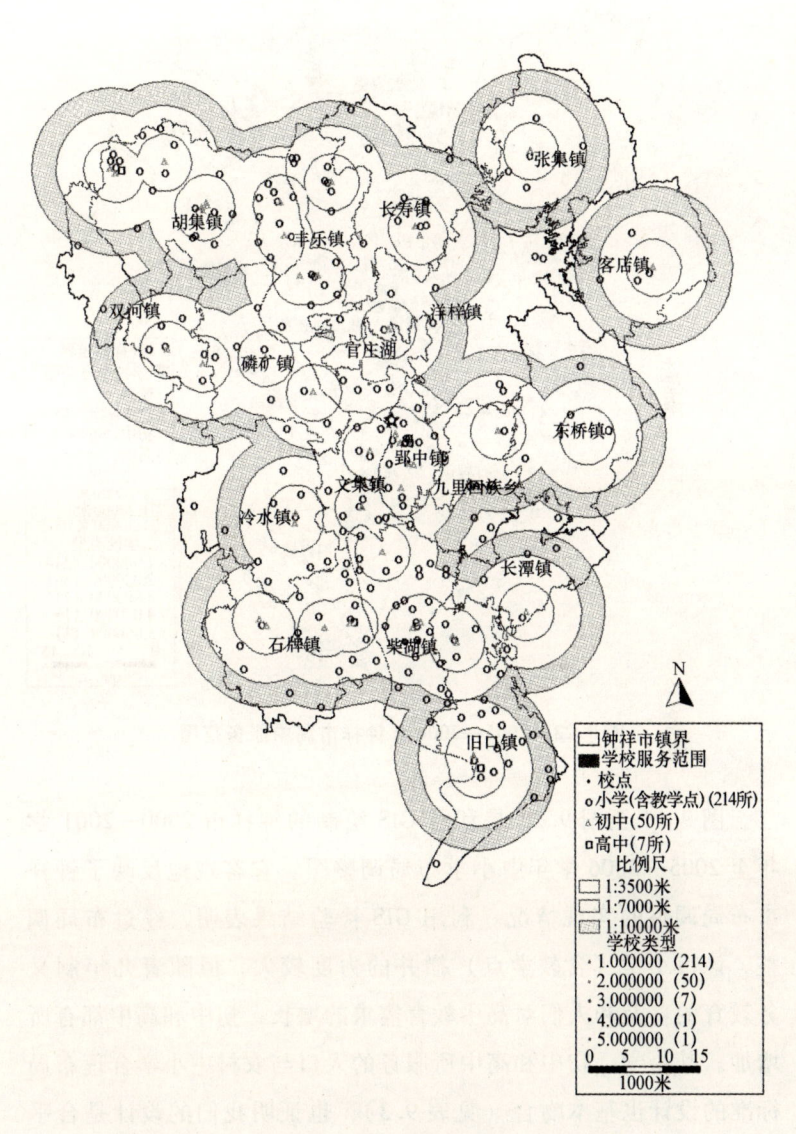

图 9.21　2005—2006 年钟祥市初中服务范围

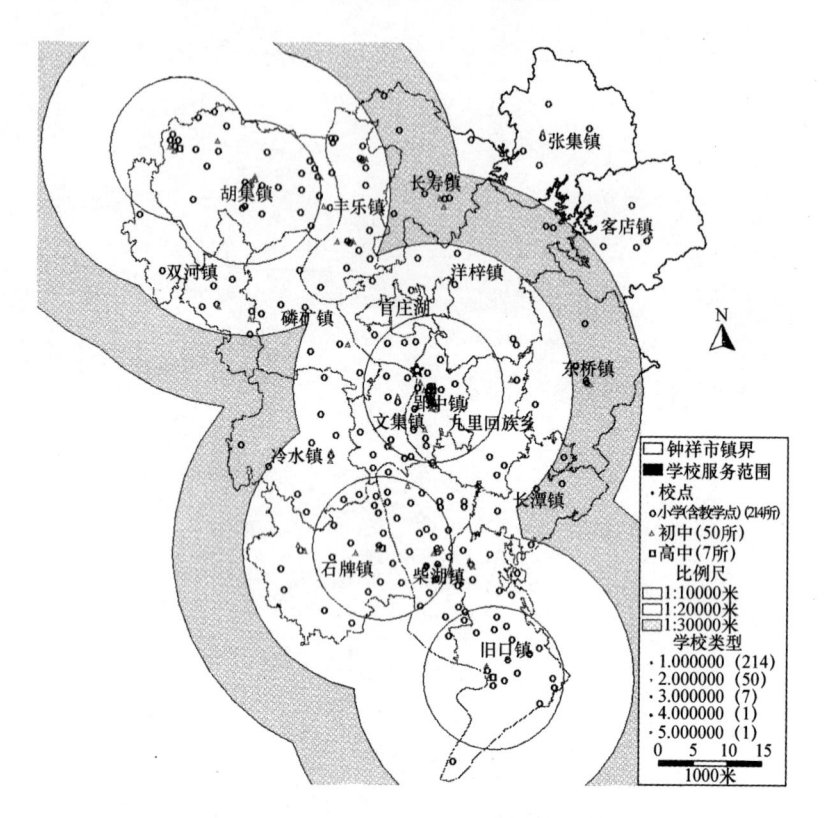

270　中国中西部地区农村中小学合理布局结构研究

图 9.22　2005—2006 年钟祥市高中服务范围

图 9.11 至图 9.22 是利用 GIS 绘制的钟祥市 2000—2001 学年至 2005—2006 学年中小学布局调整图。它客观地反映了钟祥市布局调整的客观情况。利用 GIS 检验结果表明，经过布局调整，该市小学（含教学点）撤并的力度较大，但随着九年制义务教育的普及和人们对高中教育需求的增长，初中和高中都有所增加。其小学、初中和高中所服务的人口与农村中小学合理布局标准的设计也基本吻合（见表 9.3），也证明我们的设计是合乎客观实际的。

总之，我国幅员辽阔，地理环境复杂，农村中小学布局是否合理也关系到农村广大中小学生、家长和教师的切身利益。因此，农村中小学布局结构调整的规划和设计必须科学合理，规划方案的出台一定要经过充分酝酿，参加布局结构调整的人员一定要亲自到实地调查、勘探，一定要征求当地干部群众的意见，千万不要只按上级的规定，搞"一刀切"。该撤并哪所学校和该保留哪所学校一定要充分组织论证，绝不能由某一个人说了算，否则，农村中小学布局结构调整就很难做到科学合理。

表9.3　　GIS分析的钟祥市各类学校平均服务人口　　（单位：人）

学校类型	年份 2000—2001	2005—2006
小学	3600	6000
初中	37000	31000
高中	151500	120000

参考文献

一 著作类

1. 王道俊、王汉澜主编：《教育学》，人民教育出版社 1982 年版。

2. 厉以宁：《教育经济学》，北京出版社 1982 年版。

3. 盖浙生：《教育经济学》，台北三民书局 1985 年版。

4. 王善迈：《教育投入与产出研究》，河北教育出版社 1999 年版。

5. 范先佐：《教育经济学》，人民教育出版社 1999 年版。

6. 范先佐：《筹资兴教——教育投资体制改革的理论与实践问题研究》，华中师范大学出版社 1999 年版。

7. 靳希斌：《教育经济学》，人民教育出版社 2001 年版。

8. 马克思：《经济学手稿（1857—1858 年）》，《马克思恩格斯全集》第 46 卷上册，人民出版社 1979 年版。

9. ［美］西奥多·W. 舒尔茨著，曹延亭译：《教育的经济价值》，吉林人民出版社 1982 年版。

10. 成有信：《九国普及义务教育》，人民教育出版社 1985 年版。

11. 胡格韦尔特：《发展社会学》，四川人民出版社 1987 年版。

12. 许征帆主编：《马克思主义辞典》，吉林大学出版社 1987 年版。

13. ［美］约翰·罗尔斯著，何怀宏等译：《正义论》，中国社会科学出版社 1988 年版。

14. 李方：《现代教育科学研究方法》，广东高等教育出版社 1989 年版。

15. 张焕庭主编：《教育辞典》，江苏教育出版社 1989 年版。

16. 国家统计局编：《奋进的四十年（1949—1989）》，中国统计出版社 1989 年版。

17. 宋林飞：《社会调查研究方法》，上海人民出版社 1990 年版。

18. 黄宗智：《中国农村的过密化与现代化：规范认识危机及出路》，上海社会科学院出版社 1992 年版。

19. 滕纯等主编：《教育机会均等和提高教育质量》，广东教育出版社 1995 年版。

20. 费孝通：《费孝通学术文集：学术自述与反思》，生活·读书·新知三联书店 1996 年版。

21. 赵中建编：《教育的使命——面向二十一世纪的教育宣言和行动纲领》，教育科学出版社 1996 年版。

22. 袁振国：《教育政策学》，江苏教育出版社 1996 年版。

23. 联合国教科文组织：《学会生存——教育世界的今天和明天》，教育科学出版社 1996 年版。

24. 联合国教科文组织：《教育——财富蕴藏其中》，教育科学出版社 1996 年版。

25. 联合国教科文组织：《教育的使命》，教育科学出版社 1996 年版。

26. 吴忠观主编：《人口科学辞典》，西南财经大学出版社 1997 年版。

27. 王英杰等：《亚洲发展中国家的义务教育》，人民教育出版社 1997 年版。

28. 谢安邦、谈松华主编：《全国义务教育学生质量调查与研究》，华东师范大学出版社 1997 年版。

29. 房淑云、窦文章：《区域教育发展理论探索》，陕西教育出版社 1997 年版。

30. 张力：《面对贫困——中国贫困地区教育发展的背景·现状·对策》，广西教育出版社 1998 年版。

31. 顾明远主编：《教育大辞典》，上海教育出版社 1998 年版。

32. 钱民辉：《教育社会学》，北京大学出版社 1998 年版。

33. 熊贤君：《千秋基业——中国近代义务教育研究》，华中师范大学出版社 1998 年版。

34. 孙绵涛：《教育行政学》，华中师范大学出版社 1998 年版。

35. 吴康宁：《教育社会学》，人民教育出版社 1998 年版。

36. 联合国教科文组织，赵中建选编：《全球教育发展的研究热点》，教育科学出版社 1999 年版。

37. 联合国教科文组织编，赵中建主译：《全球教育发展的历史轨迹——国际教育大会 60 年建议书》，教育科学出版社 1999 年版。

38. 范国睿：《多元与融合——多视野中的学校发展》，教育科学出版社 1999 年版。

39. 中华人民共和国教育部：《共和国教育 50 年（1949—1999）》，北京师范大学出版社 1999 年版。

40. 杨小微、刘卫华主编：《教育研究的理论和方法》，湖北教育出版社 1999 年版。

41. 叶澜：《教育研究方法论初探》，上海教育出版社 1999

年版。

42. 杨银付：《中国教育的改革和发展》，北京大学出版社1999年版。

43. 袁振国：《论中国教育政策的转变——对我国重点中学平等与效益的个案研究》，广东教育出版社1999年版。

44. 褚宏启：《教育现代化的路径》，教育科学出版社2000年版。

45. 余永德主编：《农村教育论》，人民教育出版社2000年版。

46. 李慧勤：《教育脱贫研究》，云南教育出版社2000年版。

47. 王德清、欧本谷：《教育测量与评价学》，西南师范大学出版社2000年版。

48. 杜育红：《教育发展不平衡研究》，北京师范大学出版社2000年版。

49. 谢维和：《教育活动的社会学分析——一种教育社会学的研究》，教育科学出版社2000年版。

50. 王善迈主编：《2000年中国教育发展报告》，北京师范大学出版社2000年版。

51. 陈向明：《质的研究方法与社会科学研究》，教育科学出版社2000年版。

52. 田家盛：《教育人口学》，人民教育出版社2000年版。

53. 冯增俊：《教育人类学》，江苏教育出版社2001年版。

54. 张新平：《教育组织范式论》，江苏教育出版社2001年版。

55. 菲利普·库姆斯：《世界教育危机》，人民教育出版社2001年版。

56. 马和民：《教育社会学》，华东师范大学出版社2001年版。

57. 孙俊三：《教育原理》，中南大学出版社 2001 年版。

58. 于建嵘：《岳村政治——转型期中国社会乡村政治体系的变迁》，商务印书馆 2001 年版。

59. 范国睿：《教育生态学》，人民教育出版社 2002 年版。

60. 黄尧：《中国教育宏观政策研究》，高等教育出版社 2002 年版。

61. 王善迈、袁连生主编：《2001 年中国教育发展报告》，北京师范大学出版社 2002 年版。

62. 李少元：《教育结构学》，辽宁教育出版社 2003 年版。

63. 罗明东：《教育地理学》，云南大学出版社 2003 年版。

64. 中国教育与人力资源问题课题组：《从人口大国迈向人力资源强国》，高等教育出版社 2003 年版。

65. 沈百福：《地方教育投资研究》，北京师范大学出版社 2003 年版。

66. 陈敬朴：《为教育的共同发展作证》，人民教育出版社 2003 年版。

67. 国家教育发展研究中心编：《中国教育绿皮书——中国教育政策年度分析报告（2000—2006）》，教育科学出版社 2007 年版。

68. 袁振国主编：《中国教育政策评论（2000—2006）》，教育科学出版社 2007 年版。

69. 中央教育科学研究所编：《中国基础教育发展研究报告（2001—2006）》，教育科学出版社 2007 年版。

二　论文类

70. 蒋苏勤：《各国中小学班级编制的比较研究》，《外国教育参考资料》1989 年第 3 期。

71. 谈松华：《论我国现阶段的教育公平问题》，《教育研究》1994 年第 6 期。

72. 冯建华：《小比大好，还是大比小好》，《教育研究与实验》1995 年第 4 期。

73. Valerie E. Lee、Julia B. Smith 著，张志霞、王燕译：《关于中学最佳学校规模的研究》，《北京教育科学研究院学刊》1997 年创刊号。

74. 孙家振：《调整学校布局 优化资源配置》，《山东教育科研》1997 年第 1 期。

75. 浦善新：《中国建制镇的形成发展与展望（一）》，《村镇建设》1997 年第 3 期。

76. 谢维和：《简论基础教育的价值和学校的责任》，《教育研究》1997 年第 5 期。

77. 魏向赤：《关于教育扶贫若干问题的思考》，《教育研究》1997 年第 9 期。

78. 贾明德等：《陕西贫困地区义务教育可持续发展的深层问题及对策探析》，《西北大学学报》（哲学社会科学版）1998 年第 2 期。

79. 郑晓鸿：《教育公平的界定》，《教育研究》1998 年第 4 期。

80. 杨平：《农村学校布局调整的有益探索》，《中小学管理》1998 年第 12 期。

81. 李贞儒：《深化师范教育改革 加快学校布局调整》，《琼州大学学报》1999 年第 4 期。

82. 孙志华：《优化资源配置 倾情民心工程》，《天津教育》1999 年第 12 期。

83. 李伦娥等：《靠调整学校布局提高效益》，《湖南教育》1999 年第 12 期。

84. 孙莉莉：《美国缩小班级规模研究回顾与启示》，《教育科学研究》2000 年第 1 期。

85. 赵悠珠：《中国社会弱者的社会支持因素》，《东岳论丛》2000 年第 1 期。

86. 吴刚平：《我国义务教育的机会公平与质量公平》，《河北师范大学学报》（教育科学版）2000 年第 1 期。

87. 郭元祥：《对教育公平问题的理论思考》，《教育研究》2000 年第 3 期。

88. 田英喜：《谈农村集中办学的现实意义及实施构想》，《教育探索》2000 年第 3 期。

89. 陈勇利：《着眼长远促进学校布局调整》，《江苏教育》2000 年第 5 期。

90. 杜晓俐、王贵福：《关于学校布局与规模的思考》，《教育探索》2000 年第 5 期。

91. 杨东平：《教育公平的理论和在我国的实践》，《东方文化》2000 年第 6 期。

92. 刘国胜：《关于小班化教育实验的思考》，《天津教育报》2000 年 7 月 21 日。

93. 唐曙光：《农村中小学布局的问题与对策》，《教学与管理》2000 年第 12 期。

94. 钱志亮：《社会转型时期的教育公平问题——中国教育学会中青年理论工作者专业委员会第十次年会会议综述》，《清华大学教育研究》2001 年第 1 期。

95. 和学新：《班级规模与学校规模对学校教育成效的影响》，《教育发展研究》2001 年第 1 期。

96. 吴忠魁：《影响教师参与教育改革的因素分析》，《教育科学》2001 年第 2 期。

97. 王海川：《统筹兼顾　优化配置　做好学校布局调整工

作》,《天津教育》2001年第2期。

98. 裴永全:《农村贫困地区基础教育的特点与对策》,《基础教育研究》2001年第3期。

99. 阎立钦等:《推进我国义务教育可持续发展的若干思考》,《教育研究》2001年第4期。

100. 刘然等:《当前农村义务教育面临的新问题》,《人民教育》2001年第9期。

101. 李勇等:《调整学校布局 推进素质教育》,《中国民族教育》2002年第2期。

102. 麦昭阳:《优化资源配置 加快农村基础教育的发展》,《计划与市场探索》2002年第2期。

103. 王敏、王其成、潘聪明:《大手笔干了大事情——宿迁市中小学布局调整工作纪实》,《江苏教育》2002年第2期。

104. 林立:《关于中等师范学校布局调整的思考与实践》,《云梦学刊》2002年第3期。

105. 殷建义:《有效盘活资源 促进教育发展》,《江苏教育》2002年第3期。

106. 缪舜:《浅析学校布局调整中教育资源的管理工作》,《教学与管理》2002年第5期。

107. 刘大宇:《教学资源及其合理配置》,《教学与管理》2002年第6期。

108. 罗家俊:《对农村中小学布局调整的思考》,《云南教育》2002年第7期。

109. 徐咸章:《稳步推进中小学布局调整》,《甘肃教育》2002年第9期。

110. 夏伦勤:《教育:可持续发展的基础》,《中国教育报》2002年9月28日。

111. 施德威:《农村中小学校布局调整的实践与探索》,《江苏教育》2002年第10期。

112. 蒋夫尔:《西部地区学校布局调整该怎么办》,《中国教育报》2002年12月10日。

113. 罗兆夫、陈强:《办学体制如何转变——对农村中小学布局调整的思考》,《中国教育报》2001年10月2日。

114. 胡劲松:《论教育公平的内在规定性及其特征》,《教育研究》2001年第8期。

115. 谈松华:《"短缺教育"条件下的教育资源供给与配置:公平与效率》,《教育研究》2001年第8期。

116. 罗兆夫:《对农村中小学布局问题的宏观思考》,《河南教育》2001年第9期。

117. 张令宜:《布局调整应因地制宜》,《中小学管理》2001年第10期。

118. 袁显荣:《贫困山区学校布局调整的难点与对策》,《贵州教育》2001年第11期。

119. 甘元亮:《学校布局调整"三原则"与"三结合"》,《中小学管理》2002年第2期。

120. 李松林:《人口城市化过程中的教育问题研究》,《四川师范大学学报》(社会科学版)2002年第2期。

121. 陈强:《农村小学布局调整:难题有解》,《中国教育报》2002年4月24日。

122. 吴德刚:《中国教育发展地区差距研究》,《视角》第2卷第2期,2002年4月30日。

123. 赵曦:《扶持社会弱势群体新思维》,《财经科学》2002年第4期。

124. 罗建河:《流动儿童教育问题探析》,《教育评论》2002年第4期。

125. 国家教育发展研究中心专题组:《实现基础教育均衡发

展的现状分析及对策选择》,《人民教育》2002 年第 5 期。

126. 周峰:《试论基础教育均衡发展的若干问题》,《教育研究》2002 年第 8 期。

127. 周大平:《税费改革中的农村义务教育审视》,《河南教育》2002 年第 10 期。

128. 于海臣、金志远:《教育概念辨正》,《前沿》2002 年第 12 期。

129. 农业部信息中心:《农村问题与发展对策》,2003 年 1 月 20 日,http://www.agri.gov.cn/jjps/t20030117_47599.htm。

130. 袁显荣:《贫困山区学校布局调整的难点与对策》,《贵州教育》2003 年第 1 期。

131. 杨崇龙:《提高质量　提高效益　进一步做好学校布局调整》,《云南教育》2003 年第 2 期。

132. 吴正德:《合理配置义务教育资源促进义务教育均衡发展》,来源于人民网,http://www.people.com.cn/GB/shizheng/252/10307/10308/20030310/940442.html,2003 年 3 月 10 日。

133. 上海市教科院发展研究中心:《我国普及义务教育的进展及问题分析》,《中小学教育》2003 年第 3 期。

134. 任国平:《农村中小学布局调整的得失》,《人民教育》2004 年第 11 期。

135. 马晓强:《关于我国普通高中教育办学规模的几个问题》,《教育与经济》2003 年第 3 期。

136. 耿申:《学校适宜规模及相关设施标准》,《教育科学研究》2003 年第 5 期。

137. 张益禄:《布局调整:加快农村教育发展的奠基工程》,《河北教育》2003 年第 8 期。

138. 钟华:《论农村义务教育管理体制的创新》,《中小学学校管理》2003 年第 8 期。

139. 陈仁麟：《教育规模与学校布局调整》，《基础教育参考》2003年第10期。

140. 刘茗等：《试论农村义务教育财政管理体制的改革》，《当代教育论坛》2003年第10期。

141. 李茂林等：《高效而坚实的跨越——安化县调整中小学布局解密》，《湖南教育》2003年第19期。

142. 苏明：《国民经济转型时期工农关系、城乡关系和国民收入分配关系的研究》，《经济研究参考》2003年第49期。

143. 赵炳南、朱乃芬：《发展农村职业教育的基本思路与对策》，《农业与技术》2004年第1期。

144. 张忠福：《稳步实施农村中小学布局调整的思考》，《教学与管理》2004年第1期。

145. 任胜、黄玲：《农村布局调整别走得太急》，《合肥晚报》2004年1月29日。

146. 李向东：《农村幼教现状堪忧》，《湖南教育》2004年第2期。

147. 张振泽：《积极推进学校布局调整　稳步提高办学质量效益》，《甘肃教育》2004年第2期。

148. 宋洲：《农村中小学布局调整之痒》，《时代潮》2004年第5期。

149. 石人炳：《用科学的发展观指导中小学校布局调整》，《中国教育学刊》2004年第7期。

150. 卢新春、唐海平：《学校布局调整的实践与思考》，《当代教育论坛》2004年第8期。

151. 包金玲、李静波：《我国高中教育发展状况调查研究》，《教育发展研究》2004年第11期。

152. 申美云、张秀琴：《教育成本、规模效益与中小学布局结构调整研究》，《教育发展研究》2004年第12期。

153. 石人炳：《国外关于学校布局调整的研究及启示》，《比较教育研究》2004年第12期。

154. 孙艳霞：《农村中小学布局调整的得失》，《中小学教育》2005年第1期。

155. 钱志亮、石中英：《中国农村教育的发展路向——中国教育学会中青年教育理论工作者分会第13届年会综述》，《中国教育学刊》2005年第1期。

156. 孙金鑫：《学校合并：规模与质量的博弈》，《中小学管理》2005年第2期。

157. 郭建如：《国家——社会视角下的农村基础教育发展：教育政治学分析》，《北京大学教育评论》2005年第3期。

158. 华芳英：《论学校布局调整中的组织气候建设问题》，《金华职业技术学院学报》2005年第3期。

159. 陈荣庆、万四华：《农村高中教育发展模式研究》，《宜春学院学报》2005年第3期。

160. 胡彦杰：《当前农村小学布局调整中存在的问题与对策》，《当代教育论坛》2005年第3期。

161. 庞丽娟等：《农村中小学布局调整的问题、原因及对策》，《教育学报》2005年第4期。

162. 胡彦杰：《当前农村小学布局调整中存在的问题与对策》，《当代教育论坛》2005年第6期。

163. 张克俭、冯家臻：《农村基础教育投入保障机制问题——基于陕西省相关调研的思考》，《教育发展研究》2005年第8期。

164. 张忠福：《农村中小学布局调整工作的重点》，《教学与管理》2005年第9期。

165. 王付林：《县以下农村高中迁入县城的意义和价值》，《校长参考》2005年第9期。

166. 彭伟：《教育在构建和谐社会中的意义与作用》，《人民教育》2005年第10期。

167. 海宏：《税费改革后陕西农村办学经费之痛》，《校长阅刊》2005年第11期。

168. 刘九权：《发展高中教育的实践与探索》，《广东教育》2005年第12期。

169. 欧阳春香：《当前农村高中扩招面临的问题及对策》，《江西教育》2005年第12期。

170. 王桂臣：《关于农村中小学布局调整负面影响的思考》，《河北教育》2005年第17期。

171. 徐吉志：《对当前农村小学布局调整的深思》，《当代教育科学》2005年第23期。

172. 乔幼轩：《浅谈发展河南高中教育》，《决策探索》2006年第1期。

173. 项继权、袁方成：《税费改革背景下的农村义务教育——当前农村义务教育的财政困境与政策选择》，http://www.sachina.edu.cn/htmldata/article/2006/03/875.html，2006年3月16日。

174. 庞丽娟：《农村中小学布局调整应因地制宜》，《人民日报》2006年3月16日。

175. 韩俊：《工业反哺农业　城市支持农村——谈在新形势下如何推进新农村建设》，《政策》2006年4月18日。

176. 袁桂林等：《中国城乡学龄人口变动趋势分析》，《教育科学》2006年第2期。

177. 张新光：《农村税费改革后的乡镇政府体制改革》，《开放导报》2006年第5期。

178. 杨想森：《动态调控中小学布局》，《湖北教育》2006年第6期。

179. 翟博:《教育均衡发展需要明确哪些理论问题》,《中国教育报》2006年8月7日。

180. 肖昌斌等:《农村中小学遭遇教师缺编之困》,《湖北教育》2006年第10期。

181. 程墨、肖昌斌、曾宪波:《教师缺编:农村教育的一道坎儿》,《中国教育报》2006年11月12日。

182. 李晨:《农村中小学布局调整引发的忧思》,《科学时报》2006年11月24日。

183. 苗苗:《我国城市流动人口的贫困问题和对策》,《统计与决策》2006年第17期。

184. 范先佐:《教育乱收费的类型及其治理》,《高等学校文科学术文摘》2007年第3期。

185. 任丽梅:《我国农村学校教师缺编较普遍》,《中国改革报》2007年8月29日。

三　政策文本类

(一) 中央政策文件

186.《中共中央、国务院关于普及小学教育若干问题的决定》,1980年12月3日。

187.《中共中央、国务院关于加强和改革农村学校教育若干问题的通知》,1983年5月6日。

188.《国务院批转民政部关于调整建镇标准的报告的通知》,1984年11月22日。

189.《中共中央关于教育体制改革的决定》,1985年5月27日。

190.《中华人民共和国义务教育法》,1986年4月12日第六届全国人民代表大会第四次会议通过,2006年6月29日第十届全国人民代表大会常务委员会第二十二次会议修订。

191. 《中小学校建筑设计规范》（GBJ99—86），1986 年 10 月 1 日。

192. 《中国教育改革和发展纲要》，1993 年 2 月 13 日。

193. 《面向 21 世纪教育振兴行动计划》，1998 年 12 月 24 日。

194. 《教育部、财政部关于报送中小学布局结构调整规划的通知》，2001 年 3 月 20 日。

195. 《国务院关于基础教育改革与发展的决定》，2001 年 5 月 29 日。

196. 《国务院办公厅转发中央编办、教育部、财政部关于制定中小学教职工编制标准意见的通知》，2001 年 10 月 8 日。

197. 《全国教育事业第十个五年计划》，2002 年 6 月 6 日。

198. 《国务院关于进一步加强农村教育工作的决定》，2003 年 9 月 17 日。

199. 《2003—2007 年教育振兴行动计划》，2004 年 2 月 10 日。

200. 《国务院办公厅转发财政部教育部关于加快国家扶贫开发工作重点县"两免一补"实施步伐有关工作意见的通知》，2005 年 2 月 18 日。

201. 《关于进一步推进义务教育均衡发展的若干意见》，2005 年 5 月 25 日。

202. 《教育部办公厅关于切实解决农村边远山区交通不便地区中小学生上学远问题有关事项的通知》，2006 年 6 月 7 日。

203. 《教育部关于实事求是地做好农村中小学布局调整工作的通知》，2006 年 6 月 9 日。

204. 《国务院批转教育部国家教育事业发展"十一五"规划纲要的通知》，2007 年 5 月 18 日。

205. 《教育部　公安部　国家安全监管总局关于加强农村中小学生幼儿上下学乘车安全工作的通知》，2007 年 8 月 24 日。

206. 《国务院办公厅转发国务院农村综合改革工作小组关于开展清理化解农村义务教育"普九"债务试点工作意见的通知》，2007年12月19日。

（二）地方政策文件

207. 《内蒙古自治区关于苏木乡镇以下中小学校布局结构调整和精简教师队伍的意见》，2001年6月12日，http://www.xajy.cn/htm/fg117.htm。

208. 内蒙古自治区武川县教育局《武川县教育改革实施方案》（2006）、《武川县学校布局结构调整规划》。

209. 《江西省人民政府关于印发江西省调整农村中小学布局精简和优化教职工队伍意见的通知》，2002年7月23日，http://nc.mofcom.gov.cn/news/939407.html。

210. 《中共湖北省委办公厅、湖北省人民政府办公厅关于调整优化农村中小学布局结构的意见》，2002年11月22日，http://www.jobs.cn/newsInfo/2002-11-22/200211227128590.htm。

211. 湖北省石首市委办公室《关于印发〈石首市村办小学并校减员实施方案〉的通知》（石办发〔2001〕26号）、《石首市"十一五"学校布局结构调整规划方案》。

212. 湖北省钟祥市教育局和财政局《钟祥市布局结构调整实施规划的意见》（钟政发〔2001〕4号）、《钟祥市中小学2001—2003年布局调整总体规划》。

213. 湖北省沙洋县人民政府《沙洋县农村中小学布局结构调整规划》（沙政办发〔2002〕69号）。

214. 玉溪市教育局党委书记、局长李世华《在2005年全市寄宿制小学管理工作现场会上的讲话》。

215. 陕西省勉县人民政府《勉县中小学布局结构调整实施方案》（勉政发〔2002〕4号）。

216. 陕西省南郑县教育局《南郑县农村中小学布局结构调整方案》(南教函 [2006] 11 号)。

217. 安徽淮北市濉溪县教育局、发展计划委员会和财政局《2006—2010 年濉溪县中小学布局结构调整规划》。

218. 河南省教育厅《关于进一步推进义务教育均衡发展的若干意见》(2005)。

219. 河南省许昌市人民政府《关于调整农村小学布局工作的意见》(许政发 [2000] 101 号文件)。

220. 《贵州省关于农村中小学布局结构调整和优化农村中小学教师队伍的意见》, 2002 年 12 月 17 日, http://nc.mofcom.gov.cn/news/769916.html。

(三) 相关统计资料

221. 《中国教育年鉴》(2001—2006)、《教育统计数据》(1998—2006)、《全国教育事业发展统计公报》(1998—2006), 来源于教育部网站: http://www.moe.edu.cn/。

222. 《中国统计年鉴》(1998—2006), 来源于国家统计局网站: http://www.stats.gov.cn/tjsj/ndsj/。

223. 《第五次全国人口普查公报(第 1 号)》, 2001 年 3 月 28 日, 来源于国家统计局网站, http://www.stats.gov.cn/tjgb/rkpcgb/qgrkpcgb/t20020331_15434.htm。

224. 《2006 年国民经济和社会发展统计公报》, 2007 年 2 月 28 日, 来源于国家统计局网站, http://www.stats.gov.cn/tjgb/ndtjgb/qgndtjgb/t20070228_402387821.htm。

四 英文文献

225. Calvin Griesder, *Public School Administration*, N.Y.,

The Ronald Press Co. , 1950, p. 14.

226. Cotton, D. and A. Frehch, "Enrollment Decline and School Closing in a large City", *Education and Urban Society*, 1979, p. 11.

227. Maxfield, K. W. , "Spatial Planning of School Districts", *Annals of Association of American Geographers*, Vol, 9. No. 2, 1979.

228. Yeager, R. F. , "Rationality and Retrenchment: the Use of a Computer Simulation to Aid Decision Making in School Closing", *Education and Urban Society*, 1979, p. 11.

229. Tinar, T. B. and J. W. Guthrie, "Public Values and Public School Policy in the 1980s", *Educational Leadership*, 1980, p. 38.

230. Basil Castaldi, *Educational Facilities*, second edition, Boston Allyn and Bacon, Inc. , 1982, p. 128.

231. Everhart, R. B. , *Fieldwork Methodology in Educational Administration*. In Norman J. Boyan ed. Handbook of Research on Educational Administration, Longman Inc. , 1988, pp. 703—704.

232. Victor Lavy, "School Supply Constraints and Children's Educational Outcomes in Rural Ghana", *Journal of Development Economics*, Volume 51, Issue 2, December 1996, pp. 291—314.

233. The World Bank, *China 2020: Development Challenges in the New Century*, Washington D. C. , 1997.

234. Serge Theunynck, *School Construction in Developing Countries: What Do We Know* 2003, www1. worldbank. org/education/pdf/EFAcase_ Construction. Pdf.

235. Douglas Lehman, *Bringing the School to the Children: Shortening the Path to EFA*, August, 2003, http: //www1. worldbank. org/education/notes. Asp.

附录一

编号____ ____省（区）____县（市）____乡（镇）

中西部地区农村中小学合理布局结构调查
〔县（市）、乡（镇）教育行政部门负责人卷〕

尊敬的县（市）、乡（镇）教育行政部门负责同志：您好！

  为了客观把握我国中西部地区农村中小学布局调整的真实情况，以便为教育部今后制定相关政策提供可靠的依据，受教育部财务司的委托我们组织了本次学术调查。此次调查以匿名方式填答，所有信息仅供研究使用。您只需根据实际情况在选项上打"√"或在____上填写相应信息。衷心感谢您的支持与协助！

英国双边赠款项目国家级研究课题
华中师范大学"中国中西部地区农村中小学合理布局结构研究"
课题组　敬上

1. 您的基本情况是：
1）性　别：①男　　②女
2）年　龄：____周岁
3）民　族：①汉族　　②少数民族：____族

4）文化程度：①高中（中专）以下　　②高中（中专）
　　　　　　③大专　　④本科　　⑤研究生
5）职　　务：①教育局长（副局长）　　②科（股）长
　　　　　　③乡镇教育站长（干事）
6）从事教育行政工作_____年。
2. 您所在县（市）或乡（镇）属于：
　①山区　　　②丘陵　　　③平原
　④牧区　　　⑤矿区　　　⑥湖（库）区
3. 您所在县（市）或乡（镇）近些年是否进行过学校布局调整：
　①是　　　②否　　　③正在进行
4. 您认为当地农村中小学布局调整的原因是：（可多选）
　①学龄人口减少　　　②税费改革导致的经费不足
　③城镇化的要求　　　④行政区划的变化
　⑤实现教育均衡发展的要求⑥实现教育资源合理配置的需要
　⑦提高教育质量的需要　　⑧方便教育管理的需要
　⑨上级政府的要求　　　⑩其它_____
5. 当地政府在农村中小学布局调整过程中采取的方式主要是：（可多选）
　①示范的方式　　　　　②强制的方式
　③示范与强制相结合的方式　　④其它_____
6. 当地农村中小学布局调整的主要形式是：（可多选）
　①完全合并式　②兼并式　③交叉式
　④集中分散式　⑤其它_____
7. 您认为当地农村中小学布局调整的成效是：（可多选）
　①提高了学校规模效益　　②实现了教育资源的合理配置
　③提高了教育质量　　　　④减轻了教师的负担
　⑤有助于教育的均衡发展　　⑥其它_____

8. 您认为当地农村中小学布局调整存在的问题是：（可多选）

①学生上学路程太远　　　　②家长负担加重

③班级规模过大　　　　　　④缺乏后续配套资金

⑤教师工作负担加重　　　　⑥教育质量下降

⑦学生生活压力加大　　　　⑧其它_____

9. 您认为当地农村中小学布局调整的困难主要是：（可多选）

①村民不支持　　　　　　　②家长不理解

③教师怕下岗失业　　　　　④学校不配合

⑤学生担心上学路远　　　　⑥其它_____

10. 当地中小学布局调整后入学率和辍学率与以前相比：（请在符合项下打"√"）

	①增加	②减少	③大体相当
入学率变化情况			
辍学率变化情况			

11. 当地农村中小学布局调整后学生上学是否方便：

①是　　　　　　②否

12. 您认为解决农村中小学生上学路程过远问题的最好途径是：（可多选）

①寄宿制　　　　②定点班车接送　　　③家长接送

④教师护送　　　⑤其它_____

13. 您认为寄宿制学校的好处在于：（可多选）

①学生上学方便　　　　②利于师生、同学间的交流与共处

③便于学校集中管理　　④利于学生独立生活

⑤利于农民工子女的学习和生活　⑥其它_____

14. 您认为寄宿制学校存在的问题是：（可多选）

①低年级学生生活不方便　　②加重了家长的经济负担

③缺少必要的保育人员　　　④学生缺少与家长的情感交流

⑤缺乏必要的寄宿条件　　　⑥其它_____

15. 您认为寄宿制学校存在问题的原因是：（可多选）

①缺少必要的配套经费　　②两免一补政策落实不到位

③农村教师编制过紧　　　④农村学校办学条件差

⑤学校不重视　　　　　　⑥其它_____

16. 您认为解决寄宿制学校所存在问题的途径是：（可多选）

①增加必要的配套经费

②配备必要的保育人员和工勤人员

③加大对贫困家庭学生的资助

④建立学生与家长情感交流的机制

⑤改善寄宿条件　　　　　⑥其它_____

17. 您认为寄宿制小学1—3年级_____个住校生、4—6年级_____个住校生，中学____个住校生配备一名保育人员或生活管理员比较合理。

18. 您认为当地农村学校的合理布局结构应该是：（请在下表中填写相应的数字）

合理布局指标项		小学	初中	高中
学校服务范围大约多少里为合理？				
学校服务人口大约多少人为合理？				
理想学校规模	理想的学校规模大约应该是多少个班？			
	理想的学校规模大约应是多少个学生？			
	最低应该不少于多少个学生？			
	生师比保持在什么样的比例为合理？			

19. 您认为当地农村中小学布局调整后是否应当保留教学点：

①是　　②否　　理由是：_____

20. 当地农村中小学布局调整后闲置校产的处理方式有：（可多选）

①发展学前教育　　②交由村处理　　③发展校办产业

④收归教育部门　　⑤交由乡镇处理　⑥由学校变卖后还债 ⑦其它_____

21. 当地农村中小学布局调整后：（请直接在横线上填写学科代号）

1）小学富余学科的教师主要是_____，短缺学科的教师主要是_____；

2）初中富余学科的教师主要是_____，短缺学科的教师主要是_____。

①语文　　　　②数学　　　　　　③外语

④体育　　　　⑤艺术（音乐、美术）⑥计算机

⑦心理健康　　⑧科学　　　　　　⑨品德与生活

⑩品德与社会　⑪思想品德　　　　⑫历史与社会

⑬综合实践活动　　　⑭其它_____

22. 您对当地农村中小学布局调整的态度是：

①支持　　　②不支持　　　③无所谓

23. 您对当地农村中小学布局调整的总体看法是：

①肯定　　　②否定　　　③说不清楚

24. 您认为当前农村中小学布局调整迫切需要解决的问题是：（限选2项）

①增加经费投入　　　　②加强寄宿制学校的建设

③合理配置师资和加强师训　④改善办学条件

⑤增加对困难家庭学生的补助　⑥其它_____

25. 您认为农村中小学怎样布局才算合理，怎样布局不合理？

_____

_____

_____

（问卷结束，衷心感谢您的支持与合作！）

附 录 二

编号____ ____省（区）____县（市）____乡（镇）____学校

中西部地区农村中小学合理布局结构调查

（学校卷）

尊敬的校长、老师们：你们好！

  为了客观把握我国中西部地区农村中小学布局调整的真实情况，以便为教育部今后制定相关政策提供可靠的依据，受教育部财务司的委托我们组织了本次学术调查。此次调查以匿名方式填答，所有信息仅供研究使用。您只需根据实际情况在选项上打"√"或在____上填写相应信息。衷心感谢你们的支持与协助！

英国双边赠款项目国家级研究课题
华中师范大学"中国中西部地区农村中小学合理布局结构研究"
课题组　敬上

1. 您的基本情况是：
1) 您的性别：①男　　②女
2) 您的年龄：_____周岁；　教龄：_____年

3）您的民族：①汉族　　　②少数民族：_____族

4）您的身份或职务：

①校长（副校长）　　②学校中层干部

③教师　　　　　　　④其它_____

5）您的文化程度：

①高中（中专）以下　　②高中（中专）

③大专　　　　　　　　④本科　　　⑤研究生

6）您所任教的科目：

①语文　　　　②数学　　　　　　　③外语

④体育　　　　⑤艺术（音乐、美术）⑥计算机

⑦心理健康　　⑧科学　　　　　　　⑨品德与生活

⑩品德与社会　⑪思想品德　　　　　⑫历史与社会

⑬综合实践活动　　　　⑭其它_____

7）您所带的年级：_____年级（初中请按照7—9年级填写）

2. 您目前所在的学校是：

1）①小学　　②初中　　③九年一贯制学校　　④高中

2）①寄宿学校　　②走读学校　　③走读寄宿混合学校

3. 您所在学校处于：

①山区　　　　②丘陵　　　　③平原

④牧区　　　　⑤矿区　　　　⑥湖（库）区

4. 您所在的学校是否进行过布局调整：

①是　　　　　②否　　　　　③正在进行

5. 您认为当地农村中小学布局调整的原因是：（可多选）

①学龄人口减少　　　　②税费改革导致的经费不足

③城镇化的要求　　　　④行政区划的变化

⑤实现教育均衡发展的要求　⑥实现教育资源合理配置的需要

⑦提高教育质量的需要　　⑧方便教育管理的需要

⑨上级政府的要求　　　　　⑩其它_____

6. 当地政府在农村中小学布局调整过程中采取的主要方式是：（可多选）

①示范方式　　　　　　　②强制方式

③示范与强制相结合方式　　④其它_____

7. 当地农村中小学布局调整采取的形式有：（可多选）

①完全合并式（两校或多校完全合而为一）

②兼并式（一所学校兼并另一所或几所学校）

③交叉式（几个年级在甲村，另几个年级在乙村，彼此独立运行）

④集中分散式（一所中心学校带几个教学点）

⑤其它_____

8. 您认为当地农村中小学布局调整的成效是：（可多选）

①提高了学校规模效益　　②实现了教育资源的合理配置

③提高了教育质量　　　　④减轻了教师的负担

⑤有助于教育的均衡发展　⑥其它_____

9. 您认为当地农村中小学布局调整过程中存在的问题有：（可多选）

①学生上学路程太远　　　②家长负担加重

③班级规模过大　　　　　④缺乏后续配套资金

⑤教师工作负担加重　　　⑥教育质量下降

⑦学生生活压力加大　　　⑧其它_____

10. 您认为当地农村中小学布局调整的困难主要是：（可多选）

①村民不支持　　　　　　②家长不理解

③教师怕下岗失业　　　　④学校不配合

⑤学生担心上学路远　　　⑥其它_____

11. 当地中小学布局调整后入学率和辍学率与以前相比：（请在符合项下打"√"）

	①增加	②减少	③大体相当
入学率变化情况			
辍学率变化情况			

12. 当地农村中小学布局调整后学生上学是否方便：

①是　　　　②否

13. 贵校学生上学最远的路程大约是____里，最长时间大约是____小时。

14. 您认为解决学生上学路程过远问题的最好途径是：（可多选）

①寄宿制　　　　②定点班车接送　　　　③家长接送

④教师护送　　　　⑤其它_____

15. 您认为寄宿制学校的好处在于：（可多选）

①学生上学方便

②利于师生、同学间的交流与共处

③便于学校集中管理　　　　④利于学生独立生活

⑤利于农民工子女的学习和生活　　⑥其它_____

16. 您认为寄宿制学校存在的问题是：（可多选）

①低年级学生生活不方便　　　　②家长的经济负担加重

③缺少必要的保育人员　　　　④学生与家长缺少情感交流

⑤缺乏必要的寄宿条件　　　　⑥其它_____

17. 您认为寄宿制学校存在问题的原因是：（可多选）

①缺少必要的配套经费　　　　②两免一补政策落实不到位

③农村教师编制过紧　　　　④农村学校办学条件差

⑤学校不重视　　　　⑥其它_____

18. 您认为解决寄宿制学校所存问题的途径是：（可多选）

①增加必要的配套经费

②配备必要的保育人员和工勤人员

③加大对贫困家庭学生的资助

④建立学生与家长情感交流的机制

⑤改善寄宿条件　　　　　　⑥其它_____

19. 您认为寄宿制小学 1—3 年级_____个住校生、4—6 年级_____个住校生，中学_____个住校生配备一名保育人员或生活管理员比较合理。

20. 当前贵校的服务范围是_____个村，服务人口是_____人。

21. 当前贵校共有_____个班，共有_____个学生，平均每班_____个学生，生均建筑面积_____平方米；您认为理想的学校规模_____个班为好，_____个学生为好，平均每班_____个学生，生均建筑面积_____平方米。

22. 您认为当地农村小学的服务范围_____里为合理，初中的服务范围_____里为合理，高中的服务范围_____里为合理。

23. 您认为当地小学服务_____个村为合理，服务人口_____人为合理；初中服务人口_____人为合理，高中服务人口_____人为合理。

24. 当前贵校各科教师的配备情况是：

①恰好配齐　　　②富余　　　③短缺

如果有富余和短缺，其情况是：（请在横线上填写学科代号）

1）富余学科的教师主要是：_____

2）短缺学科的教师主要是：_____

①语文　　　　　　②数学　　　　　　③外语

④体育　　　　　　⑤艺术（音乐、美术）　　⑥计算机

⑦心理健康　　　　⑧科学　　　　　　⑨品德与生活

⑩品德与社会　　　⑪历史与社会　　　⑫思想品德

⑬综合实践活动　　⑭其它_____

25. 您认为当地农村中小学布局调整后是否应当保留教学点：

①是　　　　②否　　　　其理由是_____

26. 您对当地农村中小学布局调整的态度是：

①支持　　　　②不支持　　　　③无所谓

27. 您对农村中小学布局调整的总体看法是：

①肯定　　　　②否定　　　　③说不清

28. 您认为当前农村中小学布局调整迫切需要解决的问题是：（可多选）

①增加经费投入　　　　　②加强寄宿制学校的建设

③合理配置师资和加强师训　④改善办学条件

⑤增加对困难家庭学生的补助　⑤其它

29. 您认为农村中小学怎样布局才算合理，怎样布局不合理？

　_____
　_____
　_____

（问卷结束，衷心感谢您的支持与合作！）

11. 您家孩子每学期住宿费是_____元；每月生活费大约_____元。

12. 您家负担孩子上学的住宿费和生活费是否困难：
①是　　　　　　②否

13. 您认为在当地农村小学生上学最远不超过_____里为好；初中生上学最远不超过_____里为好；高中生上学最远不超过_____里为好。

14. 您认为农村中小学合并后是否应当保留教学点：
①是　　　②否　　　其理由是_____

15. 当地在农村中小学合并过程中是进行宣传动员，还是采取强制手段：
①宣传动员　　　②强制手段　　　③说不清楚

16. 当地在进行农村中小学合并过程中是否征求过村民的意见：
①是　　　②否

17. 您对当地农村中小学合并的态度是：
①支持　　　②不支持　　　③无所谓

18. 您对农村中小学合并的总体看法是：
①肯定　　　②否定　　　③说不清

19. 您认为当前农村中小学合并迫切需要解决的问题是：（只选2项）
①改善学生的住宿条件
②配好各门课程的教师并提高教师水平
③增加对困难家庭学生的补助　　④加强对学生的管理
⑤其它_____

（问卷结束，衷心感谢您的支持与合作！）

附录四

编号___　___省（区）___县（市）___乡（镇）___学校

中西部地区农村中小学合理布局结构调查
（学生卷）

亲爱的同学：你们好！

  我们是华中师范大学国家级研究课题"中国中西部地区农村中小学合理布局结构研究"课题组的研究人员。受教育部财务司的委托，我们将在我国中西部地区对农村中小学合并的有关问题展开调查研究。您的意见对于我们的研究和政府的决策具有很重要的价值。因此，请您支持我们并在符合实际情况选项的题目号码上直接打"√"或在____上填写有关内容就可以了。谢谢您的支持和帮助！

英国双边赠款项目国家级研究课题
华中师范大学"中国中西部地区农村中小学合理布局结构研究"
课题组　敬上

1. 你的性别：①男　　②女
2. 你的年龄：_____周岁

3. 你现在上_____年级

4. 你父母的情况是：

①在家种地或从事其它工作　②父亲或母亲一人在外地打工

③父母都在外地打工　　　　④其它_____

5. 你是住校还是走路上学：

①住校　　　　　②走路上学

（第6—11题不住校的同学请不要做）

6. 你每学期要交住宿费_____元；每个月的生活费_____元钱。

7. 你家里负担你的住宿费和生活费是否有困难：

①是　　　②否　　　③不知道

8. 你住校后是否得到过生活补助：

①否　　　②是　　　③每月得到_____元的补助

9. 你认为在家里还是在学校住宿好：

①家里　　　②学校　　　③都差不多

10. 你每星期要在学校住_____天；你们学校一个房间一般住_____个同学；一张床铺一般睡_____个同学。

11. 你主要是从家里带菜吃还是从学校食堂买菜：

①家里带菜　　②买食堂的菜

12. 你家离校_____里。如果走路上学，从家到学校要花多少时间？_____

13. 一般情况下，你是怎样上学的：

①自己去　　②父母接送

14. 一般情况下，你上学是：

①步行　　②骑自行车　　③坐汽车

④坐船　　⑤骑马　　　　⑥其它_____

15. 你们学校是否与别的学校合并过？

①是　　　②否

16. 你现在上学是否方便？

①是　　　　　②否

17. 现在不上学的同学与以前相比：

①多了　　　　②少了　　　　③差不多

18. 你认为现在老师与同学们在一起的时间比以前：

①多些　　　　②少些　　　　③差不多

19. 1）现在你们班上有_____个同学

　　2）现在的班比以前的班：

①大些　　　　②小些　　　　③差不多

3）你喜欢：

①大班上课　　②小班上课　　③无所谓

20. 你喜欢所有的课由一个老师上还是分开由多个老师上：

①一个老师上　②多个老师上　③无所谓

21. 你现在的学习成绩与以前相比：

①提高了　　　　②下降了　　　　　　③说不清楚

22. 你喜欢以前的学校还是现在的学校：

①以前的学校　　②现在的学校

23. 你现在上学最担心的问题是：

①路远不安全　②受别村同学的欺负　③加重了家长的负担

④不适应学校环境　⑤其它_____

24. 你认为解决上学路程过远问题的最好办法是：

①住校　　　　　②定点班车接送　　　③家长接送

④老师护送　　　⑤其它_____

（问卷结束，对同学们的支持再次表示感谢！）

附录三

编号___　___省（区）___县（市）___乡（镇）___村

中西部地区农村中小学合理布局结构调查
（家长卷）

尊敬的家长们：你们好！

　　为了客观把握我国中西部地区农村中小学布局调整的真实情况，以便为教育部今后制定与此相关的政策提供可靠依据，受教育部财务司的委托，我们特意组织了这次学术调查。本次调查以不记名方式进行，所有信息仅供研究使用。您只需要在符合实际情况的选项上直接打"√"或在_____上填写相应的内容就可以了。衷心感谢你们的支持与协助！

英国双边赠款项目国家级研究课题
华中师范大学"中国中西部地区农村中小学合理布局结构研究"
课题组　敬上

1. 您个人的基本情况是：
1) 性别：①男　　　②女
2) 年龄：_____周岁

3）民族：①汉族　　　②少数民族：_____族

4）身份或职业：

①务农　　②经商　　③干部　　④教师

⑤医生　　⑥打工　　⑦其它_____

5）家庭一年纯收入大约是_____元

2. 您家有_____个孩子，其中上学的有_____个，他（她）们现在上：

①小学　　②初中　　③高中　　④其它_____

3. 您家孩子上学要走_____里路，要花_____小时。

4. 您家孩子所在的学校是否合并过：

①是　　　　　　②否

5. 现在孩子上学您最担心的问题是：

①孩子的安全问题　　②家庭经济负担加重

③孩子学习成绩下降　　④孩子的生活问题

⑤其它_____

6. 您认为现在孩子上学是否方便：

①是　　　　　　②否

7. 与以前相比您认为现在学校的老师对学生：

①更负责任　　②没有以前负责　　③说不清楚

8. 您认为现在孩子的学习成绩与以前相比：

①提高了　　②下降了　　③说不清楚

9. 您认为解决当地农村孩子上学路程过远问题的最好办法是：

①让学生住校　　②定点班车接送　　③家长接送

④教师护送　　⑤其它_____

10. 您家里是否有孩子住校：

①是　　　　　　②否

（11—12题没有孩子住校的家长请不填）